SCHNELLBOOTE IM EINSATZ 1939–1945

VOLKMAR KÜHN

SCHNELLBOOTE

im Einsatz 1939 –1945

MOTORBUCH VERLAG STUTTGART

Umschlagzeichnung: Carlo Demand
Einband und Umschlagkonzeption: Siegfried Horn

ISBN 3-87943-450-6

1. Auflage 1976

Satz und Druck: Druckhaus Waiblingen, 7050 Waiblingen.
Bindung: IDUPA GmbH, 7311 Owen/Teck.
Printed in Germany.

Inhalt

Die geschichtliche Entwicklung der deutschen Schnellboote bis zum II. Weltkrieg

Nach Auflösung der ersten deutschen Bundeskriegsflotte, die unter der Führung von Admiral Brommy stand, wurden am 3. 1. 1853 in Vegesack 26 Kanonenschaluppen versteigert. Diese 19 m langen Schiffe lagen in demselben Hafenbecken in Vegesack, in dem später die Schnellboote der Reichs- und Kriegsmarine lagen und heute wieder die Schnellboote der Bundesmarine Bord an Bord liegen.
Als im Jahr 1875 der junge Bootsbauer Friedrich Lürssen nach einer dreijährigen Dienstzeit in einem preußischen Pionierbataillon den Betrieb seines Vaters in Lemwerder verließ und nach Vegesack übersiedelte, wußte er noch nicht, was ihn erwartete. Die modernen Werften der jungen Seestadt Bremerhaven machten dem Vegesacker Schiffbau seit 1871 schwer zu schaffen, so daß es in Vegesack sehr viele arbeitslos gewordene Bootsbauer gab.
Nachdem das deutsche Kaiserreich vier Jahre vorher gegründet worden war, entstand gerade in jenen Tagen, als Friedrich Lürssen am 23. Juni 1875 mit seinem Schwiegervater die Betriebsgründung vornahm, rund um Vegesack eine blühende Industrie mit neuzeitlichen Dampfmaschinen.
Acht Jahre vorher war von dem österreichischen Fregattenkapitän Luppius ein selbstbeweglicher Torpedo (der Fischtorpedo) erfunden worden, welcher von dem englischen Ingenieur Whitehead verbessert und im Jahr 1872 in Fiume vorgeführt wurde.
Bereits sieben Jahre später baute 1879 die Firma Schwartzkopf bei Berlin unter der Bezeichnung C/79 den ersten deutschen Torpedo.
Ein Jahr später, nachdem der Ingenieur Gottlieb Daimler zusammen mit Maybach im Jahr 1883 den ersten schnellaufenden Fahrzeugmotor konstruiert und gebaut hatte, wurde von der Kaiserlichen Marine im Jahr 1884 das erste Dampf-Torpedoboot in Dienst gestellt, welches im Jahr 1880 entworfen worden war. Die Leitung der neu gegründeten Torpedoinspektion übernahm 1886 der Korvettenkapitän von Tirpitz, der die Torpedoboote schuf.
Das erste Motorboot mit Daimlermotor baute die Lürssen-Werft in Bremen-Vegesack schon im Jahr 1890. Bis 1910 baute die Werft

rund 700 weitere Zivilmotorboote, deren Leistungsfähigkeit und Zuverlässigkeit immer wieder auf vielen Regatten erprobt wurde. Mit Beendigung des Studiums als Schiffsbauingenieur trat im Jahr 1906 der Sohn Otto Lürssen mit seinem Studienkollegen und Schwager Karl Vertens in den Schiffsbaubetrieb seines Vaters ein. Damit begann für die Bootswerft Friedrich Lürssen in Bremen-Vegesack eine neue Ära. Noch im selben Jahr bauten die beiden jungen Ingenieure ein Strömungsbassin für Modellschleppversuche. Außerdem waren sie von der Idee besessen, den Bau von Motorrennbooten zu wagen.

Schon mit dem auf der Lürssen-Werft in Vegesack konstruierten und gebauten Motorrennboot »Donnerwetter«, welches mit einem 30- bis 40-PS-Motor eine Geschwindigkeit von 34 bis 38 km/h erreichte, gewann Otto Lürssen in den Jahren 1908 und 1909 sämtliche Motorbootregatten auf der Weser und dem Bodensee. Das im Jahr 1911 auf der Werft gebaute Boot »Lürssen-Daimler« erreichte mit einem 102-PS-Motor bei einer Länge von 8,05 m und einer Breite von 1,6 m eine Geschwindigkeit von etwa 50 km in der Stunde.

Diesem Boot folgten die in den Jahren 1912 und 1913 ähnlich gebauten Boote »Saurer-Lürssen« und »Boncourt.« Bei einer Länge von 9,7 m, einer Breite von 2,72 m und einer Seitenhöhe von 0,91 m erreichten diese, mit einem 100-PS-Motor ausgestattet, eine Geschwindigkeit von etwa 37 kn in der Stunde.

Die mit diesen Booten gesammelten Erfahrungen sollten der Lürssen-Werft bei dem späteren Bau von Torpedo-Schnellbooten zugute kommen.

Durch die Entwicklung und den Bau von Fernlenkbooten, wurde ebenfalls eine Grundlage für die »Schnellbootwaffe« geschaffen. Im Jahr 1908 unternahm Wilhelm von Siemens Versuche mit kleinen, schnellen Motorbooten, die ferngelenkt, im Ernstfall mit einer 700 kg Sprengladung im Bug, gegen das feindliche Ziel gesteuert werden sollten.

Schon im Jahr 1909 interessierte sich die Kaiserliche Marine für die von Werner von Siemens gemachten Fernlenkversuche mit dem Dampfer »Teltow«. Sie erteilte der Lürssen-Werft den Auftrag zum Bau des knapp 9 m langen Versuchsboots »Racker«, welches über zwei Drähte von einer Landstation ferngelenkt wurde.

Das auf den Namen »Racker« getaufte Versuchsboot war ein Ver-

drängungsboot von 8 m bis 9 m Länge und erreichte bei Versuchen auf dem Schweriner See eine Geschwindigkeit von etwa 27 kn. Als Fernlenkboot gebaut, wurde es durch zwei Drähte, die von einer selbsttätig rotierenden Spule bis zu einer Länge von 50 km abgespult werden konnten, von einer Landstation aus gelenkt.
Das nächste Versuchsboot, die »Havel«, ebenfalls von der Lürssen-Werft als Fernlenkboot gebaut, war 11 m lang. Mit zwei Motoren von je 100 PS ausgerüstet, erreichte dieses Boot bei den Versuchen auf dem Schweriner See schon im Jahr 1911 eine Geschwindigkeit von 33 kn.
Mit diesen Fernlenkbooten, »Racker« und »Havel«, wurden in den Jahren 1912 bis 1913 auf der Flensburger Förde mehrere Versuche durchgeführt, die aber infolge häufiger Störungen nicht abgeschlossen wurden. Beide Boote wurden der Kaiserlichen Marine übergeben, aber von dieser nicht weiter verwendet.
Die unter der Leitung von Kapitänleutnant Ehrhard durchgeführten Versuche verliefen ebenfalls nicht zufriedenstellend.

DIE ENTWICKLUNG DER DEUTSCHEN MOTOR-TORPEDO-SCHNELLBOOTE IM I. WELTKRIEG

Mit Beginn des I. Weltkrieges wurden die Versuche mit den Fernlenkbooten von der Kaiserlichen Marine wieder aufgenommen.
Unter der Leitung des Oberst Schwedler und dem Betriebsingenieur Klose wurden die »FL-Boote« zunächst auf der Kieler Förde vor Friedrichsort und danach in Travemünde auf ihre Verwendungsfähigkeit für den Fronteinsatz erprobt.
Bis Ende 1916 standen der Kaiserlichen Marine 17 Fernlenkboote – die noch von einer Landstation am Draht gelenkt wurden – zur Verfügung.
Die ersten »FL-Boote« wurden im Februar 1915 in Zeebrügge zur Bekämpfung der englischen Monitore eingesetzt, welche die deutschen Stellungen und Stützpunkte an der flandrischen Küste immer wieder angriffen und beschossen.
U-Boote konnten dort wegen des flachen Wassers nicht eingesetzt werden. Man hatte versucht, die englischen Monitore auf ausgelegte Minenfelder laufen zu lassen, doch englische Minensuchboote hatten vor dem Einsatz der Monitore stets Minengassen geräumt. Aus diesem Grund kamen vor der flandrischen Küste diese kleinen,

schnellen Fernlenkboote zur Bekämpfung der englischen Monitore zum Einsatz, die im Jahr 1916 auch vor Kurland eingesetzt wurden. Ab 1917 gelang es, die Fernlenkboote mit Funkentelegraphie von einer Landstation oder von einem Flugzeug aus zu lenken.
Zur Beseitigung der von den englischen Monitoren vor Zeebrügge

Name	Werft	Bauzeit	Depl. m^3	Hauptabmess.			Antrieb	Leistung	Geschwindigkeit	Fahrbereich	Bewaffnung
				Lg. m	Br. m	Tfg. m		PS	sm	sm	
FL 1	Lürssen Vegesack	1915/16	6,00	13,00	1,86	0,66		420	30	160/270	
FL 2	Lürssen Vegesack	1915	6,00	13,00	1,86	0,66	2 Maybach CX-6 zyl. Otto Motoren 2 Schrauben ... Φ	400	30	160/270	700 kg Sprengladung im Bug
FL 3-17	Lürssen Vegesack	1915/16	6,00	13,00	1,86	0,66		420	30	160/270	

Name	In Dienst gestellt	Einsatzgebiete	Schicksal
FL 1	9.9.1916	1916 Versuche, 1917 Flandern, 1918 Schulboot FL-Schule Kiel.	Verbleib nach 1918 nicht bekannt.
FL 2	14.2.1915	1915 bis 1917 Flandern, 1918 Schulboot FL-Schule Kiel.	Verbleib nach 1918 nicht bekannt.
FL 3	14.2.1915	1915 Flandern.	24.4.1916 † flandr. Küste 51°18'n/02°40'o gesprengt wegen technischen Versagens.
FL 4	1.2.1916	1916 Kurland, 1917 Flandern.	3.11.1917 † durch Artillerietreffer brit Zerstörer vor der flandr. Küste 51°15'n/02°35'o ges.
FL 5	1.4.1916	1916 Flandern.	25.9.1916 † flandr. Küste 51°21'n/02°40'o durch Motorenbrand gesunken.
FL 6	16.4.1916	1916 bis 1918 Flandern.	Verbleib nach 1918 nicht bekannt.
FL 7	16.4.1916	1916 bis 1917 Flandern.	1.3.1917 † nach Sprengung von etwa 50 m der Mole Nieuport 51°21'n/02°42'o gesunken.
FL 8	1.6.1916	1916 bis 1917 Flandern.	6.9.1917 † durch Artillerietreffer brit. Zerstörer vor der flandr. Küste 51°21'n/02°42'o ges.
FL 9	8.6.1916	1916 Kurland, 1917 bis 1918 Flandern.	
FL 10	16.6.1916	1916 Kurland, 1917 bis 1918 Flandern.	Verbleib nach 1918 nicht bekannt.
FL 11	4.7.1916	1916 Kurland, 1917 bis 1918 Flandern.	
FL 12	18.6.1916	1916 bis 1917 Flandern.	28.10.1917 † flandr. Küste 51°23'n/02°41'o um 14,23 Uhr gesprengt an brit. Monitor EREBUS
FL 13	17.8.1916	1916 bis 1918 Flandern.	Verbleib nach 1918 nicht bekannt.
FL 14	28.8.1916	1916 Kurland, 1917 Versuchsboot.	25.1.1917 † nach Kollision mit U-Boot um 13,00 Uhr a.d. Kieler Förde 54°31'n/10°11'o gesunken.
FL 15	1.9.1916	1916 Kurland, 1917 bis 1918 Flandern.	
FL 16	7.10.1916	1916 bis 1917 Versuchsboot, 1918 Flandern.	Verbleib nach 1918 nicht bekannt.
FL 17	28.11.1916	1916 bis 1918 Flandern.	

Tabelle 1: Die Fernlenkboote der kaiserlichen Marine – Vorläufer der Schnellboote.

ab Sommer 1916 gegen U-Boote und Torpedoboote ausgelegten Netzsperren, benötigte das Marinekorps Flandern ebenfalls kleine, schnelle Boote, die in der Lage waren, den die Netzsperren bewachenden englischen Zerstörern und Monitoren auszuweichen.
Im Herbst 1916 forderte ebenfalls der Befehlshaber der Ostseestreitkräfte Boote des gleichen Typs für den Einsatz in der Irben-Straße.
Das auf der Lürssen-Werft im Jahr 1913 gebaute Motorrennboot »Boncourt« und die aus zivilen Beständen erworbenen Boote »Ursus« und »Max« sowie die kleinen Boote »Quelle« und »Brasse« wurden für diesen Zweck umgebaut. Da diese ehemaligen Sportboote zu schwach waren und sich im Seeinsatz nicht bewährten, wurden im Januar 1917 sechs neue Boote bei der Lürssen-, Naglow- und Oertz-Werft von der Kaiserlichen Marine in Auftrag gegeben.
Das von dem Marinekorps in Flandern 1916 zurückgegebene ehemalige Rennboot »Boncourt«, welches für die Verwendung im Seeeinsatz zu schwach war, sollte im selben Jahr von der Lürssen-Werft zu einem Depeschenboot umgebaut werden. Während dieses Umbaues kam dem Werftbesitzer Otto Lürssen, aufgrund der bekannten Erfahrungen mit den Fernlenkbooten vor Flandern, der Gedanke, das Boot mit einem Bugtorpedorohr zu versehen. Nach mehreren Versuchen führte er das Boot den Marinedienststellen in Kiel vor. Die Kaiserliche Marine erteilte ihm daraufhin den Auftrag, ein neues Versuchsboot zu bauen, welches bei einer Geschwindigkeit von 30 bis 40 sm und einer Besatzung von zwei bis vier Mann einen Fahrbereich von ca. 200 bis 250 sm haben sollte.
Am 1. April 1917 wurde das Boot mit einer Länge von 11,2 m, einer Breite von 2,5 und einer Seitenhöhe von 1 m, fertiggestellt.
Mit 2 Maybachmotoren von je 240 PS ausgerüstet, erreichte dieses Boot eine Geschwindigkeit von 34 sm. Die Bewaffnung bestand aus einem 35-cm-Bugtorpedorohr, welches fast mit der Wasserlinie abschnitt. Das aus Holz gebaute Boot wurde von der Marine unter der Bezeichnung »Sonderkommando Gleitboot« in Dienst gestellt. Es durfte nicht unter 17 sm laufen, da sonst eine ausreichende Kühlung der Motoren nicht vorhanden war.
Bei höchster Fahrtstufe warf es soviel Spritzwasser zu Seite, daß ein Ausguck nach Backbord- oder Steuerbordseite unmöglich wurde.
Die Erprobungen dieses neuen Bootstyps wurden 1917 unter der Leitung von Oberstleutnant z. S. Rabe vom Torpedoversuchs-

kommando in Kiel durchgeführt. Dabei rammte das Boot vor Friedrichsort ein getaucht fahrendes U-Boot und wurde stark beschädigt. Korvettenkapitän Holzapfel und weitere Mitglieder des Erprobungsteams vom Torpedoversuchskommando verunglückten dabei tödlich.

Die ersten sechs mit Luftschiffmotoren in Dienst gestellten Boote einer Serie, die vom Kaiserlichen Marineamt im Januar 1917 zum Bau in Auftrag gegeben worden waren, wurden als »L-Boote« bezeichnet. Zur Vermeidung einer Verwechslung mit Luftschiffen wurden die bereits in Dienst gestellten Boote sowie alle Neubauten aus dieser Serie später als »LM-Boote« bezeichnet.

Aufgrund der Erfolge der ersten »LM-Boote« vor der flandrischen Küste, welche neben dem Räumen der Netzsperren auch in der Bekämpfung der küstenbeschießenden englischen Monitore eingesetzt worden waren, entschloß sich das Kaiserliche Marineamt im Juni 1917 dazu, die »LM-Boote 7 bis 19« in Auftrag zu geben. Die Boote »LM 20« und »LM 21« wurden im August und Oktober des gleichen Jahres in Auftrag gegeben.

Die Boote »LM 7« bis »LM 21« erreichten bei einer Wasserverdrängung von 6 t bis 7,5 t, einer Länge von 16 m bis 17 m, mit drei Maybachmotoren von je 240 PS eine Geschwindigkeit von 31,8 sm. Als Bewaffnung erhielten diese Boote ein MG und ein 45-cm-Torpedorohr am Bug. Von den anderen Booten abweichend, erhielten lediglich die Boote »LM 20« und »LM 21« statt des MG's eine 2-cm-Maschinenkanone.

Bis zur Fertigstellung dieser »LM-Boote« wurden im Sommer 1917 die Fernlenkboote »FL 1, 2, 6, 9, 10, 11, 13, 15« und »17« mit einer 3,7-cm-Kanone ausgerüstet, um offensiv an der flandrischen Küste als sogenannte »Schnellboote« gegen die englischen Monitore und Zerstörer unter der Bezeichnung »L 20« bis »L 28« eingesetzt zu werden. Mit der Indienststellung der Boote »LM 14« bis »LM 21« wurden die Boote »L 20« bis »L 28« im Dezember 1917 wieder zu Fernlenkbooten umgebaut.

Der Kaiserlichen Marine standen Anfang 1918 die Boote »LM 1« bis »LM 21« zur Verfügung. Von diesen 21 »LM-Booten« wurden 7 in der Ostsee vor Kurland und 14 vor der flandrischen Küste eingesetzt.

Als Ersatz für die im Sommer 1918 verlorengegangenen Boote »LM 1« und »LM 2« wurden die Boote »LM 22« und »LM 23« bei der

NAME	Werft	In Dienst	Depl. m^3	Hauptabmess.			Antrieb	Leistung PS	Geschwindigkeit		Fahrbereich sm	Bewaffnung	Bemerkungen
				Lg. m	Br. m	Tfg. m			Höchstfahrt sm	Marschfahrt sm			
LM 1–2	Lürssen Vegesack	1917	6,0	15,00	2,30	1,08	3 Maybach Otto-Mot. 3 Schrauben ....ϕ	630	30,55	30	150	1 – 3,7cm	
LM 3–4	Naglo Zeuthen b. Berlin	1917	6,0	14,57	2,40	1,08	3 Maybach Otto-Mot. 3 Schrauben ....ϕ	630	27,8	30	180	1 – 3,7cm	
LM 5–6	Oertz Hamburg	1917	6,0	15,00	2,42	1,08	3 Maybach Otto-Mot. 3 Schrauben ....ϕ	630	29,45	30	225	1 – 45cm Bug-TR 1 MG	
LM 7–10	Lürssen Vegesack	1917	7,0	16,00	2,40	0,68	3 Maybach Otto-Mot. 3 Schrauben ....ϕ	720	31,80	30	225	1 – 45cm Bug-TR 1 MG	
LM 11–13	Naglo Zeuthen b. Berlin	1917	6,5	16,25	2,55	0,76	3 Maybach Otto-Mot. 3 Schrauben ....ϕ	720	30,00~	30	225	1 – 45cm Bug-TR 1 MG	
LM 14–16	Oertz Hamburg	1917–18	6,8	16,50	2,42	0,60	3 Maybach Otto-Mot. 3 Schrauben ....ϕ	720	31,58	30	225	1 – 45cm Bug-TR 1 MG	
LM 17–20	Roland Hemelingen	1917–18	7,5	17,00	2,42	0,60	3 Maybach Otto-Mot. 3 Schrauben ....ϕ	720	30,77	30	225	1 – 45cm Bug-TR 1 MG	
LM 21–26	Lürssen Vegesack	1917–18 ∞	7,0	16,00	2,40	0,68	3 Maybach Otto-Mot. 3 Schrauben ....ϕ	720	31,80	30	225	1 – 45cm Bug-TR 1 MG	∞ LM 24–26 nicht fertiggestellt.
LM 27–30	Oertz Hamburg	1917–18 ∞	6,8	16,50	2,42	0,60	3 Maybach Otto-Mot. 3 Schrauben ....ϕ	720	31,58	30	225	1 – 45cm Bug-TR 1 MG	∞ LM 29–30 nicht fertiggestellt.
LM 31–33	Roland Hemelingen	1917–18 ∞	7,5	17,00	2,42	0,60	3 Maybach Otto-Mot. 3 Schrauben ....ϕ	720	30,77	30	225	1 – 45cm Bug-TR 1 MG	∞ LM 31–33 nicht fertiggestellt.
LÜSI 1–2	Lürssen Vegesack	1918 ∞	10,4 / 14,0	19,60	2,90	0,82	3 Siemens/Deutz Diesel-Mot. 3 Schrauben ...ϕ	1200	34,00~	32	200/300	2 – 50cm Bug-TR 2 – 2cm	∞ Nicht fertiggestellt.
KÖRO 1–2	Roland Hemelingen	1918 ∞	16,0 / 20,0	19,00	3,00	0,78	3 Körting Diesel-Mot. 3 Schrauben ....ϕ	1350	41,00~	32	200/300	2 – 50cm Bug-TR 2 – 2cm	∞ Nicht fertiggestellt.
JUNO 1–4	Oertz Hamburg	1918 ∞	9,3 / 13,0	19,00	2,44	0,72	3 Junkers Diesel-Mot. 3 Schrauben ....ϕ	1350	34,00~	32	200/300	2 – 50cm Bug-TR 2 – 2cm	∞ Nicht fertiggestellt.

Tabelle 2: LM-Boote (Schnellboote) im 1. Weltkrieg.

Lürssen-Werft in Auftrag gegeben, welche an Stelle der Torpedorohre lediglich eine 3,7-cm-Maschinenkanone erhalten sollten.
Die Kaiserliche Marine bestellte im August 1918 auf Wunsch der österreichisch-ungarischen Marine die Boote »LM 24« bis »LM 33« für die Verteidigung der von den italienischen MAS-Booten immer wieder angegriffenen und blockierten Otranto-Straße.
Von den bis zum Kriegsende in Auftrag gegebenen 33 LM-Booten, wurden die 12 Boote »LM 22« bis »LM 33« nicht mehr fertiggestellt. Die später weitergebauten vier Boote »LM 22«, »LM 23«, »LM 27« und »LM 28«, fanden etwa ab 1926 bei der Reichsmarine für getarnte Versuche Verwendung.
Mit der Weiterentwicklung der LM-Boote wurde im März 1918 die Oertz-Werft entsprechend den folgenden militärischen Forderungen beauftragt:
Diese neuen Boote sollten bei einem Aktionsbereich von 300 sm eine Geschwindigkeit von 34 kn erreichen und mit zwei 50-cm-Bugtorpedorohren sowie mit zwei 2-cm-Maschinenkanonen ausgerüstet sein. Bei dem Bau dieser Boote war vorgesehen, daß je ein Boot mit Siemens & Halske-Despujol-Otto-Motor und Deutz-Otto-Motor, zwei Boote mit Körting-Otto-Motoren und vier Boote mit Junkers-Linke-Hoffmann-We.-Diesel-Motoren ausgerüstet wurden.
Die Namen der Boote, »Lüsi I« und »Lüsi II«, »Köro I« bis »II«, »Juno I« bis »IV«, setzten sich aus der Werft und Motorenbezeichnung zusammen.

DER EINSATZ DER DEUTSCHEN »FL-« UND »LM-BOOTE« VOR FLANDERN IM I. WELTKRIEG.

Vor der flandrischen Küste und im Ostseeraum erzielten die deutschen Motor-Torpedo-Schnellboote trotz ihrer zahlreichen Einsätze im I. Weltkrieg keine außergewöhnlichen Erfolge.
In der Nacht vom 22. 8. bis 23. 8. 1918 wurden die zur Schnellbootdivision Flandern gehörenden »LM-Boote« (»LM 8«, »LM 9«, »LM 10«, »LM 15«, »LM 16« und »LM 17«) in zwei Gruppen zum Angriff auf die vor Dünkirchen ankernden brit. Seestreitkräfte angesetzt.
Unter der Führung von Korvettenkapitän Assmann griff die 1. Gruppe, bestehend aus den Booten »LM 9«, »LM 15«, »LM 17«

und »LM 18«, die gesichtete Sloop der Arabis-Klasse, ein Patrouillenboot und einen Zerstörer, an. Durch eine helle und klare Mondnacht, wurden die mit hoher Fahrt zum Angriff anlaufenden deutschen Boote bereits auf etwa 800 m von den vor Anker liegenden feindlichen Schiffen gesichtet.
Während die von den Booten »LM 9« und »LM 18« auf die Sloop der Arabis-Klasse abgeschossenen Torpedos an dieser vorbeiliefen, hatten die Boote »LM 15« und »LM 17« bei ihrem Angriff auf den Zerstörer mehr Glück.
Der von den Torpedos dieser beiden Boote getroffene Zerstörer bekam Schlagseite und geriet in Brand. Die nach diesem Angriff ablaufenden Boote wurden von den brit. Schiffen und Landbatterien unter Beschuß genommen, ohne daß Verluste entstanden sind.
Die 2. Gruppe, bestehend aus den Booten »LM 8«, »LM 10« und »LM 16« griff fast zur gleichen Zeit, unter der Führung von Kapitänleutnant Ellendt, drei feindliche Zerstörer an, welche die angreifenden Boote auf eine Entfernung von etwa 500 m erkannten. Bei diesem Angriff wurde je ein Zerstörer von den Booten »LM 8« und »LM 16« versenkt. Das Boot »LM 10«, welches den 3. Zerstörer angriff, wurde abgedrängt und kam trotz mehrmaligen Anlaufen nicht zum Torpedoschuß auf diesen Zerstörer. Beim Ablaufen wurde auch diese Gruppe von allen Seiten heftig beschossen. Trotz der heftigen Gefechte mit den brit. Zerstörern kehrten auch die Boote der 2. Gruppe ohne Verluste in ihren Stützpunkt zurück.
Bei einem Angriff auf Nieuwport am 1. 3. 1917 gelang es, mit dem Fernlenkboot »FL 7« etwa 50 m aus der Mole herauszusprengen.

DIE VERLUSTE DER DEUTSCHEN »FL-» UND »LM-BOOTE« VOR FLANDERN.

Am 24. 4. 1916 wurde das Fernlenkboot »FL 3« aufgrund eines technischen Versagers beim Angriff auf englische Monitore vor dem Feind gesprengt.
Während eines Angriffs explodierte am 25. 9. 1916 das Fernlenkboot »FL 5« infolge Motorenbrand.
Das Fernlenkboot »FL 8« wurde am 6. 9. 1917 im Gefecht mit englischen Zerstörern durch Artillerietreffer versenkt.
Bei einem Angriff auf englische Monitore wurde das Fernlenkboot »FL 12« am 28. 10. 1917 an dem englischen Monitor »Erebus« ge-

sprengt. Es ist nicht bekannt, ob durch die Sprengung von »FL 12« der Monitor versenkt wurde. Sicher dürfte sein, daß dieser erheblich beschädigt wurde.
Im Artilleriefeuer eines englischen Zerstörers sank am 3. 11. 1917 bei dem Angriff auf einen englischen Monitor das Fernlenkboot »FL 4«.
Von der flandrischen Küste verbrannte am 5. 3. 1918 durch Benzinexplosion das Boot »LM 1« und am 17. 4. 1918 durch Motorenexplosion das Boot »LM 2«.

DER EINSATZ DER DEUTSCHEN »FL«- UND »LM-BOOTE« IM OSTSEEBEREICH.

In der Geschichte der deutschen Motor-Torpedo-Schnellboote sollen die Einsätze dieser Boote in der östlichen Ostsee nicht unerwähnt bleiben.
Nach der Instandsetzung wurde das während der Erprobung vor Friedrichsort stark beschädigte Boot – welches unter der Bezeichnung »Sonderkommando Gleitboot« am 1. April 1917 in Dienst gestellt worden war – im Sommer 1917 an Bord des Räumboot-Mutterschiffs »Inkula« zum Einsatz in die östliche Ostsee gebracht. Hier wurde es dem Befehlshaber der Aufklärungsstreitkräfte und unter Führung von Oberleutnant Peytsch der 3. Minenräumdivision in Windau zugeteilt.
An Bord des Räumbootmutterschiffs «Inkula« wurde das Gleitboot zu jedem Einsatz klar gemacht. Die Ladung des Torpedos, welche bei dem Gleitboot von vorn erfolgte, wurde ebenfalls an Bord der »Inkula« vorgenommen.
Den ersten Einsatz gegen einen vor der Halbinsel Zerel vor Anker liegenden russischen Minenleger, führte Oberleutnant zur See Peytsch mit seinem Boot im September 1917 durch. Der aus 500 m Entfernung abgeschossene Torpedo traf den zum Minenleger umgebauten 4500 t großen Frachter mittschiffs, welcher nach dem Torpedotreffer explodierte und schnell sank. Nach dem Angriff kehrte das »Gleitboot« unbeschädigt zu seinem Mutterschiff »Inkula« zurück.
Von seinem zweiten Einsatz im Oktober 1917, an welchem der Torpedo-Maschinenmaat Schubert nicht teilnahm, kehrte das »Gleitboot« nicht mehr zurück. Kurze Zeit nach dem Auslaufen

beobachtete die Marinesignalstation Pissen an der Rigaer-Bucht, in der Kursrichtung des Bootes, einen hellen Feuerschein. Es konnte nie geklärt werden, ob das »Gleitboot« trotz seines geringen Tiefgangs auf eine Mine gelaufen ist, oder ob der Torpedo vorzeitig scharf wurde und detonierte.
Dieses »Gleitboot«, welches stets für und nach dem Einsatz von Bord des Mutterschiffs mit einem Kran- und ausgesetzt wurde, blieb ohne Nachfolger.
Nach dem Verlust des Bootes hatte der einfallsreiche Stab bei dem Befehlshaber der Ostseestreitkräfte kleinere Minenräumboote, welche etwa 16,5 t groß und mit zwei Motoren versehen waren und etwa 10 sm bis 11 sm laufen konnten, mit Torpedorohren ausgerüstet, welche den Booten auf die Back gesetzt wurden. Diese Boote fanden als Führerboote und zur Deckung von Minenunternehmen in der Rigaer-Bucht Verwendung. Durch vielfaches Versagen der Motoren kamen die Boote nicht zum Torpedoschuß an die russischen Bewacher heran.

DIE VERLUSTE DER »FL«- UND »LM-BOOTE« IM BEREICH DES BEFEHLSHABERS DER OSTSEE IM I. WELTKRIEG.

Das am 28. 8. 1916 in Dienst gestellte Fernlenkboot »FL 14« ging am 25. 1. 1917 durch Motorenexplosion vor Kurland verloren.
Das unter der Bezeichnung »Sonderkommando Gleitboot« am 1. 4. 1918 in Dienst gestellte Boot, kehrte von seiner zweiten Feindfahrt in die Rigaer-Bucht nicht mehr zurück. Die Ursache blieb unbekannt.
Wie in der deutschen Marine hat man sich während des I. Weltkrieges auch in der englischen und italienischen Marine mit der Entwicklung und dem Bau von Motor-Torpedo-Schnellbooten befaßt, deren Einsatz in dem folgenden Abschnitt kurz erwähnt wird.

DIE COSTAL MOTOR BOATS (CMB) IM I. WELTKRIEG.

Bereits kurz nach Ausbruch des I. Weltkriegs hatte die britische Admiralität, angeregt durch die Idee der Marineoffiziere Hampden, Bremner und Anson, die Firma Thornycroft mit dem Bau kleiner extrem schneller Motor-Torpedoboote beauftragt.

Diese kleinen Boote sollten von Kreuzern in den Davits hängend in die deutsche Bucht gebracht werden, wo sie infolge ihres geringen Tiefgangs die Minensperren überlaufen sollten, um die deutschen Schiffe der Hochseeflotte in ihren Stützpunkten anzugreifen und durch Torpedoschüsse zu versenken.
Mit Wasserbomben ausgerüstet, sollten die Boote auch vor der englischen Ostküste und im Kanal für U-Jagdzwecke eingesetzt werden.
Von 1916 bis Kriegsende wurden insgesamt 90 »CMB« gebaut. Vierzig weitere wurden zwischen 1919 und 1922 in Dienst gestellt. Bei einem Angriff auf die vor Ostende ankernden deutschen Torpedoboote versenkten die in der Nacht zum 8. 4. 1917 unter der Führung von Leutnant Backet von Dünkirchen ausgelaufenen vier »CMB« das Torpedoboot »G 88« durch Torpedotreffer.
Durch einen Artillerietreffer der deutschen 8,8 cm Batterie Eylau, wurde am 13. 4. 1918 bei einem Angriff britischer »CMB« auf Ostende das Boot »CMB 88« schwer beschädigt. Nachdem die Besatzung ihr Boot verlassen hatte, trieb dieses an die Küste und fiel mit militärisch wichtigen Unterlagen in deutsche Hand.
Nachdem in der Nacht zum 23. 4. 1918 die Mole von Zeebrügge durch Torpedotreffer britischer »CMB's« zum Teil zerstört worden war, griffen diese, unterstützt von stärkeren Seestreitkräften, am 11. 8. 1918, die Emsmündung an.
Bei diesem Angriff auf die Emsmündung wurden die sechs englischen »CMB's« von acht deutschen Seeflugzeugen gestellt und unter dem Verlust von zwei Seeflugzeugen erheblich beschädigt, so daß sich eine Instandsetzung nicht mehr lohnte.
Von 1916 bis 1918 verlor die britische Marine insgesamt sechszehn »CMB's«.
Nach Beendigung des I. Weltkrieges wurden britische »CMB's« gegen russische Schiffe vor Kronstadt sowie in dem finnischen Meerbusen und im Kaspischen Meer eingesetzt. Den ersten Erfolg erzielte »CMB 4« unter der Führung von Leutnant Agar am 17. 7. 1919 durch die Versenkung des russischen Kreuzers »Oleg« vor Kronstadt.
Nach diesem Erfolg wurden die britischen Boote »CMB 24«, »CMB 31«, »CMB 62«, »CMB 67«, »CMB 72«, »CMB 79«, »CMB 86« und »CMB 88« an Bord des Mutterschiffes »Vindictive« in den finnischen Meerbusen gebracht. In der Nacht vom 17. 8. zum 18. 8.

1919 griffen diese Boote die im Hafen von Kronstadt liegenden russischen Schiffe an, deren Liegeplätze zuvor durch Flugzeugaufnahmen festgestellt wurden.
Bei diesem Angriff der britischen »CMB« wurden die russischen Linienschiffe »Andrej Perwoswanni« und »Petropawlowski« schwer beschädigt und das U-Boot-Mutterschiff »Pamiat Asow« versenkt.
Durch das von den russischen Schiffen und Landbatterien eröffnete Artilleriefeuer wurden bei dem Angriff die britischen Boote »CMB 24«, »CMB 62«, »CMB 67« und »CMB 79« versenkt.
Die zur gleichen Zeit im Kaspischen Meer eingesetzten englischen »CMB« wurden später den weißrussischen Verbänden übergeben, von denen 1920 zwei »CMB« den sowjetischen Truppen in die Hände gefallen sein sollen.
Bei diesen Nachkriegskämpfen wurden einige britische »CMB« auf russischen Strömen ohne Torpedos aber mit verstärkter MG-Bewaffnung eingesetzt. Gegen den landseitigen Beschuß waren diese Boote durch außen angehängte Panzerplatten geschützt.

DIE MOTOSCAFI – ANTI SOMMERGIBILI (MAS) IM I. WELTKRIEG

In Italien, das bei Ausbruch des I. Weltkriegs zunächst neutral geblieben war, beobachtete man in der Marineleitung mit großem Interesse die Entwicklung des Seekriegs.
Sehr bald stellte man fest, daß der Einsatz von Großkampfschiffen im Bereich der Nord- und Ostsee unterblieb. Da die Kriegsführung zur See bald in einen U-Boot-Krieg ausartete, entschloß man sich in England Anfang 1915 zur Entwicklung von kleinen, extrem schnellen Motorbooten, die im Küstenbereich als U-Jäger und Sicherungsfahrzeuge Verwendung finden sollten.
Aus diesem Grund befaßte sich in Italien, wo die Adria ähnliche Voraussetzungen bot wie der englische Kanal mit seinen Küstengewässern, die Marineleitung schon 1914 mit dem Gedanken, ebenfalls kleine, schnelle Motorboote, sogenannte »MAS« = Motoscafi Anti-Sommergibili, d. h. Unterseebootsjäger, als reine Abwehrfahrzeuge für den Küstenbereich zu bauen. Ihr heute noch gültiger und in den Wehrmachtsberichten des II. Weltkriegs öfter erwähnter Name, verrät Ursprung und damaligen Zweck der »MAS«, die später gleichfalls zu Torpedoträgern weiterentwickelt und als Motor-

Torpedo-Schnellboote mit besonderem Erfolg bereits im I. Weltkrieg eingesetzt wurden.
Ihren ersten großen Erfolg erzielten die italienischen »MAS-Boote« im I. Weltkrieg bei einem Tagangriff auf das österreichisch-ungarische Großkampfschiff »Szent Istvan«, das sie, überraschend aus der Sonne angreifend, durch Torpedotreffer zum Kentern brachten und versenkten.
Der erst während des II. Weltkriegs verstorbene ehemalige Admiral und Minister Ciano di Cortellazzo gehörte zu den italienischen Kommandanten des I. Weltkriegs, die durch verwegene Angriffe mit ihren Motor-Torpedo-Schnellbooten in die Küstenkämpfe bei Pola und Triest in der oberen Adria eingriffen.
Im Laufe des I. Weltkriegs stellte die italienische Marine etwa 292 »MAS-Boote« in Dienst, von denen etwa 32 Boote durch Feindeinwirkung verlorengegangen sind.

Der Neuaufbau der Schnellbootwaffe zwischen den Kriegen

Die meisten Marinen vernachlässigten nach dem I. Weltkrieg das Schnellboot, das als Kriegsschiff der küstennahen Verwendung dann bald in Vergessenheit geriet. Italien und Frankreich waren die ersten Staaten, die der Weiterentwicklung der Schnellbootwaffe erhöhte Aufmerksamkeit schenkten. Nach einiger Zeit baute man auch in England wieder Schnellboote, zunächst für die Marinen kleinerer Staaten, denen die verhältnismäßig billigen Boote eine willkommene Ergänzung ihres zahlenmäßig schwachen Kriegsbestandes schienen.

Deutschland, aufgrund der Bestimmungen des Versailler Vertrages im Ausbau einer für das Reich mit seinen langen Küstenstrecken dringend nötigen Flotte größerer Kriegsschiffe stark gehemmt, hatte die Weiterentwicklung der torpedotragenden Schnellboote in England, Frankreich und Italien aufmerksam verfolgt.

Die Reichsmarine war nach 1920 bei ihrem Wiederaufbau zunächst nicht einmal in der Lage, die ihr durch den Versailler Vertrag zugestandenen Kriegsschiffe

 6 alte Linienschiffe
 6 leichte Kreuzer und
24 Torpedoboote

dazu einige Schul- und Versuchsfahrzeuge mit einem Personalbestand von 15000 Mann voll zu besetzen.

So konnte sie sich, im Hinblick auf die besonderen Bedingungen der Küsten und des Küstenvorfeldes in der Nord- und Ostsee, zunächst nur theoretisch mit einer Weiterentwicklung der sich im I. Weltkrieg immerhin bewährten »FL«- und »LM-Boote« zur Schnellbootwaffe beschäftigen. In einer nicht veröffentlichten Winterarbeit des Jahres 1921/22 gab der damalige Oberleutnant z. S. Ruge – Führer der Minensuchboote im II. Weltkrieg und später als Vizeadmiral erster Inspekteur der Bundesmarine – den Anstoß zur Weiterentwicklung der Schnellbootwaffe.

Von der deutschen Marineleitung wurde diese Arbeit, in welcher der damalige Oberleutnant z. S. Ruge die Kenntnisse und Erfahrungen über die deutschen, englischen und italienischen Motorschnellboote des I. Weltkrieges zusammengestellt hatte, aufmerksam studiert und anerkannt. Sie führte zur Aufnahme von Plänen für die Weiterentwicklung der »FL«- und »LM-Boote« zu Schnellbooten. So sind in langjähriger Entwicklungsarbeit und aufmerksamen Studiums diese Kleinkriegsschiffstyps, die Schnellboote der Reichs- und späteren Kriegsmarine, die inzwischen von der Lürssen-Werft in Bremen-Vegesack für die Bundesmarine konstruktionsmäßig ständig weiter verbessert wurden, entstanden.

NEUBEGINN AUF ZIVILER BASIS.

Im Oktober 1920 erhielt Kapitän zur See Lohmann als Chef der Seetransportabteilung in der Reichsmarine von Admiral zur See Behnke die Ermächtigung zur Gründung einer zentralen Verwaltungsstelle für verschiedene geheimzuhaltende Vorhaben, unter dem Namen »Navis GmbH«, mit dem Sitz in Berlin.

Eine praktische Verwirklichung der Pläne für die Weiterentwicklung schneller Motor-Torpedoboote (Schnellboote) für den weiträumigen Einsatz im Bereich der Nord- und Ostsee erfolgte erst, nachdem im Jahr 1924 Kapitän zur See Lohmann, unterstützt durch den Leiter der Marinedienststelle in Lübeck, Korvettenkapitän Anschütz, die Gründung der Trayag (Travemünder Yachthafen AG) vorgenommen hatte. Nach dem Ausbau eines Stützpunktes mit Werftbetrieb im Travemünder Yachthafen für die Erprobung der schnellen Motor-Torpedoboote wurde Korvettenkapitän Beierle, der ehemaligen österreichisch-ungarischen K- und K-Marine, mit der Leitung des Stützpunktes beauftragt.

Die deutschen Seeoffiziere aus dem I. Weltkrieg, Kapitänleutnant Rabe, von Fischer, Jasper, von Killinger, Lange, Tschirch, Vermehren und Ballerstedt, stellten sich als Kommandanten der Boote zur Verfügung. Die technische Betreuung der Boote übernahmen der Maschinenmaat Schlie, der bereits die Fernlenkboote vor Flandern betreute, sowie der mit den Luftschiffmotoren vertraute Motorenmeister Mietke.

Im Jahr 1925 übernahm der Vizeadmiral a. D. von Trotha, nach der Gründung des Hochseesportverbandes, die Hanseatische Yachtschule als Präsident. Die Yachtschule in Neustadt/Ostsee diente zur Förderung des maritimen Gedankens sowie der Ausbildung von Funkern und Personal für kleine, schnelle Motorboote.

Mit dem Ankauf bzw. der Übernahme durch die Reichsmarine, der zeitweilig auch in Privathand gewesenen deutschen Kriegs-»LM-Boote« »LM 20«, »Lm 21«, »LM 22«, »LM 23«, »LM 27« und »LM 28« und des erst nach Kriegsende fertiggestellten Bootes »Lüsi I«, konnten erste Versuche durchgeführt werden. Die zum Teil überbeanspruchten Motoren der Boote konnten gegen neuwertige, in England als Kriegsbeute lagernde Luftschiffmotoren, welche von der Reichsmarine zurückgekauft wurden, ausgetauscht werden.
Nachdem die Boote durch den Austausch der Motoren fahrbereit gemacht waren, wurden die ersten systematischen Erprobungen in ziviler und getarnter Form – natürlich ohne Bewaffnung – durchgeführt. Unter der Führung von Kapitän zur See Lohmann wurden die Boote, welche die Namen »Bertha«, »Bodo«, »Liesel«, »Lotte«, »Max«, »Moritz«, Siegfried« und »Ursula« erhielten, zu einer Flottille zusammengestellt. Drei dieser Boote erhielten im Jahr 1926 Mercedes-Benz-Otto-Motoren neuester Konstruktion. Diese viel zu kleinen Boote, welche im I. Weltkrieg für den Einsatz vor Flandern und Kurland gebaut waren, eigneten sich aufgrund der bei den Erprobungen gemachten Erfahrungen nicht für eine technische Weiterentwicklung, so daß Neukonstruktionen erforderlich wurden.
Trotz der geringen Mittel, die der Reichsmarine zur Verfügung standen, entschloß sich diese in den Jahren 1926 bis 1929 zu einem breit angelegten Erprobungsprogramm.
Im Rahmen dieses Programms wurden verschiedene Boote für Versuchszwecke gebaut:

a) Das bei der Werft Abeking & Rasmussen in Bremen-Vegesack gebaute und im Herbst 1926 in Dienst gestellte Versuchsboot »K« erreichte bei einer Wasserverdrängung von etwa 6 t und mit zwei Otto-Motoren zu je 450 PS ausgerüstet, eine Geschwindigkeit von etwa 40 kn.
b) Das in den Jahren 1925 bis 1926 von der Lürssen-Werft in Bremen-Vegesack gebaute Versuchsboot »Lür«, erreichte bei einer Wasserverdrängung von etwa 23 t mit drei Maybach-Otto-Motoren zu je 450 PS ausgerüstet, eine Geschwindigkeit von ca. 35,5 kn. Dieses Boot entstand in Anlehnung an die schnellen Luxus-Motorboote, welche die Lürssen-Werft zu dieser Zeit in amerikanischen Auftrag als Sportboote baute. Außerdem sollte dieses Boot die mit dem kleinen Boot »Lüsi I« in den kurzen

Wellen der Nord- und Ostsee gewonnenen Erfahrungen erhärten und damit die Eigenschaften der größeren und schnelleren Rundspant-Boote für den Einsatz in den küstennahen Gewässern des Nord- und Ostseebereichs vermitteln.

c) Das von der Kaspar-Werft in Gemeinschaftsarbeit mit der Trayag in Travemünde gebaute und im Herbst 1926 in Dienst gestellte Versuchsboot »Narwal« erreichte bei einer Wasserverdrängung von 26,4 bis 31 t mit drei Atlantik 12-Zylinder-V-Otto-Motoren ausgerüstet, eine Geschwindigkeit von ca. 34,8 kn. Es war zu dieser Zeit das größte »Gleitschnellboot« der Reichsmarine.

Bei den Erprobungen dieser Boote auf ihre Verwendbarkeit stellte sich heraus, daß die Rundspant-Boote »Lüsi I« und »Lür« die besseren Eigenschaften bei Seegang hatten. Nach Abschluß dieser technischen Erprobungen entschloß sich die Reichsmarine zum Bau der Rundspant-Boote.

Nach dem I. Weltkrieg waren der Reichsmarine einige 40 t bis 60 t große »UZ-Boote« (U-Boot-Zerstörer) verblieben, die mit 2 bis 3 Otto-Motoren ausgerüstet bei einer Länge von 26 bis 31 m, einer Breite von 4 m und einem Tiefgang von 1,2 m eine Geschwindigkeit von 16 kn erreichten. Sie fanden bei der Reichsmarine als Wach- und Ausbildungsboote Verwendung und dienten bei Manövern als Ersatz für Schnellboote.

Die ersten taktischen Versuche hinsichtlich zweckmäßiger Schnellbooteinsätze wurden, nachdem die 1. Halbflottille dieser aus den Kriegsjahren 1916 bis 1917 stammenden 16 kn laufenden »UZ-Boote« unter der Führung von Kapitänleutnant Weichhold zusammengestellt war, von Juli bis September 1926 durchgeführt.

Mit den in den folgenden Jahren vorübergehend in Dienst gestellten Booten wurden die taktischen Versuche sporadisch wiederholt.

Im April 1929 wurde von der Reichsmarine der Ostsee-Sperrverband, bestehend aus 24 Sperrübungsfahrzeugen, – Minenräumbooten aus den Jahren 1905 bis 1917 – und Bewachungsfahrzeugen, aufgestellt. Die Bewachungsfahrzeuge wurden aus ehemaligen »LM-Booten« mit der Bezeichnung »UZ« zu einer Halbflottille unter der Führung von Kapitänleutnant Bürkner zusammengestellt. Mit dem Tarnbuchstaben »S« als Zusatz (Schnellboot) standen der Reichsmarine von Juli bis August 1929 auf der Grundlage der Charterung die ehemaligen »LM-Boote«

Name	Werft	IN Dienst der Reichsmarine	Depl. m^3	Hauptabmess. Lg. m	Br. m	Tfg. m	Antrieb	Leistung PS	Geschwindigkeit Höchstfahrt sm	Marschfahrt sm	Fahrbereich sm	Bewaffnung Torp.	TR	Masch.-Waffen	Bemerkungen
UZ (S) 11 ex „LÜR"	Lürssen Vegesack	1926	23,0~	23,00	3,60	1,28	3 Mercedes-Benz-Otto Motoren 3 Schrauben ...... ϕ	780	33,50	....	......	1	1 45cm	1 Mg	Am 31.3.1931 außer Dienst gest. u. durch Neubau „S1" ersetzt.
UZ (S) 12 ex „K"	Abeking und Rasmussen Lemwerder	1929	16,0~	17,40	3,48	1,16	2 ..... Otto Motoren 2 Schrauben..... ϕ	860	40,00~	25 ~	270	2	2 45cm Heck-TR	1 Mg	
UZ (S) 13 ex „LM20"	Roland Hemelingen	1926	7,5	17,00	2,42	0,60	3 Mercedes-Benz-Otto Motoren 3 Schrauben ...... ϕ	780	32,50	30	240	1	1 45cm	1 2cm Mk	Am 31.3.1931 außer Dienst gest. u. durch Neubauten „S2–S4" ersetzt.
UZ (S) 14 ex „LM 21"	Lürssen Vegesack	1926	7,0	16,00	2,40	0,68	3 Mercedes-Benz-Otto Motoren 3 Schrauben ...... ϕ	780	32,50	30	240	1	1 45cm	1 2cm Mk	
UZ (S) 15 ex „LM22"	Lürssen Vegesack	1926	7,0	16,00	2,40	0,68	3 Mercedes-Benz-Otto Motoren 3 Schrauben ..... ϕ	780	32,50	30	240	1	1 45cm	1 2cm Mk	
UZ (S) 16 ex „LM23"	Lürssen Vegesack	1929	7,0	16,00	2,40	0,68	3 Mercedes-Benz-Otto Motoren 3 Schrauben 1,12 m ϕ	800	32,50	30	240	1	1 45cm	1 2cm Mk	Am 9.6.1933 außer Dienst gest. u. durch Neubauten „S8–S10" ersetzt.
UZ (S) 17 ex „LM24"	Lürssen Vegesack	1926	7,0	16,00	2,40	0,68	3 Mercedes-Benz-Otto Motoren 1x260 u. 2x210 PS. 3 Schrauben.... ϕ	680	31,56	30	240	2	2 45cm	1 Mg	
UZ (S) 18 ex „NARWAL"	Caspar-Werft Trajag Travemünde	1928	26,4 / 31,0	21,30	4,06	0,90	3 Atlantic-12 zylinder V-Otto-Motoren 3 Schrauben 0,76 m ϕ	1125	34,80	....	....	2	2 45cm Heck-TR	1 Mg	Am 31.3.1931 außer Dienst gest. u. durch Neubau „S5" ersetzt.
UZ (S) 19 ex „LÜS I1"	Lürssen Vegesack	1930	10,4 / 14,0	19,60	2,90	0,82	3 Deutz-6 zylinder V-Otto-Motoren 3 Schrauben ...... ϕ	1200	34,00~	32	200/300	2	2 50cm	2 2cm Mk	Am 6.9.1932 außer Dienst gest. u. durch Neubau „S7" ersetzt.
UZ (S) 20 ex „LM27"	Oertz Hamburg	1927	6,8	16,50	2,42	0,60	2 Mercedes-Benz-Otto Motoren 2 Schrauben ..... ϕ	1000	34,00	32	250/300	2	2 50cm	1 Mg	Am 31.3.1931 außer Dienst gest. u. durch Neubau „S6" ersetzt.
UZ (S) 21 ex „LM28"	Oertz Hamburg	1927	6,8	16,50	2,42	0,60	3 Mercedes-Benz-Otto Motoren 3 Schrauben ...... ϕ	740	32,00	30	250	2	2 50cm	1 2cm Mk	Am 9.6.1933 außer Dienst gest. u. durch Neubau „S11" ersetzt.

Tabelle 3: 1. UZ-(S)-Flottille 1926 bis 1933 (Schnellboote) der Reichsmarine.

»UZ (S) 11« ex »Lür«,
»UZ (S) 12« ex »K«,
»UZ (S) 18« ex »Narwal«,
»UZ (S) 19« ex »Lüsi I«,
»UZ (S) 13, 14, 15, 16, 17, 20, 21« – als die ehemaligen »LM-Boote 20, 21, 22, 23, 24, 27 und 28« – zur Verfügung, die jedoch später endgültig von der Reichsmarine übernommen wurden.

Mit einer Verfügung vom 14. Mai 1930 ordnete das Reichswehr-Ministerium die Aufstellung einer der Torpedo- und Mineninspektion in Kiel unterstellten »UZ (S)« Versuchsgruppe an. Diese Gruppe sollte ab Sommer 1930 unter der Führung von Leutnant zur See Ewerth und dem Oberleutnant Ing. Dorn die Versuche und Erprobungen mit den »UZ-(S)-Booten« fortführen. Mit der Aufstellung dieser Gruppe wurden allmählich die zunächst als Zivilboote getarnten alten Schnellboote in den aktiven Dienst überführt und damit die Vorbereitung des Aufbaus einer neuen Schnellbootwaffe geschaffen.

Im Zuge einer Typenbereinigung wurden die »UZ-(S)- Boote – UZ (S) 12, 13, 14, 18, 20« am 31. 3. 1931, »UZ (S) 19« am 6. 9. 1932 und »UZ (S) 15, 17, 21« am 9. 6. 1933 außer Dienst gestellt und durch Neubauten ersetzt. Die außer Dienst gestellten »UZ-(S)-Boote 15, 17, 19, 20« wurden am 15. 9. 1933 an Columbien verkauft und dort von der columbianischen Marine mit den Bootsbezeichnungen »A«, »B«, »C« und »D« in den Dienst gestellt. Sie waren noch bis Ende 1946 im Dienst der columbianischen Marine.

Im Jahre 1928 interessierte sich das Konstruktionsamt der Reichsmarine, aufgrund der durchgeführten Erprobungen, für die Entwicklung eines Schnellbootes, das den Anforderungen und Vorstellungen der Marine entsprach. Die Pläne des bei der Lürssen-Werft in Bremen-Vegesack für amerikanische Auftraggeber im Jahr 1926 gebauten, schnellen Luxusmotorbootes »Oheka II« sollten auf ihre Verwendungsfähigkeit für den Bau deutscher Schnellboote geprüft werden. Das 22,5 t große, 22,5 m lange, 3,7 m breite und 2,1 m hohe Luxusmotorboot erreichte mit drei Maybach-Motoren zu je 550 PS eine Geschwindigkeit von etwa 34 kn. Die besonderes leichte Bauweise und günstige Linienführung dieses Bootstyps gewährleistete ein hohes Maß an Seefähigkeit, Festigkeit und Schnelligkeit.

Der Chef der Marineleitung, Admiral Raeder, ließ daher im Februar 1929, unter Abänderung der Maße des schnellen Bootes

»Oheka II«, einen Entwurf ausarbeiten, der nach umfangreichen Schleppversuchen zum Bau des 1. deutschen Schnellbootes bei der Lürssen-Werft in Bremen-Vegesack im November 1929 führte. An den umfangreichen Konstruktionsvorarbeiten war das Konstruktionsamt der Reichsmarine unter der Leitung von Ministerialdirektor Presse, der Oberbaurat für Schiffbau Burkhardt, der Marinebaurat Fenselau, Ministerialrat Laudahn und der Ingenieur Docter als Sachbearbeiter für Motorenbau sowie von der militärischen Seite der für die Halbflottille vorgesehen Chef Kapitänleutnant Bey und Oberleutnant Ing. Dorn in Zusammenarbeit mit der Lürssen-Werft und der Firma Daimler-Benz beteiligt. Alle Bauzeichnungen für dieses 1. Schnellboot wurden von der Lürssen-Werft angefertigt. Den Entwurf für den Linienriß, dessen Form für alle Folgebauten bis zu den letzten Schnellbooten des 2. Weltkrieges beibehalten wurde, fertigte Amtmann Keller vom Konstruktionsamt der Reichsmarine an.
Das nach Abschluß aller konstruktiven Entwicklungsarbeiten und den Schleppversuchen bei der Lürssen-Werft im November 1929 in Auftrag gegebene Boot, wurde am 7. 8. 1930 von der Reichsmarine unter der Bezeichnung »UZ (S) 16« in Dienst gestellt. Dieses Boot hatte eine Wasserverdrängung von 39,2 t, eine Länge von 28 m, eine Breite von 4,5 m und einen Tiefgang von 1,6 m. Mit drei Daimler-Benz-Otto-Motoren zu je 900 PS erreichte dieses Boot eine Geschwindigkeit von etwa 32 kn. Die Bewaffnung des ersten Schnellbootes bestand aus zwei auf der Back seitlich an Back- und Steuerbord angebrachten abnehmbaren 53-cm-Torpedorohren, einer 2-cm-Kanone und einem MG!
Am 31. 3. 1931 wurde das 1. Schnellboot »UZ (S) 16« aus Tarnungsgründen in Wachboot »W 1« umbenannt. Mit der erneuten Umbenennung des Bootes in »S 1« am 16. 3. 1932 wurde die bisher verwandte Tarnbezeichnung »UZ (S) Schnellboot» zur offiziellen Typenbezeichnung dieser Bootsklasse in der Reichs- und späteren Kriegsmarine.
Aufgrund der mit diesem ersten Schnellboot »S 1« durchgeführten umfangreichen Erprobungen, setzte sich in der deutschen Marineleitung die Gewißheit durch, mit der Entwicklung von »S 1« bezüglich der Einsatzmöglichkeit im Bereich der Nord- und Ostsee ein tatsächlich befriedigendes Torpedoschnellboot geschaffen zu haben.

Die im Sommer 1930 unter der Führung von Leutnant zur See Ewert aufgestellte »UZ-(S)-Halbflottille« unterstand im Jahr 1931 als Versuchsgruppe, bestehend aus dem Führerboot »W 1«, »UZ (S) 18« ex »Narwal«, »UZ (S) 15« ex »Moritz«, »UZ (S) 19« ex »Lüsi I«, noch immer der Torpedo- und Mineninspektion in Kiel. Halbflottillenchef war Kapitänleutnant Bey, sein Adjudant Oberleutnant zur See Eckermann und Halbflottillen-Ing. Kapitänleutnant Ing. Dorn.

Aufgrund der bei der Erprobung von »S 1« gewonnenen Erfahrungen, wurden im Jahr 1931 die Schnellboote »S 2 bis S 5« als Neubauserie bei der Lürssen-Werft in Auftrag gegeben und die Boote von dieser von April bis Juli 1932 an die Reichsmarine abgeliefert. Diese neuen Schnellboote hatten eine Wasserverdrängung von 45 t, waren 27,7 m lang, 4,2 m breit und hatten einen Tiefgang von 1,25 m. Mit drei Daimler-Benz-12-Zylinder-Otto-Motoren, mit Kompressoraufladung zu je 1100 PS ausgerüstet, erreichten diese Boote eine Geschwindigkeit von 33,8 kn.

Weiterhin war auf den Booten »S 2 bis S 5« zur Erhöhung des Aktionsradius und für Schleichfahrt noch ein 100-PS-Maybach-Marschmotor eingebaut worden, der über einen Kettenantrieb auf die Mittelwelle der Boote wirkte. Die Bewaffnung der Boote bestand aus einem 53-cm-Torpedorohr und einer 2-cm-Kanone.

Die seit 1931 unter dem Kommando von Kapitänleutnant Bey stehende »UZ-(S)-Versuchsgruppe« wurde 1932 mit dem Schnellboot-Neubauten »S 2 bis S 5« ausgerüstet. Nach der Indienststellung der Boote:

»S 2« am 22. 4. 1932 Kommandant Oberleutnant z. S. Eckermann – Führerboot –
»S 3« am 27. 5. 1932 Kommandant Oberleutnant z. S. Rösing
»S 4« am 20. 6. 1932 Kommandant Oberleutnant z. S. Fuhrke
»S 5« am 14. 7. 1932 Kommandant Oberleutnant z. S. Stockmann

erfolgte die Umbenennung in »1. Schnellboot-Halbflottille«. Halbflottillenchef war weiterhin Kapitänleutnant Bey, stellvertretender Halbflottillenchef wurde Oberleutnant z. S. Manhardt von Manstein und Halbflottillen-Ingenieur Oberleutnant Ing. Bartel. Als Schnellbootsbegleitschiff diente der Tender »Nordsee« unter der Führung von Oberleutnant z. S. Zimmermann.

Nach der Umbenennung im Jahr 1932 gehörte die 1. Schnellboot-Halbflottille aus taktischen Gründen zum Bereich der Flotte. Sie

unterstand bis 1936/37 direkt dem Befehlshaber der Aufklärungsstreitkräfte. Die Eigenschaft der Schnellboote als Torpedoträger wurde zunächst noch weiterhin geheimgehalten.
Nach der Indienststellung von »S 2 bis S 5« erhielten die Motorenfirmen MAN und Daimler-Benz vom Konstruktionsamt der Reichsmarine den Auftrag zur Entwicklung eines leichten Schnellboot-Dieselmotors. Damit sollte die bei der Verwendung von Benzinmotoren bestehende Gefahr eines Brandes ausgeschaltet werden.
Aufgrund der mit den Schnellbooten S »2 bis S 5« durchgeführten umfangreichen Erprobungen und der Weitergabe der dabei gewonnenen Erfahrungen an das Marine-Konstruktionsamt, war mit dem Schnellboot »S 6«, welches im November 1933 zur 1. Schnellboot-Halbflottille kam, aus militärischer Sicht gesehen, ein entscheidender Fortschritt erzielt worden. Dieses Boot war erstmals mit drei 7-Zylinder-Dieselmotoren zu je 1320 PS ausgerüstet, mit welchen das Boot bei einer Länge von 32,36 m, einer Breite von 5,6 m und einem Tiefgang von 1,42 m eine Geschwindigkeit von 36,5 kn erreichte.
Mit diesen in »S 6« eingebauten 7-Zylinder-Diesel-Motoren besaß die deutsche Marine als erste Seemacht Schnellboot-Dieselmotoren mit ausreichender Leistung, welche gleichzeitig infolge geringen Brennstoffverbrauchs den Aktionsradius des Bootes vergrößerten. Damit war außerdem die bei den Otto-Motoren bestehende akute Brand- und Explosionsgefahr weitgehend gebannt.
Im Jahre 1933 wurden als Folgeserie die Schnellboote »S 7« bis »S 13« bei der Lürssen-Werft in Auftrag gegeben, die von September 1934 bis Dezember 1935 in Dienst gestellt wurden. Die Schnellboote »S 7«, »S 8« und »S 9«, welche zum gleichen Typ wie »S 6« gehörten, waren ebenfalls mit den 7-Zylinder-Dieselmotoren ausgerüstet. Sie wurden nach ihrer Indienststellung, »S 7« am 10. 10. 1934 und »S 8« am 6. 9. 1934 der 1. S-Boot-Halbflottille zugeteilt, die seit Oktober 1934 unter der Führung von Kapitänleutnant Schubert stand. Nachdem »S 9« nach der Indienststellung am 12. 6. 1935 ebenfalls der 1. S-Boot-Halbflottille zugeteilt worden war, wurde diese in 1. Schnellbootflottille umbenannt.
Im Laufe des Jahres 1935 wurden die ebenfalls 1933 in Auftrag gegebenen Boote »S 10« am 7. 3. 1935, »S 11« am 3. 8. 1935, »S 12« am 31. 8. 1935 und »S 13« am 7. 12. 1935 in Dienst gestellt. Diese Boote

NAME	Werft	In Dienst	Depl. t	Hauptabmess. Lg. m	Br. m	Tfg. m	Antrieb	Leistung PS	Geschwindigkeit Höchstfahrt sm	Marschfahrt sm	Fahrbereich sm	Bewaffnung TR	Torp.	Masch.-Waffen	Bemerkungen
S1	Lürssen Vegesack	1930	39,8/51,6	26,80	4,20	1,05	3 Daimler Bfz Otto-M. 1 Maybach S5 Otto-M.	2700 100	34,21	30	350	2	2	1–2cm	Offenes Ruderhaus
S 2–5	Lürssen Vegesack	1932	49,0/59-63	27,70	4,20	1,25	3 Daimler Bfz Otto-M. 1 Maybach S5 Otto-M.	3300 100	33,00~	30	350	2	2	1–2cm	Geschl.Ruderh. davor offener Kdo. Stand
S 6–9	Lürssen Vegesack	1933/35	80,0/95,0	32,36	5,06	1,42	3 MAN LZ 7 Diesel-M. 3 Schrauben 1,23 m ϕ	3960	36,5	30	600	2	2	1–2cm	Ab „S6" nur Verwendung von Dieselmotoren
S10–13	Lürssen Vegesack	1935	78,0/92,0	31,91	4,90	1,20	3 Daimler MB 502 3 Schrauben 1,23mϕ	3960	36,5	30	600	2	2	1–2cm	
S14–17	Lürssen Vegesack	1936/38	92,5/114–117	34,62	5,26	1,67	3 MAN LZ 11 3 Schrauben 1,23mϕ	6150	37,7–39,8	35	700	2	4	1–2cm	
S18–25	Lürssen Vegesack	1938/39	92,5/114–117	34,62	5,26	1,67	3 Daimler MB 501 3 Schrauben 1,23mϕ	6000	37,7–39,8	35	700	2	4	1–2cm	Typ „S14"
S 26–29	Lürssen Vegesack	1940	92,5/112–115	34,94	5,28	1,67	3 Daimler MB 501 3 Schrauben 1,23mϕ	6000	39,00	35	700	2	4	2–2cm	Ab „S26" Back m.verkl. TR u.Bug Masch.-Waffe
S 30–37	Lürssen Vegesack	1939/40	81,0/100–102	32,76	5,06	1,47	3 Daimler MB 502 3 Schrauben 1,23mϕ	3960	38,00	30	800	2	2	2–2cm	Typ „S30"
S 38–53	Lürssen Vegesack	1940/41	92,5/112–115	34,94	5,28	1,67	3 Daimler MB 501 3 Schrauben 1,23mϕ	6000	39,00	35	700	2	4	2–2cm	Typ „S38"
S 54–61	Lürssen Vegesack	1940/41	81,0/100–102	32,76	5,06	1,47	3 Daimler MB 502 3 Schrauben 1,23mϕ	3960	38,00	30	800	2	2	2–2cm	Typ „S30"
S 62–99	Lürssen Vegesack	1941/43	92,5/112–115	34,94	5,28	1,67	3 Daimler MB 501 3 Schrauben 1,23mϕ	6000	39,00	35	700	2	4	2–2cm	Typ „S38"; „S81–S83" u. „S98–S99": 1–4 u.1–2cm
S 100	Lürssen Vegesack	1943	92,5/113–122	34,94	5,28	1,67	3 Daimler MB 501A 3 Schrauben 1,23mϕ	7500	42,00	35	700	2	4	1–4cm 1–2cm	Ruderh.u.Kdo.Std.gepanzerte Kugelkalotte.
S 101–133	Schlichting Travemünde	1940/44	92,5/112–115	34,94	5,28	1,67	3 Daimler MB 501 3 Schrauben 1,23mϕ	6000	39,00	35	700	2	4	2–2cm	Typ „S38"
S 134–135	Lürssen Vegesack	1943	92,5/112–115	34,94	5,28	1,67	3 Daimler MB 501 3 Schrauben 1,23mϕ	6000	39,00	35	700	2	4	2–2cm	Typ „S38"

Tabelle 4: Schnellboote 1930–1945.

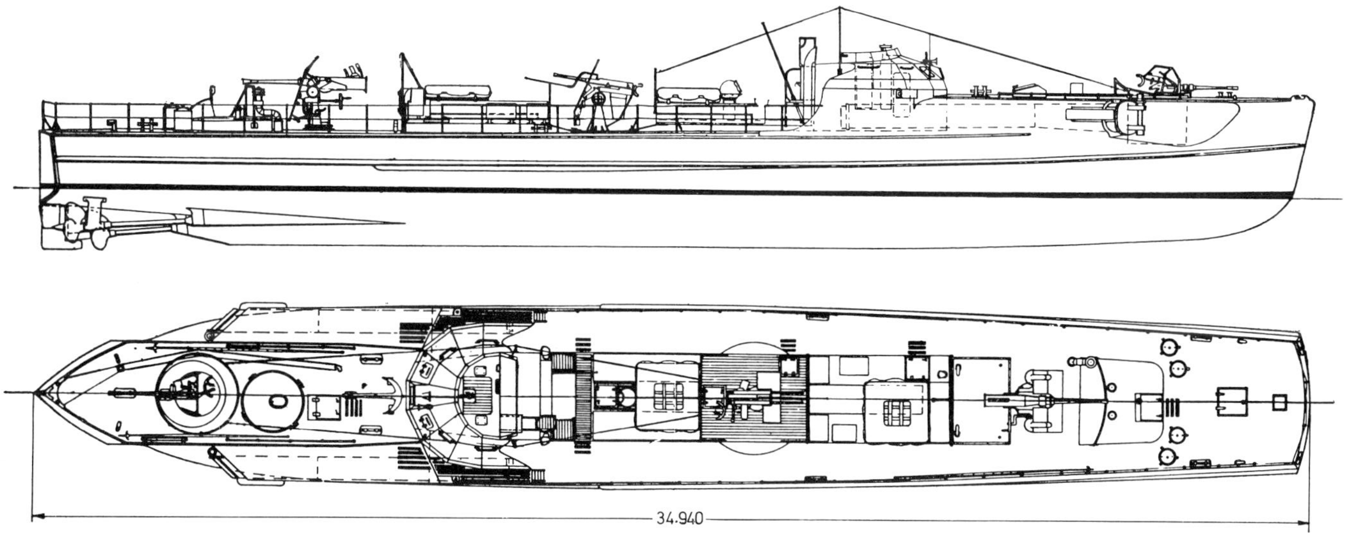

Schnellboot Typ „S 38"

Dieser Schnellbootstyp umfaßt ab 1940/44 die Schnellboote „S38" bis „S53", „S62" bis „S99", „S101" bis „S133", „S134" bis „S135", „S137" und „S138" bis „S146".

waren mit je drei von der Firma Daimler-Benz gerade fertiggestellten 16-Zylinder-V-Viertakt-Dieselmotoren zu je 1320 PS ausgerüstet, deren Leistung durch Aufladung zunächst um 25 Prozent und später um 50 Prozent erhöht wurde. Mit diesen Motoren, welche die gleiche Leistung wie die MAN-Dieselmotoren hatten, aber aufgrund ihrer Zuverlässigkeit erheblich frontbrauchbarer waren, erreichten die Boote eine Geschwindigkeit von 36,5 kn. Diese von den Schnellbooten »S 7« bis »S 13« erzielte Geschwindigkeit von 36,5 kn entsprach noch nicht den militärischen Forderungen für den Kriegseinsatz.

Die im Frühjahr 1934 in Auftrag gegebenen »S-Boote S 14« bis »S 17« wurden mit je drei von MAN inzwischen entwickelten 11-Zylinder-Viertakt-Dieselmotoren zu je 2050 Ps ausgerüstet. Diese größeren Boote erreichten bei einer Wasserverdrängung von 92 t, einer Länge von 34,62 m, einer Breite von 5,26 m und einem Tiefgang von 1,67 m eine Geschwindigkeit von 39,8 kn.

Die Bewaffnung der Boote blieb dagegen die gleiche. Sie führten lediglich zwei Reservetorpedos mit. Nach ihrer Indienststellung, »S 14« am 12. 6. 1936, »S 15« am 4. 2. 1937, »S 16« am 22. 12. 1937 und »S 17« am 18. 3. 1938, kamen die Boote zur 1. S-Boot-Flottille, welche damit über 12 einsatzfähige Boote verfügte, von denen 6 zur aktiven Flottille gehörten. Die restlichen 6 Boote gehörten zum Reserveverband der Flottille und dienten zur Ausbildung des Nachwuchses.

Als die technischen und taktischen Voraussetzungen in den Jahren von 1932–1938 für Einsatz und Verwendung geschaffen waren, konnten auch die operativen Grenzen der neuen und jungen Schnellbootwaffe festgelegt werden. Neben den Fahr-, Schieß- und Manöverabschnitten mußte in längeren ununterbrochenen Fahrten die Leistungsfähigkeit und Belastbarkeit der Boote bei Wind und Seegang, die selbst bei hoher Marschfahrt einen großen Aktionsradius hatten, ohne, daß sie zum Mutterschiff bzw. zum Stützpunkt zurückkehren mußten, erprobt werden. Die Fahrtstrecke von 700 sm bedeutete ein Operationsgebiet, das die gesamte Nordsee zwischen der deutschen Küste, England und Norwegen umfaßte und in der Ostsee bis zu den baltischen Inseln reichte. Neben diesen Erprobungen mußte auch die Leistungsfähigkeit der Besatzung durch längere ununterbrochene Fahrten festgestellt werden.

Im Mai 1937 wurde daher eine Dauerfahrt mit hoher Marschfahrt

von Helgoland nach Kiel um Skagen herum durchgeführt. Für diese 500 sm lange Strecke benötigten die Boote etwa 20 bis 24 Stunden. Die Schnellboote »S 10« bis »S 13« hielten die Fahrt störungsfrei durch, während die mit MAN-Dieselmotoren ausgerüsteten Boote mit Motorenstörungen unterwegs liegenblieben oder oft mit erheblicher Verspätung Kiel erreichten.
Bei einer im Juli 1937 erneut durchgeführten Dauerfahrt von Cuxhaven nach Ymuiden, hielten die Boote »S 8« bis »S 15« bei hohem Seegang und zeitweisem Nord-West-Wind von 7 bis 8 die Fahrstrecke von 250 sm bei einer Marschfahrt von 25 kn ohne Störungen gut durch.
Unter der Führung von Kapitänleutnant Sturm führte die Flottille im Sommer 1938 eine Auslandsreise nach Wisby auf Gotland durch, bei welcher sich die bisher gewonnenen Erfahrungen bestätigten.

DIE S-BOOTE DES II. WELTKRIEGES

Während die bei den Dauerfahrten mit dem Daimler-Benz-Dieselmotoren in V-Form ausgerüsteten Boote »S 10« bis »S 13« die Fahrt störungsfrei auch bei schwerer See und hoher Marschfahrt fast bis zum Ausfahren des Aktionsradius durchgehalten hatten, erfüllten die neuen auf den Booten »S 14« bis »S 17« eingebauten 2000-PS-MAN-Dieselmotoren, infolge häufiger Störungen, nicht die an sie gestellten Forderungen.
Inzwischen hatte die Firma Daimler-Benz einen größeren und leichteren 20-Zylinder-Dieselmotor in V-Form von 2000 PS entwickelt, welcher sich in den Schnellbooten »S 18« bis »S 25« vorzüglich bewährte. Durch Aufladung konnte die Leistung des Motors zunächst um 25 Prozent und später um 50 Prozent gesteigert werden, wodurch die Boote eine Geschwindigkeit zwischen 43,5 kn und 45 kn erreichten. Dieser Dieselmotor vom Typ MB 501 wurde damit und den später daraus abgeleiteten Folgemotoren zum Standardmotor der deutschen Schnellboote. Der offensichtlich für Schnellboote weniger geeignete MAN-Motor wurde von dem Konstruktionsamt der Marineleitung für eine zukünftige Verwendung bei dem Bau von Schnellbooten abgelehnt.
So entstand in unermüdlicher Entwicklungsarbeit aller Stellen, beginnend mit dem Boot »S 18« kurz vor Beginn des II. Weltkrieges

ein Schnellboot, welches auf allen Kriegsschauplätzen beweisen konnte, daß es im Vergleich mit den Schnellbooten fremder Marinen das beste Boot seiner Art war.
Die im Dezember 1936 bzw. Anfang Januar 1937 in Auftrag gegebenen Boote »S 18« bis »S 25« wurden mit dem neuen Dieselmotor MB 501 ausgerüstet. Nach der Indienststellung der Boote »S 18« am 14. 7. 1938, »S 19« am 6. 10. 1938, »S 20« am 21. 3. 1939, »S 21« am 19. 12. 1938, »S 22« am 12. 5. 1939, »S 23« am 12. 7. 1939 wurde diese der im August 1938 aufgestellten 2. Schnellboot-Flottille zugewiesen. Die nach Kriegsbeginn in Dienst gestellten Boote »S 24« am 18. 9. 1939 und »S 25« am 9. 12. 1939 kamen ebenfalls zur 2. Schnellboot-Flottille. Somit befand sich Ende 1939 zwei Schnellboot-Flottillen mit zusammen 20 Booten in Fahrt. Die folgenden 1940 in Dienst gestellten Boote »S 26« am 21. 5. 1940, »S 27« am 5. 7. 1940, »S 28« am 1. 9. 1940 und »S 29« am 28. 11. 1940 erhielten erstmals die vom Konstruktionsamt der Marineleitung vorgeschlagene Back, in der die Torpedorohre eingebaut waren. Damit wurde das Freibord im Vorschiff um 0,5 m erhöht. Durch die daraus resultierende zusätzliche Reserveverdrängung im Vorschiffbereich fuhren die Boote bei starkem Seegang und hoher Fahrtstufe wesentlich trockener.

DIE SCHNELLBOOT-BEGLEITSCHIFFE

Mit dem Bau von Schnellboot-Begleitschiffen wurden den Schnellbootsverbänden unabhängig vom Stützpunkt ein weiträumiger Einsatz, falls es die operative Lage erforderte, möglich. Schon im Frieden erwiesen sich die Schnellboot-Begleitschiffe als unentbehrlich. Sie dienten den Schnellbootsbesatzungen nach anstrengendem Einsatz nicht nur als Unterkunft, sondern auch als Versorgungsschiff zur Ergänzung der Verpflegung und des Brennstoffs sowie der Munition und der Torpedos. Weiterhin gaben sie den Schnellbooten die Möglichkeit, kleine Reparaturen auszuführen.
Während der ersten Aufbaujahre diente der Tender »Nordsee« – Baujahr 1914, Größe 823 t, Länge 54 m, Geschwindigkeit 12 kn – ab 1932 der »UZ-(S)-Halbflottille«, die später in 1. Schnellboot-Halbflottille umbenannt wurde, als Begleitschiff.

NAME	Werft	In Dienst	Depl. t	Hauptabmess. Lg. m	Hauptabmess. Br. m	Hauptabmess. Tfg. m	Antrieb	Leistung PS	Geschwindigkeit Höchstfahrt sm	Geschwindigkeit Marschfahrt sm	Fahrbereich sm	Bewaffnung	Bemerkungen
TSINGTAU	Blohm u. Voss Hamburg	24.9.34	2490 / 1980	87,5 / 85,0	13,5	4,01	2 MAN Viertakt-Diesel 2 Schrauben 2,3 m ⌀	4100	17,5	15	8500	2-8,8cm/8-2cm	1. S-Flottille-ab 2.1940 Schulsch. f. Fla-Masch.-Waffen-1944-2.S-Sch.Fl.
TANGA	A.G. Neptun Rostock	21.1.39	2620 / 2190	96,2 / 91,1	13,5	4,14	2 MAN Viertakt-Diesel mit Vulcan-Getriebe 2 Schrauben 2,3 m ⌀	4100	17,5	15	10000	2-10,5cm 2-3,7cm/4-2cm	2. S-Flottille
ADOLF LÜDERITZ	A.G. Neptun Rostock	11.6.40	3600 / 2900	114,0 / 103,6	14,5	4,34	4 MAN doppelwirkende Viertakt-Diesel 2 Schrauben 3,2 m ⌀	12400	23	15	12000	4-10,5cm/6-3,7cm 1 Borfors-4cm 8-2cm	3. S-Flottille ab 1.11.1943 1. S-Schulflottille
CARL PETERS	A.G. Neptun Rostock	6.1.40	3600 / 2900	114,0 / 103,6	14,5	4,34	4 MAN doppelwirkende Viertakt-Diesel 2 Schrauben 3,2 m ⌀	12400	23	15	12000	4-10,5cm/6-3,7cm 1 Borfors-4cm 8-2cm	versch. S-Flottillen ab 6.1944-3.S-Schulfl.
GUSTAV NACHTIGAL	John Cockerill, SA. Hoboken-Antwerpen	13.5.44	3700 / 3100	114,0 / 105,0	14,7	6,01	1 Burmeister u. Wain ....takt-Diesel 1 Schraube 4,9 m ⌀	3800	17	15	10000	3-10,5cm 6-3,7cm/10-2cm	versch. S-Flottillen
HERMANN VON WISSMANN	John Cockerill, SA. Hoboken-Antwerpen	16.12.43	3700 / 3100	114,0 / 105,0	14,7	6,01	1 Burmeister u. Wain ....takt-Diesel 1 Schraube 4,9 m ⌀	3800	17	15	10000	3-10,5cm 6-3,7cm/10-2cm	5. S-Flottille

Tabelle 5 Schnellboot-Begleitschiffe 1934–1945.

Als erster Neubau eines Schnellboot-Begleitschiffes wurde am 24. 9. 1934 die »Tsingtau« in Dienst gestellt und der 1. S-Boot-Flottille als Begleitschiff zugewiesen. Ab 1944 diente die »Tsingtau« der 2. S-Boot-Schulflottille als Begleitschiff.
Das der »Tsingtau« folgende S-Boot-Begleitschiff »Tanga« wurde am 21. 1. 1939 in Dienst gestellt und der 2. S-Boot-Flottille zugewiesen. Nach Beginn des II. Weltkrieges wurden die vier im Bau befindlichen Schnellboot-Begleitschiffe »Karl Peters« am 6. 1. 1940, »Adolf Lüderitz« am 11. 6. 1940, »Hermann von Wissmann« am 16. 12. 1943 und »Gustav Nachtigal« am 13. 5. 1944 in Dienst gestellt. Sie wurden der 3. und 5. S-Boot-Flottille sowie der 1. und 3. S-Boot-Schulflottille als Begleitschiffe zugewiesen. Vier weitere bei der Neptun-Werft AG in Rostock in Auftrag gegebene S-Boot-Begleitschiffe wurden nicht mehr gebaut. Die Verwendung der S-Boot-Begleitschiffe, welche die Flottillen von ihrem Stützpunkt unabhängig machen sollten, wurde während des 2. Weltkrieges bald auf den Nord- und Ostseebereich beschränkt.
Die nach dem Krieg nochmals vergrößerten Schnellboote sind mit ihren Versorgungsschiffen bei der Bundesmarine zu einem festen Bestandteil der Seeverteidigung geworden.

Schnellboote 1939 im Kampf gegen Polen

Durch den Versailler Vertrag erhielt der neu entstandene polnische Staat nicht nur ein Stück deutscher Küste zwischen »Leba« und »Zoppot«, sondern gleichzeitig als Grundlage für den Aufbau seiner Kriegsflotte einige deutsche Torpedoboote.
Die Aufgabe der polnischen Marine war es, bei einem Krieg mit Deutschland den Seeverkehr zwischen dem Reich und Ostpreußen zu unterbinden. Aus diesem Grund erbaute man neben den schon vorhandenen kleinen Häfen von »Putzig« und »Zoppot« den Kriegshafen »Gdingen«, der geeignet war, die größten Kriegs- und Handelsschiffe aufzunehmen. Ferner wurden die Fischereihäfen »Hela« und »Großendorf«, beides wertvolle Stützpunkte für leichte Seestreitkräfte, zu Kriegshäfen ausgebaut.

DER AUFMARSCH DEUTSCHER SEESTREITKRÄFTE

Nachdem sich die politische Lage im August 1939 verschärft hatte, war es die Aufgabe der deutschen Seekriegsführung, die Seewege zwischen dem Reich und Ostpreußen zu schützen sowie in Verbindung mit den Heerestruppen und der Luftwaffe die polnische Flotte zum Schutz von »Danzig-Neufahrwasser« schnellsten auszuschalten.
Für die Bereitstellung der Seestreitkräfte gegen die »Danziger Bucht« stand zu diesem Zeitpunkt der deutschen Seekriegsführung als leistungsfähiger Stützpunkt nur der Hafen von Pillau zur Verfügung, der aber durch Minen leicht gesperrt werden konnte. Eine Ausweichmöglichkeit bot der Hafen von Memel, »Swinemünde« als nächster leistungsfähiger Hafen lag 210 Seemeilen westlich von Pillau. Die Häfen von »Kolberg« und »Stolpmünde« waren dagegen nur für kleine Seestreitkräfte geeignet.
Ferner mußte damit gerechnet werden, daß die Engländer den Polen bei Ausbruch der Feindseligkeiten mit Deutschland ihre Unterstützung in Form von Schnellbooten und U-Booten zukommen lassen würden, um ihr Beistandsversprechen einzulösen.
Aus diesem Grund stellte, als in den letzten Augusttagen des Sommers 1939 der Aufmarsch der deutschen Seestreitkräfte durchgeführt wurde, die Seekriegsführung starke Kräfte gegen die Danziger

Bucht bereit, um die wichtige Verkehrsverbindung auf den Seewegen nach Ostpreußen sicherzustellen.
In »Swinemünde« lag der Befehlshaber der Aufklärungsstreitkräfte (B.d.A.) Vizeadmiral Densch mit den leichten Kreuzern »Nürnberg«, »Leipzig« und »Köln«. Flaggschiff des B.d.A. war der leichte Kreuzer »Nürnberg«.
In Pillau hatten die Zerstörer der 1. Z-Flottille »Richard Beitzen«, »Friedrich Eckoldt«, »Friedrich Ihn«, »Erich Steinbrinck« und »Georg Thiele«, von der 2. Z-Flottille »Bruno Heinemann« und »Leberecht Maass« und von der 4. Z-Flottille »Bernd von Arnim« und »Wolfgang Zenker«, sowie die Boote der 1. Schnellboot-Flottille mit ihrem S-Boot-Begleitschiff »Tsingtau«, die dem Führer der Torpedoboote (F.d.T.) auf »Leberecht Maass« unterstanden, ihre Leinen festgemacht.
Die 1. Minensuchflottille sowie die 3. und 7. Räumsbootflottille mit dem Räumboot-Begleitschiff »Von der Gröben« unter der Führung des Führers der Minensuchboote (F.d.M.) Kapitän z. S. Ruge und dessen Führerboot T 196 hielten sich ebenfalls in Pillau bereit.
Sämtliche gegen die Danziger Bucht bereitgestellten Streitkräfte unterstanden Generaladmiral Albrecht bei dem Marinegruppenkommando Ost in Swinemünde.
Da mit einer Kriegserklärung von England und Frankreich nach Beginn der Feindseligkeiten mit Polen zu rechnen war, hatten die Panzerschiffe »Admiral Graf Spee« und »Deutschland« ebenfalls ihren Stützpunkt Wilhelmshaven gegen Ende August 1939 verlassen.
Zur Versorgung der beiden Panzerschiffe waren bereits Anfang August 1939 die Flottentroßschiffe »Altmark« und »Westerwald« von Wilhelmshaven ausgelaufen.
Bei Kriegsausbruch befand sich das Troßschiff »Westerwald« zusammen mit dem Panzerschiff »Deutschland« auf der Warteposition vor der Westküste Grönlands.
Das Troßschiff »Altmark« befand sich am 1. September 1939 in Port Arthur. Es wurde dem in einem abgelegenen Seegebiet des Südatlantik, rund 900 sm ostwärts von Bahia, auf Wartestellung liegenden Panzerschiff »Admiral Graf Spee« zugeteilt.

Mit Einbruch der Abenddämmerung des 31. 8. 1939 leerte sich der Hafen von Pillau. Während Schlepper die Zerstörer von der Pier zogen, um sie in den Seekanal zu bringen, legten gleichzeitig die R-Boote und Minensuchboote von der Pier ab und strebten in schneller Fahrt ebenfalls dem Seekanal zu.
Die Kreuzer hatten ihren Bereitstellungsraum in der mittleren Ostsee erreicht, die Zerstörer und Geleitboote bildeten einen großen Bogen um die polnische Festung auf Hela von westlich Kahlberg bis östlich Rixhöft, während die Minensuchverbände die Seewege nach Minen absuchten, als gegen Mitternacht die Boote der 1. S-Boot-Flottille unter der Führung des Flottillenchefs Kapitänleutnant Sturm in Pillau ihre Leinen losmachten.
Abgeblendet, im Kriegsmarschzustand, bis zur Halskrause mit Treibstoff versorgt, sowie Torpedos in den Bugrohren und zwei Reservetorpedos auf den Halterungen an Back- und Steuerbordseite festgezurrt, liefen sie bei ruhiger See und hellem Mondschein bei 15 sm Marschfahrt entlang der ostpreußischen Küste in ihren Bereitstellungsraum. Das vor Kahlberg auf dem Ansteuerungspunkt liegende Minensuchboot M 111 wurde in den Morgenstunden des 1. September 1939 gegen 04.45 Uhr erreicht, von wo aus sie den Zugang zur Danziger Bucht unter Kontrolle halten konnten. Im Laufe des Vormittags des 1. 9. 1939 hörten sie durch die Übertragung einer Rede aus dem Reichstag über die Bordlautsprecher, daß der Krieg gegen Polen begonnen hatte. Fast zur gleichen Zeit, als sie ihre Position im Bereitstellungsraum bei dem Minensuchboot erreichten, marschierten die deutschen Heerestruppen in Polen ein und die deutschen Kampffliegerverbände überflogen zur selben Stunde die deutsch-polnische Grenze. Keiner der Besatzungen zweifelte daran, daß es hier bald zum Kampf mit den polnischen Zerstörern und U-Booten kommen würde.
Die Polen hatten aber bereits am 30. 8. 1939 die drei Zerstörer »Grom«, »Blyscawina« und »Burza« auf den Weg nach England geschickt. Trotzdem sie von deutschen Kriegsschiffen beschattet wurden, erreichten sie die englischen Gewässer, bevor der Krieg ausbrach.
Als es gegen Mittag den ersten Fliegeralarm gab, eilten die Besatzungen auf ihre Gefechtsstationen. Bereits wenige Minuten später wurde der Alarm beendet, da die in großer Höhe fliegenden Ma-

schinen ein eigener Kampffliegerverband war.
Als in den Nachmittagsstunden das erste verdächtige Schiff gemeldet wurde. ließ der Flo.-Chef Kapitänleutnant Sturm sofort zwei Boote in das Quadrat laufen, wo das Schiff gesichtet worden war. Mit großer Geschwindigkeit fuhren die beiden S-Boote der angegebenen Position entgegen. Schon bald, nachdem die Kommandanten das verdächtige Schiff sichteten, erkannten sie, daß es sich um den Dampfer »Samland« vom Wasserbauamt Pillau handelte, dessen Besatzung damit beschäftigt war, die ausgelegten Meilentonnen in aller Ruhe aufzunehmen als wäre tiefster Frieden.
Mit Einbruch der Dunkelheit verließen die S-Boote ihre Wartestellung zu einem Vorstoß in die Danziger Bucht. In Sichtweite und mit 20 sm Marschfahrt liefen sie in einem breiten Aufklärungsstreifen vier Stunden in der Danziger Bucht auf und ab, ohne ein feindliches Schiff zu sichten. Nach dieser erfolglosen Suche ließ der Flo.-Chef das Unternehmen abbrechen und kehrte mit seinen Booten zu dem Minensuchboot M 111 zurück. Noch in der Nacht entschloß sich der Flo.-Chef Kapitänleutnant Sturm, aufgrund der immer grober werdenden See und der stärker werdenden Schlingerbewegungen, den Rückmarsch nach Pillau anzutreten, wo die Boote sofort zur Ölübernahme am S-Boot-Begleitschiff festmachten. Die vielen Fragen der Kameraden vom S-Boot-Begleitschiff »Tsingtau« konnten von den Männern nicht beantwortet werden, da ihr erster Einsatz ohne Feindberührung verlaufen war.
In der Nacht zum 3. 9. 1939 liefen die Boote der 1. S-Flottille zu ihrer zweiten Unternehmung von Pillau in die Danziger Bucht aus. In einer breiten Suchformation liefen die Boote wieder in der weiten Bucht auf und ab, als plötzlich der Befehlsübermittler des Bootes von Oberleutnant Christiansen einen Schatten meldete.
Vom Flo.-Chef erhielt S 23 den Befehl, sich das gemeldete Schiff einmal näher anzusehen. Sofort ließ der Kommandant sein Boot mit hoher Fahrt auf den gemeldeten Schatten zulaufen und kam schnell außer Sicht.
Sehr bald zeigte sich, daß es ein als Sperrlotsenschiff ausgerüsteter polnischer Hochseekutter von etwa 80 t war. Nachdem die völlig überraschte Besatzung in die Boote gegangen war, ließ Oberleutnant Christiansen den Hochseekutter mit der 2-cm-FlaMW in Höhe der Wasserlinie beschießen, so daß dieser schnell sank. Damit waren die ersten scharfen Schüsse eines Bootes der 1. S-Boot-Flottille gefallen.

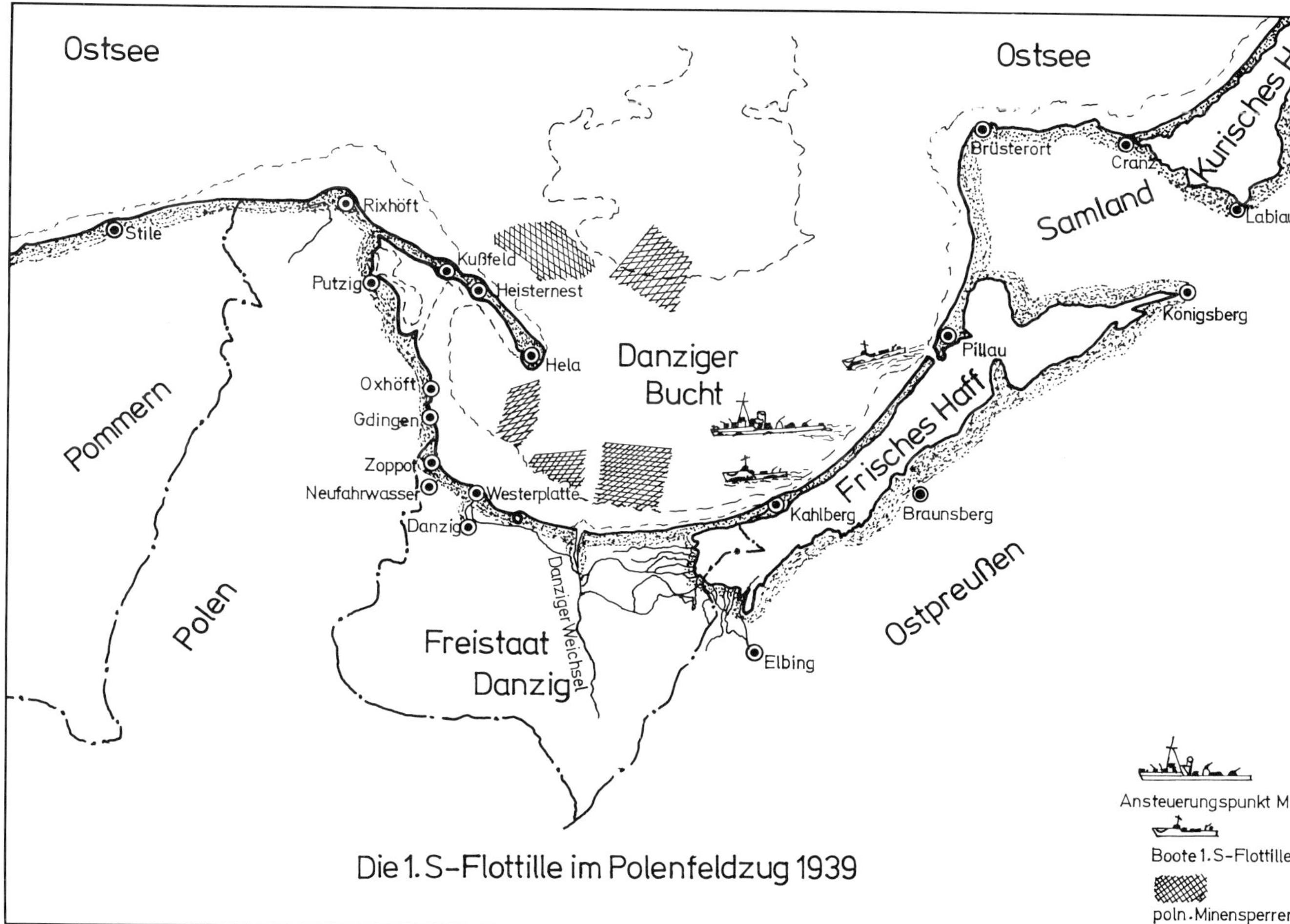
Ostsee
Ostsee
Kurisches Haff
Brüsterort
Cranz
Labiau
Samland
Königsberg
Pillau
Rixhöft
Stile
Kußfeld
Heisternest
Putzig
Hela
Danziger
Bucht
Oxhöft
Gdingen
Zoppot
Neufahrwasser
Westerplatte
Danzig
Frisches Haff
Kahlberg
Braunsberg
Pommern
Polen
Danziger Weichsel
Freistaat
Danzig
Elbing
Ostpreußen
Die 1. S-Flottille im Polenfeldzug 1939
Ansteuerungspunkt M111
Boote 1. S-Flottille
poln. Minensperren

Karte 1

Während ihres Einsatzes in der Danziger Bucht kam die Flottille nicht zum Torpedoschuß, denn drei der polnischen Zerstörer und die fünf U-Boote hatten die Ostsee bereits vor Ausbruch der Feindseligkeiten mit Kurs auf England verlassen. Den letzten polnischen Zerstörer und den Minenleger GRYF hatten Kampfflieger vor Hela bereits außer Gefecht gesetzt.
Wenige Tage nach ihrem zweiten Einsatz in der Danziger Bucht wurde die Flottille mit dem S-Boot-Begleitschiff »Tsingtau« von Pillau nach Helgoland verlegt, wo sie die 2. S-Boot-Flottille ablöste.

STÜTZPUNKT HELGOLAND

Die 2. S-Boot-Flottille unter der Führung von Kapitänleutnant Petersen lag seit dem 1. 9. 1939 mit ihrem S-Boot-Begleitschiff »Tanga« im Hafen von Helgoland.
Wenige Stunden nach der Kriegserklärung von England und Frankreich an Deutschland, erhielt der Flo.-Chef Kapitänleutnant Petersen den Befehl, zu einem Aufklärungsvorstoß in das Seegebiet nördlich von Helgoland auszulaufen, wo von der deutschen Luftaufklärung angeblich feindliche Seestreitkräfte gesichtet wurden.
Als die Flottille den schützenden Hafen verlassen hatte, wurden die Boote in der groben See schon bald von schweren Brechern überschüttet.
Wenig später beschädigte ein schwerer Brecher auf einem der Boote das Schanzkleid. Als auch die Kommandanten der anderen Boote Seeschäden meldeten, ließ der Flottillenchef die ohnehin nur 12 sm betragende Fahrt noch weiter herabsetzen. Kurze Zeit danach gab dieser den Rückmarschbefehl, da ein Einsatz der Waffen bei dem noch schlechter werdenden Wetter unmöglich war.
Auf dem Rückmarsch wurde das Boot S 17 von Oberleutnant zur See Schultze-Jena von einer hohen Welle erfaßt und unter Wasser gedrückt. Es schien, da es in allen Verbänden ächzte und krachte, als ob sich das Boot nicht mehr fangen würde. Als nach bangen Sekunden die Back wieder frei kam, meldete der leitende Obermaschinist, daß alle Abschnitte bis auf die Maschinenräume voll Wasser gelaufen waren. Obwohl die Lenzpumpen auf höchsten Touren liefen, ergossen sich durch zahllose Risse in den Bordwänden, deren Längsspanten gebrochen waren, immer neue Wassermassen in das

Boot. Es sah zunächst so aus, als ob das Boot in der schweren See verlorengehen würde, jedoch gelang es der Besatzung, die Räume abzuschotten. Ein in der Nähe stehender, als Vorpostenboot ausgerüsteter Fischdampfer, wurde mit der Klappbuchs (Signallampe) angemorst und zur Hilfe herbeigerufen, dessen Leinenmanöver trotz des schweren Seeganges sofort gelang. Er nahm S 17 auf den Haken und schleppte das Boot in Richtung Helgoland. Der über Funk herbeigerufene Hochseeschlepper übernahm gegen Mitternach S 17 und schleppte es zum Stützpunkt nach Helgoland ein. Bei einer Schadensbesichtigung der Boote durch den Flotten-Ing. Kapitänleutnant Wilhelm Gördes stellte sich heraus, daß S 17 außer Dienst gestellt werden mußte, da auch der Kiel gebrochen war. Die Seeschäden der anderen Boote konnten infolge einer umsichtigen Verteilung der Fachkräfte des technisch gut ausgerüsteten Begleitschiffes »Tanga« in einigen Tagen behoben werden. Als der Verlegungsbefehl der Flottille nach Kiel eintraf, konnte Kapitänleutnant Gördes seine Boote bis auf S 17 seeklar melden.

Der Rückmarsch von Helgoland ging bei klarem Himmel und Sonnenschein, vorbei an Vorpostenbooten und Sperrbrechern, bis Brunsbüttelkoog und von dort durch den Nord-Ostsee-Kanal nach Kiel, wo die Boote im Schnellboothafen in der Wik ihre Leinen festmachten.

Die folgenden Wochen ließen auch hier die Boote der 2. S-Flottille zwischen Einsatz und Übung nicht zur Ruhe kommen.

Während die Boote der 2. S-Flottille in den letzten Septembertagen mit ihrem Begleitschiff »Tanga« zu einer Übung ausliefen, bei der das Begleitschiff die Zieldarstellung fahren sollte, erreichte den Flottillenchef Korvettenkapitän Petersen ein Funkspruch, daß in der westlichen Ostsee ein feindliches U-Boot gesichtet wurde. Während die Boote mit hoher Marschfahrt zur U-Bootjagd in das angegebene Planquadrat liefen, wurde auf diesen, die volle Gefechtsbereitschaft hergestellt. Ohne das gemeldete U-Boot geortet oder gesichtet zu haben, erhielt die Flottille einige Stunden später den Rückmarschbefehl. Eine, während des Rückmarsches gesichtete Treibmine wurde von S 15 mit der 2-cm-FlaMW beschossen und zum Sinken gebracht. Nach der erfolglosen U-Bootjagd machten die Boote in der Abenddämmerung des selben Tages ihre Leinen wieder in Kiel fest. Wenige Tage später griff der Krieg wieder in den Schulbetrieb der 2. S-Flottille ein.

Während die Boote Mitte November mit ihrem Begleitschiff zu einer Übungsfahrt in die Kieler Außenförde ausgelaufen waren, erhielt der Flo.-Chef den Befehl zur U-Bootjagd in den großen Belt auszulaufen, wo der kleine Kreuzer »Emden« 3 Torpedolaufbahnen gesichtet hatte, die er aber geschickt ausmanövrieren konnte. Die Übung wurde sofort abgebrochen und mit knappen Worten erhielten die Kommandanten vom Flottillen-Chef ihre Anweisungen. Mit dem vertrauten Geräusch der auf Hochtouren laufenden Motoren, strebten die Boote ihrem Einsatzgebiet zu. Während 5 Boote der Flottille die U-Bootjagd in dem angegebenen Planquadrat aufnahmen, bewachte je ein Boot den Nord- und Südausgang des Großen Belt. Nach mehrstündigem erfolglosem Suchen, kehrte die Flottille zu ihrem Stützpunkt zurück.
Nach der Verlegung der 1. S-Boot-Flottille von Pillau nach Helgoland, wurden auch hier die Übungsfahrten von harten Einsätzen unter erschwerten Bedingungen abgelöst. Der Flottillen-Chef Kapitänleutnant Sturm hatte sich nicht nur mit dem Ausbildungsplan zu befassen, auch sämtliche Übungsfahrten mußten unter voller Gefechtsbereitschaft der Boote durchgeführt werden, zumal gerade im Raum Helgoland feindliche U-Boote, Zerstörer und Flugzeuge zu jeder Zeit überraschend auftreten konnten. Während die Flottille bei Übungen Angriffe auf ihr Begleitschiff »Tsingtau« fuhr, übernahmen 2 Boote die Sicherung des Verbandes.
Nach wochenlangem Einsatz im Raum Helgoland, in denen U-Jagd-, Flugsicherungs- und Übungseinsätze einander ablösten, wurde die 1. S-Flottille, seit dem 1. 11. 1939 unter der Führung von Kapitänleutnant Birnbacher, am 29. 11. 1939 mit ihrem Begleitschiff »Tsingtau« zur großen Werftliegezeit nach Kiel verlegt. Wenige Tage später, nachdem die Boote zur Grundüberholung im Dock lagen und das Thermometer weit unter den Gefrierpunkt fiel, machte der Winter jedem weiteren Schnellbooteinsatz ein Ende. Auch die 2. S-Boot-Flottille verließ ihren Stützpunkt in der Wik, um ebenfalls zur Grundüberholung in Kiel in die Werft zu gehen. Infolge des langen, harten Winters 1939/40 mußten die Boote nach ihrer Werftliegezeit an der Ausrüstungspier des Arsenals auf Frostmilderung warten. Nach Anbringung eines von der Werft entwickelten Schrauben- und Ruderschutzes, entschlossen sich gegen Ende März die Flottillen-Ing. der 1. und 2. S-Boot-Flottille, im Kielwasser eines Eisbrechers den Marsch durch den Nord-Ostsee-Kanal in Richtung Nordsee anzutreten. Von Brunsbüttelkoog

ging es zunächst Elbe abwärts und weiter durch den Jade-Busen nach Wilhelmshaven, wo die S-Boote-Begleitschiffe »Karl Peters« und »Tsingtau« bereits auf die Flottillen warteten.
Die 1. Flottille verlegte schon wenige Tage später in ihren neuen Stützpunkt Helgoland, während die 2. mit dem Einfahren der neu hinzugekommenen Boote des Typs »S 30« begann.
Anfang April 1940 wurden die beiden Flottillen-Chefs Korvettenkapitän Petersen und Kapitänleutnant Birnbacher zur Einsatzbesprechung des Unternehmens »Weserübung« zum Führer der Torpedoboote FdT Kapitän z. S. Bütow, dem auch die Schnellboote unterstanden, beordert.

»UNTERNEHMEN WESERÜBUNG«

Für das Unternehmen »Weserübung« wurde die 1. S-Flottille der Kriegsschiffsgruppe 3, die für die Besetzung von Bergen vorgesehen war und die 2. S-Flottille der Kriegsschiffsgruppe 4 für die Besetzung von Kristiansand-Arendal (Kristiansand Süd) zugeteilt.

DIE 1. S-BOOT-FLOTTILLE BEI DER BESETZUNG VON BERGEN

Befehlshaber der Kriegsschiffsgruppe III mit der Besetzung von Bergen beauftragt, war Konteradmiral Schmundt auf dem leichten Kreuzer »Köln«.
Leichter Kreuzer »Köln«, Kommandant Kapitän z. S. Kratzenberg (Flaggschiff des Befehlshabers der Aufklärungsstreitkräfte).
Leichter Kreuzer »Königsberg«, Kommandant Kapitän z. S. Ruhfus.
Artillerie-Schulschiff »Bremse«, Kommandant Fregattenkapitän Förschner.
Torpedoboot »Wolf«, Kommandant Oberleutnant z. S. Peters als Führerboot, mit dem Chef der 6. T-Flottille Korvettenkapitän Marks.
Torpedoboot »Leopard«, Kommandant Kapitänleutnant Trummer.
S-Boot-Begleitschiff »Karl Peters«, Kommandant Kapitänleutnant Hinzke.
1. S-Boot-Flottille unter der Führung des Flottillen-Chefs Kapitän-

Motorenaustausch

Torpedoübernahme

leutnant Birnbacher und den Booten »S 19, S 21, S 22, S 23, S 24«. Am Sonntag, dem 7. 4. 1940, strahlte die Morgensonne über Wilhelmshaven. Trotzdem war es ungewöhnlich kalt. Eisschollen trieben auf der Wasserfläche und eine dünne Eiskruste umgab die Schiffe.

An der breiten Pier hatten hinter dem Flaggschiff des BdA dem leichten Kreuzer »Köln« das ein Jahr ältere Schwesternschiff, der leichte Kreuzer »Königsberg« und das Artillerie-Schulschiff »Bremse« die Leinen festgemacht.

Während eine leichte Brise die weiße Konteradmiralsflagge auswehen ließ, hatte der Befehlshaber der Aufklärungsstreitkräfte Konteradmiral Schmundt auf seinem Flaggschiff, dem leichten Kreuzer »Köln«, die Kommandanten und Flottillen-Chefs in den Abendstunden des 7. 4. 1940 zur Besprechung der bevorstehenden Operation des Verbandes versammelt.

Mit knappen kurzen Worten verlas er die Hauptpunkte des Operationsbefehls des Unternehmens »Weserübung« und die Befehle für die Kriegsschiffsgruppe 3, welche die Besetzung von Bergen vorzunehmen hatte. Abschließend bemerkte der BdA, daß nach den letzten Berichten das Wetter umschlagen würde. Mit einer verminderten Sicht, vielleicht sogar Nebel, der die englische Luftaufklärung behindern würde, war zu rechnen. Er überflog die auf ihn gerichteten Gesichter seiner Offiziere und erteilte den Seeklarbefehl für 0.40 Uhr.

Gegen 22.00 Uhr rollten in Wilhelmshaven und in Cuxhaven je ein langer Transportzug auf den Gleisen der Pier heran. Trotz der Dunkelheit arbeiteten die Landser, unterstützt von den Seeleuten, schnell und sicher. In kurzer Zeit war das umfangreiche Material an Bord verstaut und seefest verzurrt sowie die 85er, wie die Seeleute die Landser nannten, in ihren Unterkünften eingewiesen und mit dem Notwendigsten des ihnen völlig unbekannten Bordbetriebs bekanntgemacht.

Als um 0.40 Uhr die Leinen ins Wasser klatschten und eingeholt wurden, heulten von der Stadt her die Sirenen. Während am Himmel der rötliche Widerschein des Abwehrfeuers der Küstenflak zuckte und in der Ferne das abgehackte Rummeln schneller Salven zu hören war, suchten sich die Schiffe ihren Weg zur Schleuse, die sie von den feindlichen Flugzeugen unbemerkt erreichten. Kurze Zeit später begannen die Schrauben wieder zu mahlen. Als erste legte die »Köln« ab, nahm Fahrt auf und glitt aus der Schleuse in das

Jadefahrwasser. Gefolgt von »Königsberg« und »Bremse« rauschte sie der offenen See zu in Richtung Norden.
Beim Aufziehen der Kriegswache wurden Ziel und Zweck des Unternehmens »Weserübung« nun auch der Besatzung bekanntgegeben. Begeistert wurde die Nachricht von den Seeleuten aufgenommen.
Als es am 8. 4. 1940 hell wurde, strahlte bald die Sonne aus einem lichtblauen Himmel auf den Verband herab, der bereits weit draußen in der Nordsee, von Jagd- und Aufklärungsflugzeugen gesichert, weiter nach Norden steuerte.
Vorpostenboote kamen in Sicht und Erkennungssignale wurden ausgetauscht. Im Laufe des Vormittags verschlechterte sich mehr und mehr die Sicht und schließlich setzte ein feiner Regen ein. Viele Augenpaare suchten den Horizont nach feindlichen Flugzeugen und die spiegelglatte See nach U-Booten ab.
Als sich der aufkommende Nebel verdichtete, heulten die Motoren der begleitenden Maschinen der Luftsicherung noch einmal auf, als sie in weiten Kreisen den Verband umflogen, um dann den Rückflug anzutreten.
Während der Verband trotz des Nebels den Vormarsch mit unverminderter Geschwindigkeit fortsetzte, hörte man auf den Schiffen das Motorengeräusch der in geringer Höhe über sie hinwegbrausenden feindlichen Aufklärer.
Gegen 17.00 Uhr löste sich der Nebel in breite Schwaden auf, welche plötzlich, wie von unsichtbarer Hand weggerissen, die Sicht freigaben. Zur gleichen Zeit kam auch das Schnellbootbegleitschiff »Karl Peters« mit den beiden Torpedobooten »Leopard« und »Wolf« in Sicht, die von Cuxhafen ausgelaufen waren. Konteradmiral Schmundt ließ das Flaggensignal heißen: »Geplante Marschformation einnehmen!«
Während alle Einheiten das Signal wiederholten, erhöhten »Leopard« und »Wolf« die Fahrt und liefen als U-Boot-Sicherung auf ihre Positionen an Steuerbord- und Backbordseite des Verbandes. Das S-Boot-Begleitschiff »Karl Peters« nahm in der Kiellinie hinter dem Artillerie-Schulschiff »Bremse« seine Position ein. Die infolge Sichtbesserung am Abend erwartete feindliche Luftaufklärung blieb aus. Sie hätte für den Verband sehr unangenehme Folgen haben können.
Der nun empfangene Funkspruch über einen feindlichen Flottenverband, bestehend aus Kreuzern und Zerstörern, der von der Luft-

aufklärung mit Kurs auf Bergen gesichtet wurde, beunruhigte den Kommandanten Kapitän z. S. Kratzenberg. Er winkte seinen Navigationsoffizier ins Kartenhaus, um mit ihm noch einmal auf der Seekarte die Entfernungen und Fahrtabellen zu vergleichen.
»Baumann, womöglich treffen wir gerade vor dem Kors-Fjord auf die leichten Seestreitkräfte.«
»Es wird ja bald dunkel Herr Kapitän. Ich verstehe bloß nicht, wo Kapitänleutnant Birnbacher mit seinen S-Booten bleibt?«
Als der Kommandant wieder mit dem NO auf die Brücke hinaustrat, ließ er durch den I. AO, Korvettenkapitän Brackmann, an alle Ausgucksposten und an die Artillerie durchgeben, besonders scharf aufzupassen. Mit der Möglichkeit eines Zusammentreffens mit den gemeldeten feindlichen Seestreitkräften, mußte weiterhin gerechnet werden. Sei es, daß sie die Einfahrt zum Kors-Fjord überwachten, oder selbst in Bergen eingelaufen waren.
In der allmählich herabsinkenden Abenddämmerung blitzte fern, Steuerbord voraus, das Leuchtfeuer von Utsire. Mit der Dunkelheit setzte ein feiner Regen ein. Um 21.40 Uhr ließ der Kommandant des S-Boot-Begleitschiff »Karl Peters«, Kapitänleutnant Hinzke, mit der Klappbuchs die Meldung zum Führerkreuzer geben: »Eigene Schnellboote von achtern.«
Es dauerte noch eine Weile, bis die in einer Wolke von Gischt und Schaum von achtern aufkommenden Boote der von Helgoland ausgelaufenen 1. S-Boot-Flottille den Verband erreichten, der damit vollzählig war.
Die Nacht war sehr dunkel und die Schiffe rollten stark vor der achterlichen See. Neben dem gleichmäßigen Rauschen der See hörte man das Fauchen der Lüfter und zuweilen das Zuschlagen einer Schottür.
Gegen 22.34 Uhr drehte das seit Anbruch der Dunkelheit hinter dem S-Boot-Begleitschiff »Karl Peters« laufende Torpedoboot »Wolf« plötzlich ab und verschwand mit weißer Hecksee in der Finsternis. Da der Kommandant der »Köln« den Blinkspruch nicht ganz mitgelesen hatte, rief er das Signaldeck an:
»Warum drehte das Torpedoboot ›Wolf‹ ab, was war da los?«
»Herr Kapitän, ›S 19‹ und ›S 21‹ haben sich gerammt.«
»S 19« wurde bei der Kollision beschädigt. Das Torpedoboot »Wolf« ist zur Hilfeleistung detachiert.
Während der Verband seinen Vormarsch fortsetzte, kamen an Steuerbord voraus weitere Leuchtfeuer in Sicht. Das vorgelagerte, auf

einer steilen Felsklippe an der Einfahrt zum Kors-Fjord gelegene, weithin erkennbare, lichtstarke Feuer von Marstein war das stärkste dieser Gegend. Offenbar brannten noch alle Feuer an der norwegischen Küste.
Der Navigationsoffizier stand gerade am Steuerbord-Peilkompaß, als plötzlich gegen Mitternacht mit einem Schlage die gesamten Außenfeuer der norwegischen Küste gelöscht wurden. Das war eine böse Überraschung. Leise schimpfte er vor sich hin!:
»Ausgerechnet jetzt, bei dieser schweren Ansteuerung. Wo ist der Kommandant?«
»Hier Baumann, schon bemerkt! – Wir müssen uns nachher eben reinmogeln.« –
»Damit habe ich gerechnet, Katzenberg« mischte sich der BdA in das Gespräch ein, »die Norweger müssen Verdacht geschöpft haben.« –
Seit Kriegsbeginn hatten sie nie derartige Maßnahmen getroffen. Wie dem auch sei, es blieb nicht viel Zeit zum Überlegen. Man müßte sehen, wie man auch so die Einfahrt in den Fjord und den Weg durch die Schären fand. Es fehlte nur noch, daß der gemeldete feindliche Verband vor dem Kors-Fjord zum Empfang bereit stand. Keiner ahnte ja zu dieser Zeit, daß der englische Vizeadmiral Sir G. F. B. Edward-Collins sein 2. Kriegsgeschwader nach Erreichen der Höhe von Stavanger gegen 18.00 Uhr von einem östlichen auf einen nördlichen Kurs schwenken ließ, wodurch er sich von der deutschen Kriegsschiffsgruppe III entfernte. Am 7. 4. 1940 hatte er mit den leichten Kreuzern »Arethusa« und »Galatea« sowie 11 Zerstörern Rosyth verlassen, um eine Position 80 sm westlich Stavanger anzusteuern und dann, nach Erreichen dieser Position am 8. 4. 1940, auf nördlichen Kurs zu gehen. Er verpasste damit die Gelegenheit, den deutschen Verband, der im Nebel von den feindlichen Aufklärern nicht erfaßt worden war, zum Gefecht zu stellen.
Als die Schiffe die Höhe Kors-Fjord erreicht hatten, ließ der BdA den Verband auf Ostkurs gehen. Schwer arbeiteten die mit der Fahrt heruntergegangenen Schiffe in der schräg von achtern auflaufenden See. Die Rudergänger hatten alle Mühe, den befohlenen Kurs in dem schwierigen Fahrwasser zu halten. Mit nur 7 sm Fahrt, schlich der Verband nach einer weiteren Kursänderung an den Schären, großen und kleinen Inseln, Felsvorsprüngen und Bergkulissen, auf denen zum Teil die lichtschwachen Innenfeuer noch brannten, nordwärts steuernd vorüber.

An der Spitze des Verbandes lief das Torpedoboot »Leopard«, in dessen Kielwasser sich die Schnellboote »S 21, S 22, S 23« und »S 24« angehängt hatten. Nur das Torpedoboot »Wolf«, das nach der Kollision »S 19« zur Hilfe geeilt war, lief mit seinem Schützling erst später in den Fjord ein.
Plötzlich wurde die herrschende Stille durch den Ruf eines Ausgucks unterbrochen:
»Schatten voraus! – Abgeblendetes Fahrzeug feuert rote Sterne!«
»Durchhalten«, sagte ruhig der BdA, der das Boot durch das Nachtglas beobachtet.
Der Norweger drehte aus dem Fahrwasser an die Felsen heran, stoppte und forderte mit seinem kleinen Signalscheinwerfer den Verband zur Abgabe des Erkennungssignals auf. »Bewacher«, rief der Kommandant zum Signaldeck, »vorbereitete Antwort abgeben!«
Das an der Spitze laufende Torpedoboot »Leopard« gab einfach: »British destroyer, »Köln HMS« Cairo, »Königsberg HMS« Calcutta, »Bremse HMS« Faulknor und »Karl Peters HMS« Halcyon«.
Weitere Bewacher wurden später in kurzen Abständen gesichtet, die ebenfalls rote Sterne schossen, die von Bergen her wiederholt wurden.
Als sich über den Felsen im Osten die erste fahlgraue Dämmerung des 9. 4. 1940 ausbreitete, näherte sich der Verband dem Westausgang des By-Fjords. Vor der letzten, fast rechtwinkligen Kursänderung vor Bergen, ließ Konteradmiral Schmundt gegen 04.30 Uhr den Verband stoppen.
Die Schnellboote gingen zur Übernahme der Truppen längsseits des hinter dem Flaggschiff liegenden leichten Kreuzers »Königsberg«. Unter dem Schutz hoher Felswände, die ein Sichten der Schiffe aus Richtung Bergen verhinderte, begann die Ausbootung. Diese sollten zunächst am Ostausgang des By-Fjordes die wichtigsten Orte und die vor der Stadt auf dem Kvarven gelegenen Batterien, sowie die Torpedo-Batterie, besetzen.
Von der Brücke der »Köln« beobachtete der BdA ungeduldig den Verlauf der Ausschiffung, da der Verband infolge der erschwerten Navigation durch die gelöschten Feuer bereits aufgehalten worden war. In immer kürzeren Abständen sah er zur »Königsberg« hinüber, wo noch keines der längsseits gegangenen Schnellboote abgelegt hatte. Er wandte sich an den Kommandanten: »Kratzenberg, noch wissen wir nicht, was die Norweger unternehmen werden.

Unser Befehl lautet, mit dem Verband um 05.15 Uhr innerhalb der Batterien im Hafen von Bergen zu stehen.«
»Lassen Sie bitte an »Königsberg« geben . . .«
In diesem Augenblick hastete der FTO (Funkoffizier), ein Formular in der Hand, den Niedergang hoch zur Brücke.
»Herr Admiral, im Oslo-Fjord wird geschossen!«
». . . Die Gruppe V unter der Führung von Konteradmiral Kummetz ist auf Widerstand gestoßen,« wandte sich der BdA an seine Offiziere.
»Einlaufen« befahl er kurz.
Noch bevor die Ausschiffung der Truppen auf dem kleinen Kreuzer »Königsberg« beendet war, ging der Führungskreuzer mit den Maschinen an, um den Vormarsch mit den Torpedobooten »Wolf« und »Leopard« fortzusetzen. Die »Königsberg«, »Bremse« und »Karl Peters« erhielten den Befehl, baldmöglichst zu folgen.
Als die beiden Torpedoboote und die »Köln« um 05.15 Uhr hinter einem Bergvorsprung im Feuer der Kvarven-Batterie mit 30 sm Marschfahrt den Fjord hinaufstürmten, sahen die Kommandanten von »Bremse« und »Karl Peters« hinüber zur »Königsberg«. Noch immer lagen die S-Boote zur Truppenübernahme längsseits. Es hatte nicht den Anschein, daß die Ausschiffung bald beendet sein würde. Aus diesem Grund entschlossen sich die Kommandanten kurzerhand, der »Köln« zu folgen.
Fast zur gleichen Zeit, als die »Bremse« und »Karl Peters« von dem hellen Licht der Scheinwerfersperre des By-Fjords angestrahlt wurden, und das von den Felsen vielfach zurückgeworfene Echo des Artilleriefeuers zur »Königsberg« herüberdröhnte, drängte sich ein Fähnrich durch die Landser zu dem auf der Schanz der »Königsberg« stehenden IO Fregattenkapitän Günther.
»Herr Kapitän, vom Kommandanten soll ich fragen, wie lange dauert es noch?«
»Etwa noch 10 Minuten, sehen Sie doch selbst«, erwidete der IO und zeigte auf die noch längsseits liegenden S-Boote.
Wenig später legten 3 der S-Boote ab. Als in das letzte Boot die Männer der MA Sturmabteilung gestiegen waren, klingelten die Maschinentelegrafen, die Motoren heulten auf und das Boot folgte mit hoher Fahrt den 3 anderen Booten.
Dicht unter Land laufend, erreichten sie bald die Scheinwerfersperre des By-Fjords. Weit vor ihnen hörten sie den Gefechtslärm der Kvarven-Batterie, die jetzt auf »Bremse« und »Karl Peters« das

Asköy
Hjeltefjord
Sandviken
Bergen
Byfjord
Kvarven
L. Sotra
Stangen
Grimstadfjord
S. Sotra
Björöy
Laröy
Korsfjord
Kalsöy
Manstein
S-Boote
bei der Besetzung von
Bergen.

Karte 2

Feuer eröffnet hatte. Während die Schnellbootbesatzungen den Durchbruch der Schiffe beobachteten, rauschte von achtern aufkommend mit hoher Bugsee, der leichte Kreuzer »Königsberg« heran und passierte mit seinen gut 30 kn Fahrt die Boote der 1. S-Flottille. Noch befand sich das S-Boot-Begleitschiff »Karl Peters« in der Feuerzone der Kvarven, als auch die »Königsberg« von der Scheinwerfersperre erfaßt und sofort unter Beschuß genommen wurde. In die mit schneller Salvenfolge schießenden 15-cm-Drillingstürme, mischte sich in kurzen Abständen das Bellen der 8,8-cm-Steuerbordflak des Kreuzers.
Auf den Schnellbooten, wo die an Bord befindlichen Soldaten der MA Sturmabteilung und des Heeres zum erstenmal den Lärm der Schiffsartillerie eines Kreuzers im Gefecht erlebten, erkannte man, daß das S-Boot-Begleitschiff mit einem Treffer im Vormast gestoppt oder mit langsamer Fahrt in der Feuerzone der Kvarven-Batterie lag. Sie konnten nicht wissen, daß der Kommandant, Kapitänleutnant Hinzke, erst das Ergebnis des Feuers der »Königsberg«, die durch die Kvarven-Batterie einen Treffer im Vorschiff erhalten hatte, abwarten wollte, bevor er die Fahrt fortsetzte.
Weitschüsse der Norweger fuhren inzwischen auch über die Boote der 1. S. Flottille hinweg und krachten in die Uferfelsen. Als Stein- und Granatsplitter über die Boote zischten, rief Leutnant Menke von der MA Sturmabteilung dem S-Boot-Kommandanten zu:
»Können Sie nicht weiter unter Land in den toten Winkel der Batterie laufen?«
Kaum hatte das Boot abgedreht, erhielt es einen heftigen Stoß.
»Verflucht nochmal! Aufgelaufen!« rief der Kommandant und warf Leutnant Menke einen ärgerlichen Blick zu. »Alle AK zurück!«
Einige Minuten donnerten die Motoren vergeblich, dann zuckte das Boot in dem von den Schrauben aufgeworfenen Wasserschwall ein paarmal, schüttelte sich, glitt zurück und kam mit vernehmbarem Knirschen wieder frei. Sofort untersuchte der leitende Maschinist mit ein paar Mann der Besatzung im Schein der Taschenlampe den Bootskörper:
»Kein Leck, Herr Oberleutnant, aber Schrauben und Ruder sind schwer beschädigt! Langsame Fahrt, ist alles was wir laufen können.«
Für die Kvarven-Batterie lag das Boot, falls sie es entdecken würden, wie eine Zielscheibe fast bewegungslos im Fjord, denn das Artilleriefeuer war noch nicht verstummt. Unter dem Schutz des

künstlichen Nebels zog der Kommandant sein Boot mit langsamer Fahrt zurück.

»Meine Männer und ich müssen unbedingt an Land« rief Leutnant Menke von der MA Sturmabteilung.

Ärgerlich winkte der Kommandant ab:

»Erst kommt mein Boot! – Signalgast, Blinkspruch an das nächste Boot! Bitte längsseits kommen, Truppen übernehmen!«

Während die Männer der MA und der Heerestruppen auf das herbeigerufene S-Boot überstiegen, ließ das Feuer nach. Es fielen nur noch vereinzelte Schüsse. Als das Boot die Landungsbrücke von Gravdal in der Nähe der Torpedo-Batterie erreichte und die Männer der Sturmtruppe von Bord gingen, war es um den Kvarven still; die Batterie schwieg.

Inzwischen waren auch die »Bremse«, das S-Boot-Begleitschiff »Karl Peters«, welches einen unwesentlichen Treffer im Mast erhalten hatte und der leichte Kreuzer »Königsberg« mit 3 Treffern im Vorschiff im Innenhafen von Bergen vor Anker gegangen.

Die letzten Einheiten der Kriegsschiffsgruppe III, die auf der Außenreede eintrafen, waren die Schnellboote, nachdem sie ihre restlichen Truppen an Land abgesetzt hatten.

Es war gegen 06.20 Uhr, als der von dem Führerboot der 1. S-Flottille abgegebene Blinkspruch auf dem leichten Kreuzer »Köln« abgelesen wurde.

»Herr Kapitän, der Flottillenchef der S-Boote fragt an, ober er mit seinen Booten zur Truppenübernahme längsseits kommen kann,« meldete der Signalgast der Wache.

»Sie sollen kommen, damit auch wir mit der Truppenabgabe beginnen können«, sagte Kommandant Kratzenberg zu seinem IO Fregattenkapitän Baecker. Von der Brücke der »Köln« beobachteten die Offiziere das Übersteigen der Landser auf die S-Boote. Zwei der Boote waren bereits voll besetzt unterwegs zum Innenhafen, als von dem Signaldeck herunter der Ruf kam: »Flugzeuge in Richtung 172°«.

Die schnell näherkommenden Maschinen wurden bald als deutsche Kampfflugzeuge erkannt. Als die Sprengwolken der norwegischen Flak um die Flugzeuge tanzten, begannen auch die Batterie-Sandviken und die Kvarven-Batterie auf die im Hafen und auf Reede liegenden deutschen Schiffe das Feuer zu eröffnen, das von diesen nach Erteilung der Feuererlaubnis durch den BdA sofort erwidert wurde.

Fregattenkapitän Baecker, der die Ausschiffung der Truppen von der Achterkante der Brücke aus leitete, riß die Flüstertüte vom Haken und schrie über das Deck:
»Alles ablegen! Sofort ablegen!«
Die Kommandanten der S-Boote zeigten klar. Als Vor- und Achterleinen losgeworfen wurden, Maschinentelegrafen klingelten und die letzten Landser mit ihrem Sturmgepäck noch schnell auf die Boote hinübersprangen, lagen die Aufschläge der nur 4000 m entfernten Sandviken-Batterie gefährlich dicht am Kreuzer.
Während die Granaten der Schiffsgeschütze sowie die Bomben des 9. Kampfgeschwaders in die Stellungen der Batterien bei Sandviken und Kvarven einschlugen und der Gefechtslärm von den noch schneebedeckten Bergen widerhallte, setzten die S-Boote ihre an Bord befindlichen Truppen im Innenhafen von Bergen ab.
Gegen Mittag des 9. 4. 1940 waren Stadt und Hafen von Bergen sowie die umliegenden Batterien fest in deutscher Hand.
Dem Operationsbefehl entsprechend, traten noch am selben Tage in den Abendstunden der Kreuzer »Köln« und die beiden Torpedoboote den Rückmarsch in die Heimat an, während die »Königsberg« und »Bremse« infolge ihrer Beschädigungen zunächst in Bergen bleiben mußten.
Die mit ihrem Begleitschiff »Karl Peters« in Bergen verbliebenen S-Boote unternahmen in den folgenden Wochen mehrfach Patrouillenfahrten in den umliegenden Fjorden. Dabei versenkten sie am 19. 4. 1940 im Hardanger-Fjord ein norwegisches Torpedoboot und wurden dadurch erstmals im Wehrmachtsbericht erwähnt.

Die 2. S-Boot-Flottille bei der Besetzung von Kristiansand und Arendal

Führer der Kriegsschiffsgruppe IV war Kapitän z. S. Rieve, Kommandant der »Karlsruhe«.
Leichter Kreuzer »Karlsruhe«, Kommandant Kapitän z. S. Rieve mit dem Konteradmiral Schenk (Admiral Norwegische Südküste) an Bord.
Torpedoboot »Greif«, Kommandant Kapitänleutnant Freiherr von Lyncker, Führerboot mit dem Chef der 5. T-Fottille, Korvettenkapitän Henne an Bord.
Torpedoboot »Seeadler«, Kommandant Korvettenkapitän Kohlauf.
Torpedoboot »Luchs«, Kommandant Kapitänleutnant Kaßbaum mit dem Führer der Torpedoboote (F d T) Kapitän z. S. Hans Bütow an Bord.
Schnellbootbegleitschiff »Tsingtau«, Kommandant Kapitän z. S. Klingner.
2. S-Boot-Flottille unter der Führung des Flottillenchefs Korvettenkapitän Petersen und den Booten: »S 7, S 8, S 17, S 30, S 31, S 32« und »S 33«.
Für die Einheiten der Kriegsschiffsgruppe IV in Bremerhaven unter der Führung des Kommandanten der »Karlsruhe«, Kapitän z. S. Friedrich Rieve, war für den 8. April 1940 zur Besetzung von Kristiansand und Arendal um 05.00 Uhr seeklar befohlen.
Während der Nacht vom 7. zum 8. April wurden von den Schiffen der Kampfgruppe etwa 1200 Soldaten des Heeres und der Marine-Artillerie an Bord genommen.
Kurz vor der Morgendämmerung des 8. April hallte der lange Pfiff »Klar zum Manöver« durch die Decks der Schiffe. Langsam legten die Einheiten von der langen Pier ab und drehten in das Fahrwasser, um in Kiellinie, voraus der Führerkreuzer »Karlsruhe«, an Tonnen und Baken vorbei weserabwärts zu gleiten.
Als gegen 06.00 Uhr der Morgen graute und im Osten sich die flachen Inseln und Sandbänke von der spiegelglatten See abhoben, meldete der Navigationsoffizier (NO) der »Karlsruhe«, Korvettenkapitän Neuendorff, nach einem kurzen Blick achteraus: »Verband vollzählig versammelt, Herr Kapitän.«

»Danke! Dann wollen wir mit der Fahrt hochgehen.« Maschinentelegrafen klingelten und bald glitten Fahrwassertonnen und Baken schnell achteraus.
Nachdem die Flußmündung erreicht und die Weseransteuerungstonnen passiert waren, gaben die Kommandanten ihren Besatzungen Ziel und Zweck der Unternehmung bekannt.
Während die Kriegsschiffsgruppe in einer ruhigen langen Dünung bei fast wolkenlosem Himmel ihrem Ziel entgegenstrebte, ließ Kapitän Rieve ein Flaggensignal heißen. Er erklärte dem an Bord befindlichen Konteradmiral Schenk, daß er bis zu einem Treffpunkt nicht unweit der jütländischen Küste in drei getrennten Gruppen vormarschieren will, wo sich der Verband um 00.30 Uhr wieder sammeln soll.
Als das letzte Schiff der Gruppe das Flaggensignal wiederholt hatte, rief der Signalmaat:
»Niederrr! Ausführung!«
Noch während die Signalgasten Flaggen und Wimpel niederholten, ging der Führerkreuzer »Karlsruhe« mit den beiden Torpedobooten »Luchs« und »Seeadler« auf 21 Knoten Marschfahrt, ohne den nordwestlichen Kurs zu ändern. Das S-Boot-Begleitschiff »Tsingtau« mit dem Torpedoboot »Greif« scherten aus, um auf nördlichen Kurs zu gehen. Die sieben Schnellboote gingen mit Höchstfahrt auf nordöstlichen Kurs und waren bald hinter den breiten Schaumstreifen ihrer Heckseen außer Sicht. Fern im Westen und über der deutschen Bucht erschienen bald die ersten schnellen Me 109, die für den Verband die Luftsicherung übernommen hatten. Nachdem sie die Einheiten der Kriegsschiffsgruppe einige Male umflogen hatten, zogen sie im Tiefflug über diese hinweg und verschwanden wieder in Richtung Westen, um feindlichen Aufklärern und Kampfflugzeugen die Erkundung und Annäherung unmöglich zu machen.
Schon um die Mittagszeit wurde die Luft diesiger und der Horizont unklar und verwischt. Je weiter der Verband nach Norden kam, desto geringer wurde die Sicht. Nebel war noch nie der Freund des Seemanns, aber heute konnte man ihn gebrauchen, denn Flieger- und U-Bootsgefahr waren dadurch beseitigt.
Als sich im Laufe des Abends und der Nacht die Nebelschwaden zu einer dichten Wand zusammenballten, stand den Kommandanten der Kriegsschiffsgruppe IV eine nicht leicht zu lösende Aufgabe für die Nacht bevor. Um 00.30 Uhr sollten die Einheiten des am Mor-

gen aufgelösten Verbandes auf dem vereinbarten Treffpunkt dicht unter der dänischen Küste wieder zusammengeführt werden.
Gegen Mitternacht hatte die »Karlsruhe« mit ihren beiden Torpedobooten den Treffpunkt erreicht. 30 Minuten später trafen auch das S-Boot-Begleitschiff »Tsingtau« mit dem Torpedoboot »Greif« und die sieben Boote der 2. S-Boot-Flottille auf dem Treffpunkt ein.
Nachdem sich die Einheiten des am Morgen in drei Gruppen aufgeteilten Verbandes auf dem Treffpunkt versammelt hatten, ließ Kapitän Rieve eine Kiellinie bilden, um dicht unter der jütländischen Küste an die norwegische Südküste vorzustoßen.
Schwerer noch als der Führerkreuzer »Karlsruhe« hatten es die Torpedo- und Schnellboote, sowie das S-Boot-Begleitschiff »Tsingtau«, die in dem dichten Nebel den kaum sichtbaren Vordermann nicht verlieren durften.
Kurze Zeit später, als der Verband den Vormarsch fortgesetzt hatte, kam Konteradmiral Schenk, der sich während des Sammelns auf das Signaldeck zurückgezogen hatte, wieder auf die Brücke:
»Rieve, das haben Sie gut gemacht! Das kann man wohl sagen. Was liegt an und was haben Sie vor?«
»Im Operationsbefehl ist die Einlaufzeit für 05.15 Uhr festgelegt. Aus diesem Grund will ich mit den Einheiten gegen 04.15 Uhr vor der Einfahrt des Kristiansand-Fjordes stehen. Dann habe ich genügend Zeit für die Umschiffung der Truppen in die S-Boote, Herr Admiral.«
Gegen 01.30 Uhr wurde das Torpedoboot »Greif« vom Führerkreuzer durch einen UK-Spruch zur Durchführung der ihm gestellten Aufgabe aus dem Verband entlassen. Korvettenkapitän Henne drehte mit seinem Boot ab und nahm Kurs auf Arendal. Wegen des dichten Nebels konnte die Landung der an Bord befindlichen Heerestruppen, einer Radfahrschwadron, erst im Laufe des Vormittags gegen 09.00 Uhr durchgeführt werden. Nachdem die Besetzung der Stadt und des Hafens von Arendal ohne jeglichen Widerstand durchgeführt worden war, lief auch das Torpedoboot »Greif« in den Nachmittagsstunden in Kristiansand ein.
Nachdem die Kampfgruppe gegen 04.00 Uhr den Kristiansand-Fjord erreicht hatte, war der Nebel noch dichter geworden. Eine Ansteuerung der eine halbe Seemeile breiten Einfahrt, zwischen den Leuchttürmen von Oksöy und Grönningen, war in dem klippenrei-

chen Fahrwasser unmöglich.
Als Kapitän Rieve sein Glas absetzte, nachdem er noch immer kein Zeichen gefunden hatte, daß sich der Nebel bald lichtete, wandte er sich an seinen NO Korvettenkapitän Neuendorff.
»Ich kann es nicht riskieren, bei dieser Sicht einzulaufen. Vielleicht wird es in der Morgendämmerung besser. Aus diesem Grund habe ich mich entschlossen, mit dem Verband vor der Einfahrt zum Fjord auf und ab zu stehen, bis es aufklart.«
»Wann wollen wir die Umschiffung der Truppen auf die Schnellboote vornehmen, Herr Kapitän?«
»Wir müssen warten, bis es sichtiger wird. Es ist ja noch nicht einmal der Schatten des Hintermanns zu sehen.«
Durch einen UK-Spruch unterrichtete Kapitän Rieve die Kommandanten der Einheiten seines Verbandes.
Zwei Stunden langen Wartens waren vergangen, als sich in der Morgendämmerung gegen 06.00 Uhr die Nebelschwaden lichteten, ging es mit vermehrter Fahrt dem Ziel entgegen. Es wurden bald die Konturen der »Tsingtau« sichtbar, nachdem sich der Nebel vom Wasser löste. Ein Boot nach dem anderen schälte sich aus der grauen Hülle und wurde achteraus gesichtet.
»Wo bleiben die Kampfflieger, die zur Einlaufzeit über Kristiansand stehen sollten? Fordern Sie die Flugzeuge nochmals nachdrücklich an, Neuendorff,« sagte Kapitän Rieve ungeduldig zu seinem NO!
Als gegen 06.30 Uhr die Kriegsschiffsgruppe IV Kurs auf die Einfahrt genommen hatte, trat die Schären- und Insellandschaft immer klarer aus dem Nebel hervor. Die Küste war in ihren Einzelheiten erkennbar, als vom Ausguck die Meldung kam:
»Steuerbord voraus, Schwimmerflugzeug!«
»Dicht über dem Wasser, Abzeichen sind nicht zu erkennen, Herr Kapitän«, ergänzte der WO (Wachoffizier) die Meldung des Ausgucks.
»Erkennungssignal!« befahl Kapitän Rieve.
Das sich schnell nähernde Flugzeug drehte hart ab und verschwand über Land in Richtung Kristiansand, ohne das Erkennungssignal zu erwidern. Ärgerlich sagte der NO:
»Natürlich Norweger, wird uns melden.«
Die »Karlsruhe« hatte gerade die weite Bucht zwischen den beiden Leuchttürmen Oksöy und Grönningen passiert, als von der in der

Gleodden
Kristiansand
Odderö
Kristiansand-Fjord
Grönningen
Oksöy
S-Boote
bei der Besetzung von
Kristiansand

Karte 3

Ferne rechts voraus sichtbaren hohen Felseninsel Odderöy, hinter der Hafen und Stadt Kristiansand lagen, ein roter Signalstern emporstieg und leuchtend seine Bahn zog. Kapitän Rieve, der sehr wohl wußte, was der rote Signalstern bedeutete, rief seinem NO zu: »Neuendorff, fordern Sie noch einmal dringendst die Kampfflieger an! Wo bleiben die nur?«
Während der Verband auf hohe Fahrt ging, stiegen zwischen der »Karlsruhe« und dem S-Boot-Begleitschiff »Tsingtau« die ersten Wassersäulen der Aufschläge empor. Nachdem die Norweger etwa um 06.30 Uhr die ersten Schüsse auf die Kriegsschiffsgruppe abgegeben hatten, war Kapitän Rieve entsprechend dem Operationsbefehl die Erwiderung des Feuers freigegeben.
Wenige Sekunden nach der Erteilung der Feuererlaubnis, schoß der vorderste 15-cm-Drillingsturm (Turm Anton) des Führerkreuzes die erste Salve gegen die Felsenfestung. Zur selben Zeit, als der Turm Anton in schneller Salvenfolge das Feuer erwiderte, griffen die 8,8-cm-Flak der »Karlsruhe« und die 10,5-cm-Geschütze der Torpedoboote in das Gefecht ein.
Als Kapitän Rieve erkannte, daß die taktische Lage für seine Gruppe nicht günstig war, und er die drei Drillingstürme der »Karlsruhe« zur Beschießung der norwegischen Batteriestellung nicht voll einsetzen konnte, rief er dem Signalmeister zu: »Gefechtswendung! Nebeln!«
Die beiden achteren Türme benutzten während der Gefechtskehrtwendung – bei der jedes Schiff auf der Stelle dreht – die Gelegenheit, einige Salven gegen die norwegischen Batterien abzufeuern. In das Krachen der Abschüsse der achteren Türme erscholl der Ruf: »Flugzeuge an Steuerbord! Fliegeralarm!«
»Erkennungssignal!« befahl Kapitän Rieve.
Es wurde sofort von den deutschen Kampffliegern beantwortet, die sich im Anflug auf die Batteriestellungen vor Kristiansand auf den Gleodden und Odderöy befanden. Der Verband passierte auslaufend die Einfahrt zum Fjord, als über den Batteriestellungen hoch aufsteigende, schwarzbraune Rauchwolken die Trefferwirkung der Bomben erkennen ließen. Batterien und Munitionslager mußten entscheidend getroffen sein.
Gegen 06.55 Uhr wehte von der Lee-Rah der »Karlsruhe« ein Signal, nach dessen Niederholen die Einheiten kehrt machten, um erneut einzulaufen.

Der Verband hatte die Einfahrt passiert und noch nicht die beabsichtigte Stellung erreicht, als von den Felsstellungen, aus Rauch und Qualm, das Mündungsfeuer mehrerer schwerer und mittlerer Geschütze aufblitzte. Der Führerkreuzer und das S-Boot-Begleitschiff waren bald von den aufsteigenden Wassersäulen einschlagender Granaten eingedeckt. Kapitän Rieve ließ die Gruppe sofort nach Nordosten abdrehen und mit geringer Fahrt quer zur Einfahrt laufen. Alle drei Drillingstürme und die Doppelflak der »Karlsruhe« lagen mit den ersten Schüssen sofort gut im Ziel, so daß der IAO, Kapitänleutnant Gohrbandt, keine Verbesserung geben brauchte. Das S-Boot-Begleitschiff »Tsingtau« griff mit ihren 8.8-cm-Geschützen sofort in das Gefecht ein. Der Führer der Torpedoboote, FdT, Kapitän z.S. Bütow, ging mit den beiden Torpedobooten »Luchs« und »Seeadler« selbständig gegen die Batteriestellungen vor. Von Aufschlägen der norwegischen 15-cm-Granaten umgeben, jagten die Boote dahin und schossen, was aus den Rohren ging. Das helle Bellen ihrer 10,5-cm-Geschütze zerhackte das lang hinrollende Dröhnen der schweren Artillerie aus den norwegischen Batteriestellungen. Langgezogenes Grollen der Turmsalven der »Karlsruhe«, sowie das Kläffen der leichten Artillerie und der Flak, vermische sich mit dem dumpfen Krachen der detonierenden Granaten.
Kapitän Rieve, der erkannte, daß die Batteriestellungen noch nicht niedergekämpft waren, brach den Anlauf ab.
Hinter einer Wand aus künstlichem Nebel und schwarzem, beizendem Ölqualm passierten die zurückgerufenen Einheiten unbeschädigt die Einfahrt zum Fjord in Richtung offene See. Kapitän Rieve dachte nicht daran, aufzugeben, sondern brauchte noch einmal die Hilfe der Kampfflieger.
Mehr als eine Stunde war vergangen, ohne daß die dringend angeforderten Kampfflugzeuge in Sicht kamen.
»Neuendorff, es ist schon 07.40 Uhr und vor mehr als zwei Stunden sollten wir Kristiansand besetzt haben. Nun habe ich genug von dieser vergeblichen Warterei, die Kampfflieger kommen nicht. Aus diesem Grund werde ich mit allen Mitteln und unter vollem Einsatz des Verbandes entsprechend dem Operationsbefehl einlaufen und den Widerstand brechen.«
Neuendorff, der den Kommandanten ansah, sagte nichts. – In die Gedanken des NO, Korvettenkapitän Neuendorff, ertönte plötz-

lich die Stimme des Kommandanten:
»Signal an den FdT, unter Feuerschutz von »Karlsruhe« und »Tsingtau« mit »Luchs« und »Seeadler« einlaufen!«
Als die beiden Torpedoboote mit hoher Fahrt gegen 07.50 Uhr an dem Führerkreuzer vorbeipreschten, sah Kapitän Rieve dorthin, wo die Geschütze der norwegischen Batteriestellungen jeden Augenblick das Feuer eröffnen müßten. Während der NO dem Wachoffizier den neuen Kurs angab, der zwischen den Inseln und Schären hindurch nach Kristiansand führte, rollte urplötzlich eine hohe, weiße Masse mit der Geschwindigkeit einer orkangepeitschten Sturmsee heran. Nebel, der in wenigen Minuten alles verhüllte, bot dem Vorgehen des Verbandes Einhalt.
»Verdammter Mist, nichts mehr auszumachen, Herr Kapitän«, wandte sich wütend der sonst durchaus ruhige NO an den Kommandanten.
»WO, auf der Stelle herum! Rückruf der Topedoboote mit Scheinwerfer!« rief im gleichen Augenblick Kapitän Rieve.
Als »Karlsruhe« und »Tsingtau«, sowie die angehängten Schnellboote mit hart Ruder und gegeneinander mahlenden Schrauben auf Gegenkurs gingen, zeigten die gerade noch sichtbaren Torpedoboote »verstanden«. Dann saugte sie der Nebel auf.
»Neuendorff, wir müssen die Einheiten unserer Gruppe über UK rufen. Wer weiß, ob sie nicht auseinandergeraten sind.«
Bald zeigten die Antworten, daß der Verband zusammenhielt.
Während die Kriegsschiffsgruppe wieder vor der Einfahrt auf und ab stand, sagte Kapitän Rieve resigniert zu seinem NO:
»Bevor es nicht aufklart, ist absolut nichts zu machen. Es sieht im Augenblick nicht danach aus«
Im Kartenhaus hatte Kapitän Rieve die Waffenleiter, seinen Ersten Offizier und den NO zu einer Besprechung versammelt.
Er war entschlossen, sobald sich die Sicht besserte, mit sämtlichen Einheiten, koste es was es wolle – anzugreifen.
»Vordringlich dabei ist jetzt die Landung der an Bord der Torpedoboote und der »Tsingtau« befindlichen Männer der Marine-Artillerieabteilung. Sobald die Sicht etwas aufklart, führen wir die Umschiffung auf die Schnellboote hier vor der Einfahrt durch. Ich gehe gegen die Batteriestellungen erst vor, wenn wir sichere Anhaltspunkte für die Navigation haben. Die Torpedoboote übernehmen dann wie vorhin, diesmal zusammen mit den Schnellboo-

ten, unter der Führung des FdT die Spitze, während »Karlsruhe« und »Tsingtau« folgen und den Booten Feuerschutz geben.«
Als kurz nach 10.00 Uhr der Nebel in Bewegung geriet und die Küste hier und da hervortreten ließ, ertönte vom Signaldeck der Ruf: »Flugzeuge achteraus!«
Bald wurden die Maschinen als die angeforderten deutschen Kampfflieger erkannt, die sich im Anflug auf Kristiansand befanden.
Während von Land das dumpfe Grollen der Detonationen der Bomben zu hören war, begannen die an Bord der »Tsingtau« befindlichen Männer einer Marine-Artilleriekompanie und der Heerestruppen auf die Schnellboote überzusteigen. Von der Achterkante der Brücke aus verfolgte Rieve die Umschiffung.
Der Obersteuermann, der schon längere Zeit ungeduldig hinter einem der Brückenkompasse ausharrte, konnte plötzlich die Leuchttürme von Oksöy und Grönningen peilen und zur Erleichterung des NO den Standort der »Karlsruhe bestimmen.
Als es gegen 11.00 Uhr aufklarte und die letzten Nebelstreifen nach See zu abwanderten, wehte von dem Führerboot des FdT ein Signal. Darauf brachen die drei, noch bei der »Tsingtau« längsseits liegenden Schnellboote die Übernahme der Truppen ab, um sich mit den anderen vier S-Booten hinter die Torpedoboote, klar zum Anlauf, vor die »Karlsruhe« zu setzen.
Nachdem um 11.30 Uhr das niedrige Hügelland der breiten Bucht, beherrscht von den drohenden Batterien, und die Berge des Hinterlandes deutlich hervortraten, so daß eine sichere Navigierung möglich war, wehte von dem Führerkreuzer »Karlsruhe« das entscheidende Signal. Noch bevor das Signal niedergeholt war, preschten die beiden Torpedoboote, gefolgt von den Schnellbooten, mit hoher Fahrt durch die Einfahrt des Fjords und jagten mit Zickzackkursen auf den links von den Batteriestellungen gelegenen Haupthafen von Kristiansand los. Klar zum Gefecht folgten »Karlsruhe« und »Tsingtau« bereit, beim ersten Aufblitzen in den norwegischen Batteriestellungen das Feuer mit allen Waffen zu erwidern.
Der IAO, Kapitänleutnant Gohrbandt, stand im Vormarsleitstand hinter dem Zielgeber und ließ laufend Entfernung und Seitenwinkel an die Drillingstürme und Doppelflak durchgeben. Er wunderte sich, daß bisher noch kein Schuß auf die immer näher heranlaufenden T- und S-Boote gefallen war. Waren die Batteriestellungen bei

dem zweiten Bombenangriff der deutschen Kampfflieger nachhaltig gestört worden, oder planten die Norweger einen Feuerüberfall auf die »Karlsruhe« und »Tsingtau«?
»An Artillerie! Die T- und S-Boote stehen in wirksamster Schußentfernung der Batterien auf den Felsen von Gloedden und Odderöy. Jeden Augenblick kann der Feuerüberfall kommen!«
Aber nichts rührte sich auf den Felsen. Es stiegen weder rote Sterne empor, noch flammten Mündungsfeuer auf. Kurze Zeit später waren die Boote im toten Winkel der Batterien und lagen bald an der Pier des Innenhafens von Kristiansand.
Das Schweigen, das bei Annäherungs der »Karlsruhe« und »Tsingtau« die Stellungen auf den Felsen umgab, wirkte gespensterhaft und unheimlich. Auf den beiden Schiffen erwartete jeder in den nächsten Sekunden einen Feuerüberfall aus allen Rohren von den Felsenstellungen. Als der Kreuzer und das S-Boot-Begleitschiff ebenfalls in den toten Winkel der Batterien gelangt waren und auf den Innenhafen von Kristiansand zusteuerten, kam vom Führer der Torpedoboote (FdT) der befreiende Blinkspruch.
»Stoßtrupp gelandet, kein Widerstand!« war der triumphierende Ruf vom Signaldeck. Der Kommandant, Kapitän Rieve, hob die Hand und zeigte klar.
»Großartig, Neuendorff, wir gehen ebenfalls im Innenhafen zu Anker.«
Die Anker von »Karlsruhe« und »Tsingtau« hatten kaum im Innenhafen von Kristiansand gefaßt, als die Schnellboote und die Torpedoboote längsseits gingen, um die noch an Bord befindlichen Heerestruppen zu übernehmen. Während von der Stadt her vereinzelt MG-Feuer und Gewehrschüsse zu hören waren, pendelten die S-Boote zwischen dem Kreuzer und in den Hafen hineinragenden langen Piers hin und her.
Auf dem S-Boot-Begleitschiff »Tsingtau« stellte der 1. Offizier einige Prisenkommandos aus Offizieren und Matrosen der Handelsmarine zusammen. Nachdem sie die letzten Anweisungen erhalten hatten, fuhren sie in einer Motorpinasse zu den beiden im Innenhafen liegenden norwegischen U-Booten »B 2« und »B 5«, die sie besetzten und tauch- und gefechtsunklar machten.
Zur Sicherstellung der im Marinestützpunkt Narviken, ostwärts von Kristiansand im Topdals-Fjord, liegenden norwegischen Kriegsschiffseinheiten, liefen zwei Schnellboote mit Prisenkom-

mandos an Bord aus. Das gleiche Schicksal wie dem bereits im Innenhafen von Kristiansand sichergestellten Torpedoboot »Gyller«, traf hier das Schwesternschiff »Odin«, sowie die kleinen Torpedoboote »Kjell, Krik, Lyn« und »Blink«, die Hilfsschiffe »Hval IV, VI, VII, VIII« und das Hafenfahrzeug »Lyndal«.
Zu ihrem Erstaunen entdeckten die Prisenkommandos der Schnellboote ein an der Pier liegendes deutsches U-Boot. Ein Obermaschinist mit ein paar Matrosen kamen ihnen entgegen und meldeten dem Prisenoffizier:
»Herr Oberleutnant, Obermaschinist auf ›U 21‹.«
»Wie kommen Sie hierher? Wer und wo ist Ihr Kommandant?«
»Kapitänleutnant Stiebler, Herr Oberleutnant. Als heute morgen die Schießerei losging, haben ihn die Norweger mit den anderen Offizieren und Männern der Besatzung von Bord geholt und an Land gebracht.«
»Klar«, lachte der Prisenoffizier, »die holen wir wieder heraus.«
Nachdem Stadt und Hafen besetzt und die nähere Umgebung gesichert war, erschienen im Laufe des Nachmittags des 9. April englische Aufklärer, die durch heftiges Abwehrfeuer von der Flak, in welches auch die S-Boote einfielen, beschossen und bald vertrieben wurden.
Am Nachmittag gegen 17.00 Uhr stieg Konteradmiral Schenk mit seinem Stab auf das S-Boot-Begleitschiff »Tsingtau« über, um von hier aus vorerst seine Aufgaben als Admiral Norwegische Südküste zu übernehmen.
Während die »Karlsruhe« mit den Torpedobooten »Luchs«, »Greif« und »Seeadler« um 19.00 Uhr den Hafen von Kristiansand verließen, blieben das S-Boot-Begleitschiff »Tsingtau« unter der Führung von Kapitän z. S. Klingner mit den sieben S-Booten der 2. S-Boot-Flottille unter der Führung des Flottillen-Chefs, Korvettenkapitän Petersen, in Kristiansand.
Die »Tsingtau« mit ihrer FT-Station war für Konteradmiral Schenk die sicherste Nachrichtenverbindung zur Heimat. Die Schnellboote waren dazu bestimmt, alle Fjorde und Buchten zu kontrollieren. Sie waren außerdem eine wertvolle Hilfe zur Verteidigung von Kristiansand, falls die Engländer mit einem Kriegsschiffsverband angreifen würden.
Anfang Mai 1940 erhielt auch die 2. S-Boot-Flottille mit ihrem Begleitschiff »Tsingtau« von der Seekriegsleitung den Rückmarschbefehl nach Wilhelmshaven.

Unmittelbar nach einer schnellen Überholung auf der Werft in Wilhelmshaven liefen die Boote »S 30, S 31, S 32« und »S 33« der 2. S-Fl. zu einem Vorstoß in den englischen Kanal aus. Ihr Auftrag lautete, englische Minenschiffe, die mit dem Kreuzer »Birmingham« und 7 Zerstörern Minensperren legten, anzugreifen.
Der Gegner wurde zuerst von »S 32«, Obltz.S. Kosky, gesichtet, der dem Fl.-Chef Meldung machte. Dieser setzte nunmehr die Rotte »S 30« und »S 32« zum Umgehungsmarsch auf diese als Zerstörer erkannten Einheiten an. Beide Boote liefen in einem großen Bogen herum, um den Gegner aus dem dunklen Horizont anzugreifen, denn nur von dort aus bestand eine Chance, die Torpedos unbemerkt abzuschießen. Beide Boote wurden vorzeitig erkannt und mit Granatfeuer belegt. Währenddessen war es jedoch Oblt. z. S. Opdenhoff, gelungen, in den dunklen Hintergrund zu gelange und aus 800 m Entfernung zwei Torpedos auf einen Zerstörer abzuschießen.
Während der Zerstörer das Feuer auf das Boot eröffnete und »S 31« in schneller Zickzackfahrt davonlief um den Granaten zu entgehen, wurde der erste Torpedotreffer gehört.
Der englische Zerstörer »Kelly« wurde mittschiffs getroffen. Zur gleichen Zeit schoß auch »S 33« auf einen Zerstörer, hinter dem plötzlich aus dem Dunkel der Nacht zwei weitere auftauchten und das Feuer auf dieses Boot eröffneten.
Im Zickzackkurs steuerte das Boot davon, als plötzlich aus dem dichten Nebel ein grauer Schatten herausglitt und unmittelbar vor dem Boot stand. Es war ein weiterer Zerstörer, an dessen Steuerbordflanke nun »S 33« entlangschrappte. Das Boot kam sofort wieder frei.
Am 10. 5. 1940 meldete der Wehrmachtsbericht zum erstenmal etwas über den Schnellbooteinsatz:
»Ein deutsches Schnellboot versenkte im Laufe der Operation in der Nordsee einen feindlichen Zerstörer durch Torpedoschuß.«
Die Meldung stimmte jedoch nicht, denn der Zerstörer »Kelly« wurde von seinem Schwesterboot »Bulldog« mit letzter Kraft nach Newcastle eingeschleppt.
Die 1. S-Fl., die Mitte Mai den Rückmarschbefehl aus Bergen erhielt, sammelte am 18. 5. im Hipper-Hafen von Wilhelmshaven.

Kptlt. Birnbacher fuhr zum Marinegruppenkommando West und meldete die Flottille aus Norwegen zurück. Am nächsten Tag bezogen beide Flottillen den neuen Stützpunkt auf Borkum.
Auf der »Tanga« wurde am 20. 5. eine Kommandantensitzung abgehalten. Es wurde ein Angriff beider Flottillen auf Dünkirchen beschlossen. Man erwartete vor Dünkirchen Truppentransporte, die vom Festland aus nach England durchgeführt werden würden, weil die deutschen Panzerdivisionen sich bereits den Kanalhäfen näherten. Um 18.00 Uhr legten die 1. S-Fl. mit vier und die 2. S-Fl. mit fünf Booten ab. Die Führung dieses Unternehmens lag in den Händen von K. Kpt. Petersen, dem Chef der 2. S-Fl.
Mit 28 kn Fahrt marschierten die neun Boote nach Westen. Vier Stunden nach dem Auslaufen wurde der Verband von 3 Anson-Aufklärern angegriffen. Das Abwehrfeuer hinderte die Maschinen am genauen Bombenabwurf, so daß die Bomben weitab lagen.
Es war Mitternacht, als die Boote bei Dünkirchen standen. Das helle Mondlicht war im Verein mit den an Backbord von Land leuchtenden Scheinwerfern unangenehm.
Kptlt. Birnbacher, der mit der Rotte »S 24« und »S 25« seiner 1. S-Fl. nur 2 sm vor der Küste stand, befahl, daß die Boote auf 9 kn mit der Fahrt heruntergingen, so oft Scheinwerfer leuchteten. Wenig später sichtete einer der Männer auf der Brücke von »S 25« einen großen Schatten, dessen Silhouette ihn als Tanker auswies.
Noch ehe der Befehl zum Torpedoschuß gegeben werden konnte, stieg eine grelle Feuersäule an diesem Tanker in die Höhe und nach knapp einer Minute brannte er über alles. Flugzeuggeräusche zeigten an, daß es sich um deutsche Bomber gehandelt hatte, die den S-Booten zuvorgekommen waren.
Langsam liefen zwei Zerstörer an dem brennenden Tanker vorüber. Sie wurden von »S 25« gesichtet und während die übrigen Boote bereits abliefen, schoß dieses Boot zwei Torpedos, die leider vorbeigingen. Dann mußte auch »S 25« ablaufen.
Am Abend des 21. 5. liefen die Boote der 1. S-Fl. abermals aus. Diesmal ging die Fahrt in Richtung Calais, wo sich der alliierte Geleitverkehr bündelte. In dieser Nacht kamen die Boote nicht zum Schuß.
Am Nachmittag des 23. 5. legten beide Flottillen zum Einsatz ab. Sie marschierten vor die Küste bei Boulogne. Hier wurden feindliche Transportschiffe erwartet, die englische Soldaten aus der Stadt auf die Insel zurückbringen sollten. Als die Flottille unterwegs war,

gab das Marinegruppenkommando West einen Warnspruch an K. Kpt. Petersen durch:
»Vorsicht! – Feindzerstörer südlich Harwich!«
Die Boote liefen dennoch ins Operationsgebiet. Vor Dünkirchen empfing sie das gleiche gespenstige Bild von Scheinwerferleuchten, Bränden in Stadt und Hafen und der immer wieder aufblitzenden Abschüsse der Flak. Frachter wurden gesichtet und gegen 22.20 Uhr wurden die beiden Rotten der 2. S-Fl. vom Flo-Chef entlassen. Mit Höchstfahrt lief »S 25«, das Flottillenboot, zwischen zwei Sloops durch, die zwar das Feuer eröffneten, aber nicht schnell genug mit ihren Waffen mitgingen, so daß die Granaten achteraus vorbeizischten. Wenig später meldete »S 23«, Oblt. z. S. Christiansen:
»Schatten im Quadrat 8758, Kurs Nordost.«
»S 21«, Oblt. z. S. von Mirbach, sah den Gegner ebenfalls. Nach der Meldung befahl Kptlt. Birnbacher, Chef der 1. S-Fl.:
»Mit Dwarskurs in das Quadrat vorstoßen!«
Die Schatten mußten Zerstörer gewesen sein, die in schneller Fahrt abliefen. Beide Boote kehrten vor die Küste von Dünkirchen zurück. Aus dem Hafen leuchteten immer wieder Scheinwerfer.
Plötzlich tauchte, aus dem Hafen auslaufend, ein großer Zerstörer auf.
»Gemeinsamer Angriff!« befahl Birnbacher.
Während »S 23« etwas nach Steuerbord ausholte, blieb »S 21« auf seiner alten Position. Der Zerstörer lief genau auf »S 23« zu.
»Gemeinsamer Torpedoschuß!« übermittelte »S 21« durch die U. K.-Verständigung.
»Bin soweit!« meldete Christiansen zurück.
Sekunden später flitzten zweimal zwei Torpedos aus den Rohren. Preßluft zischte, die Aale klatschten auf dem Wasser auf und zogen in der eingestellten Tiefe davon. Nach Ablauf der geschätzten Laufzeit dröhnten drei Torpedodetonationen zu den Männern hinüber, deren Boote bereits drehten. Munition ging auf dem getroffenen Zerstörer hoch. Wasserbomben detonierten und schließlich erfolgte eine krachende Kesselexplosion. Der französische Zerstörer »Jaguar«, mit 2126 tons einer der großen Zerstörer, sank auf 51° 03' Nord 02° 05' Ost. Die Boote traten den Rückmarsch an.
»Jaguar« hatte zu einem französischen Zerstörerverband gehört, der unter dem Kommando von Kpt. z. S. Urvey de Porzamparc von See her in die Kämpfe um Boulogne eingegriffen hatte. Die Versen-

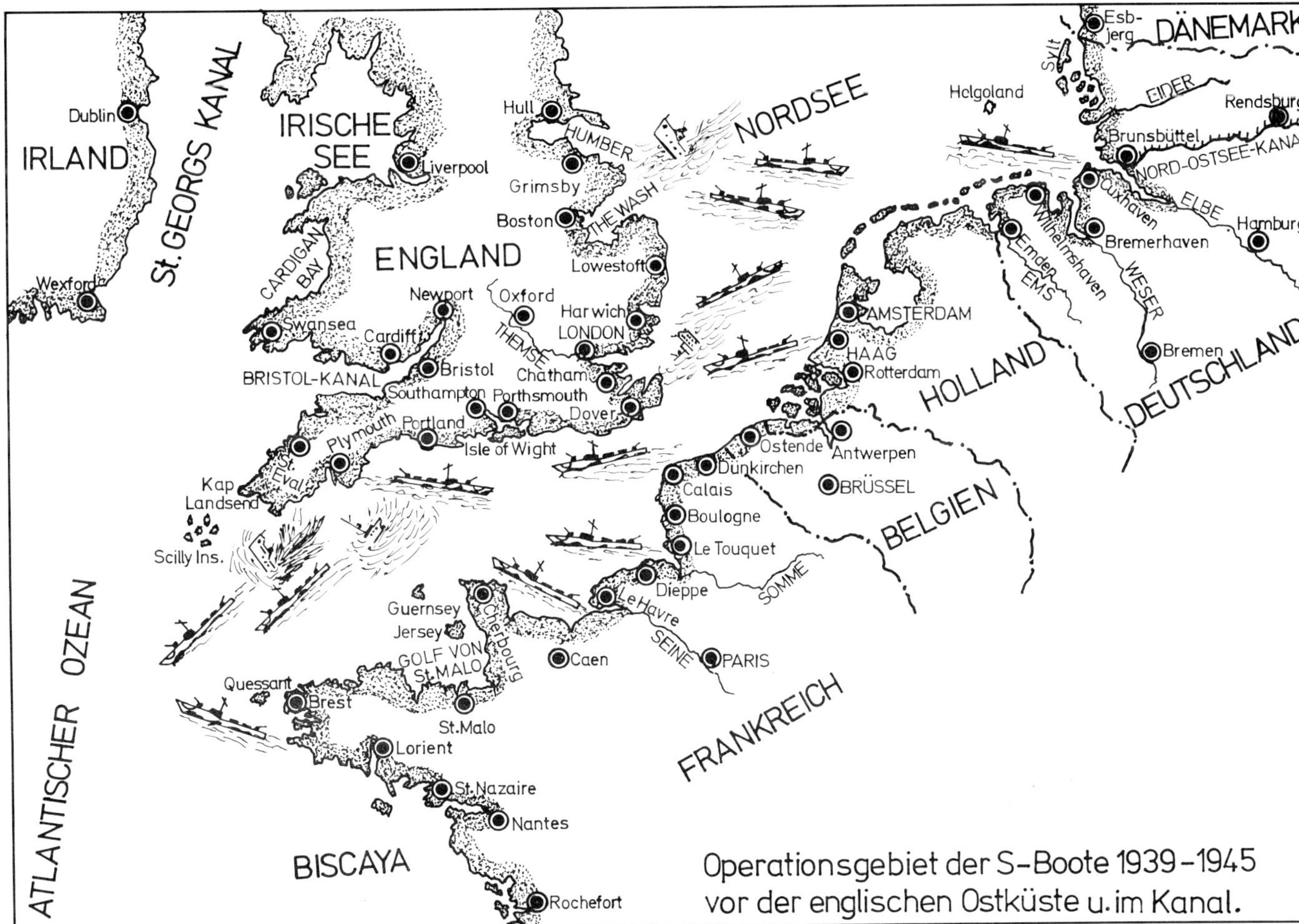
DÄNEMARK
Esb-
jerg
Sylt
Helgoland
EIDER
Rendsburg
Brunsbüttel
NORD-OSTSEE-KANAL
Cuxhaven
ELBE
Hamburg
Bremerhaven
WESER
Wilhelmshaven
Emden
EMS
Bremen
DEUTSCHLAND
HOLLAND
AMSTERDAM
HAAG
Rotterdam
Antwerpen
BRÜSSEL
BELGIEN
Ostende
Dünkirchen
Calais
Boulogne
Le Touquet
SOMME
Dieppe
Le Havre
SEINE
PARIS
Caen
FRANKREICH
NORDSEE
Hull
HUMBER
Grimsby
Boston
THE WASH
Lowestoft
Harwich
LONDON
Oxford
THEMSE
Chatham
Dover
Porthsmouth
Southampton
Isle of Wight
Portland
Plymouth
St. Eval
Kap
Landsend
Scilly Ins.
ENGLAND
Newport
Bristol
Cardiff
Swansea
BRISTOL-KANAL
CARDIGAN
BAY
IRISCHE
SEE
Liverpool
IRLAND
Dublin
Wexford
St. GEORGS KANAL
ATLANTISCHER OZEAN
Guernsey
Jersey
Cherbourg
GOLF VON
St. MALO
St. Malo
Quessant
Brest
Lorient
St. Nazaire
Nantes
Rochefort
BISCAYA
Operationsgebiet der S-Boote 1939-1945
vor der englischen Ostküste u. im Kanal.

Karte 4

kung wurde Christiansen und von Mirbach gemeinsam zugeschrieben.

Am frühen Morgen wurde Den Helder erreicht, wohin bereits das Begleitschiff »Carl Peters« gelaufen war.

Zum nächsten Einsatz am 26. 5. der 2. S-Fl. waren vier Boote ausgelaufen. Diesmal kam keines der Boote zum Schuß.

Beim Einsatz am 28. 5. versenkte »S 34«, Oblt. z. S. Obermaier, den britischen Dampfer »Abukir«. Kurz nach Mitternacht des 29. 5. kam »S 30«, Oblt. z S. Zimmermann, auf einen kleinen Zerstörer zum Schuß. Die »Wakeful«, ein Boot von 1000 tons, sank auf 51° 20'Nord, 02° 45' Ost.

Am Abend des 31. 5. liefen die Boote der 1. S-Fl. abermals zum Einsatz vor Dünkirchen aus. In dieser Nacht, dem vierten Tage der Operation »Dynamo«, wie die Rückführungsoperationen der britischen Marine genannt wurden, konnten 64429 britische Soldaten vom europäischen Festland nach England hinübergeschafft werden. Über Dünkirchen loderten die Brände, die durch die Bombardements der deutsche Luftwaffe verursacht worden waren. Englische und französische Zerstörer versuchten, die deutschen S-Boote abzudrängen. »S 30« sichtete den ersten Zerstörer. Dann kam ein zweiter in Sicht, der genau auf »S 25«, Oblt. z. S. Wuppermann, zuhielt. Dieser ließ sein Boot mit AK drehen. Der Zerstörer kam schnell näher.

Leuchtspurgeschosse zischten in schneller Salvenfolge durch die Nacht und schlugen links und rechts von »S 25« in die See. Wuppermanns Boot kam mit einer geschickten Ausweichbewegung frei und lief mit 36 kn Fahrt in ein Nebelmeer hinein. Bis auf 200 m war der Zerstörer herangekommen. Offenbar hatte er die Absicht, das Schnellboot einfach durchzuschneiden. Trotz der Leuchtgranaten, die der Zerstörer in den Nebel schickte, entkam »S 25«.

Wenig später ließ Siegfried Wupperman sein Boot erneut auf den Geleitzug eindrehen. Um 02.30 Uhr sichtete man Schatten. Die Nummer Eins meldete zwei Dampfer von etwa 5000 Tonnen. Wieder tauchte der Zerstörer auf. Wuppermann ließ beide Torpedos schießen. Während einer achtern vorbeiging, traf der Steuerbordtorpedo den französischen Zerstörer »Sirocco« mittschiffs. Der Zerstörer sank 51° 18' Nord, 02° 15' Ost.

In dieser Nacht wurden außerdem der französische Zerstörer »Cyclone« durch »S 24«, Oblt. z. S. Detlefsen, versenkt.

In der folgenden Nacht operierten die Boote der 2. S-Fl. vor Nieuport. Es gelang »S 34«, Oblt. z. S. Obermaier, den britischen Fischdampfer »Stella Dorado« zu versenken. »S 34« hatte einige Nächte vorher mit der 2-cm-FlaMW einen zweimotorigen Bomber abgeschossen.

EINSÄTZE VON BOULOGNE AUS.

Mitte Juni verlegte die 2. S-Fl. nach Boulogne. Wenige Tage später zog die 1. S-Fl. nach. Da feindliche Jabos beinahe ständig das Bassin Loubet angriffen, mußten die Liegeplätze der Boote einige Male am Tage gewechselt werden. Die Kämpfe der S-Boote im Kanal und vor der englischen Südküste, die von diesem Zeitpunkt an mehr und mehr Ziel der nächtlichen S-Boot-Vorstöße war, wurden härter. Neben den Angriffen auf Geleitzüge kamen Minenaufgaben hinzu. Boulogne und Cherbourg wurden auf einer Besprechung des Ob. d. M. am 20. 6. 1940 als ständige S-Boot-Stützpunkte ausersehen.

Bereits am 19. 6. unternahmen S 19, Oblt. z. S. Töniges, und S 26, Oblt. z. S. Fimmen, von Boulogne aus einen Vorstoß gegen die englische Küste. Westlich von Dungeness wurde am 20. 6. gegen 00.30 Uhr ein Schatten in 340° gemeldet. Oblt. z. S. Töniges ließ um 00.50 Uhr aus 800 m ein Torpedo schießen. Dieser Aal war Oberflächenläufer und wurde von dem Frachtdampfer gesichtet. Der Dampfer änderte den Kurs und lief auf die Küste zu.

Sofort nahm Töniges die Verfolgung auf. Um 01.04 Uhr wurde der zweite Torpedo geschossen. Auch dieser ging vorbei. Dennoch jagte Töniges den Dampfer durch Beschuß mit seinen 2-cm-FlaMW in die Richtung, wo S 26 auf der Lauer lag. Kurze Zeit später gelang es Oblt. Fimmen, den Frachter durch Torpedotreffer zu versenken. Es war der Dampfer »Roseburn«, 3103 BRT, der 1 sm unter Land auf Tiefe ging.

Als am nächsten Abend die Boote der 2. S-Fl. zum Einsatz ausliefen, erlitt die S-Boot-Waffe den nächsten Verlust. S 32, Oblt. z. S. Kosky, und S 31, Oblt. z. S. Meyer, liefen dicht nebeneinander, während S 33 etwas herausgestaffelt stand. Plötzlich hallte eine mächtige Detonation unter S 32. Sekunden später trieb das Boot mit

S-Boote beim Sammeln zum Vorstoß.

S-Boot auf Kriegsmarsch.

starker Schlagseite auf der See. Es war auf eine Mine gelaufen. Kommandant und 5 Mann der Besatzung waren gefallen und mehrere verwundet.

Am Abend des 23. 6. erfolgte der nächste Einsatz. Und zwar liefen auch 2 Boote der 1. S-Fl. mit den Booten der 2. S-Fl. aus. Es waren S 19, Oblt. z. S. Töniges, und S 26, Oblt. z. S. Fimmen. Um 23.29 Uhr wurden beide Boote aus dem Flottillenverband entlassen, um in Richtung Beachy Head zur englischen Südküste vorzustoßen.

Während diese beiden Boote noch nach Gegnern suchten, hatte die 2. S-Fl. unter der Kreideküste einen Bewacher erkannt. S 36 wollte diesen Bewacher angreifen, doch der Kommandant von S 34, Oblt. z. S. Obermaier, riet davon ab, um die größeren Schiffe nicht zu vergraulen. Als sich jedoch keine größeren Schiffe zeigten, versenkte Oblt. z. S. Babbel mit S 36 diesen Gegner. Es war die »Kingfisher«, die hier auf Tiefe ging.

Im sofort einsetzenden Abwehrfeuer von Land liefen beide Boote von der Küste ab. Wie es den beiden Rottenbooten S 19 und S 26 inzwischen ergangen war, das sei hier aus dem Gefechtsbericht von Oblt. z. S. Töniges zitiert:

»Wegen der Treibminen ging es zunächst mit südwestlichem Kurs an der französischen Küste entlang. Um 00.03 Uhr wurde der Kurs auf 280 Grad gelegt und um 01.19 Uhr sichtete ich einen Dampfer von 6000 Tonnen. Als ich bis auf 2500 m an den Gegner herangekommen war, wurde durch U. K. von S 26 ein englisches S-Boot gemeldet. Zu dieser Zeit brach der Mond aus der Wolkendecke hervor. Ich stand im hellen Horziont und hatte zu dem englischen S-Boot eine ungünstige Position. An ein Herumholen in den dunklen Horizont war wegen der hohen Fahrt des Tankers, als den wir das Fahrzeug inzwischen erkannt hatten, nicht zu denken. So entschloß ich mich, aus einer Entfernung von 2000 m einen Torpedo zu schießen. Dieser wurde Fehlschuß. S 19 und S 26 liefen um 01.21 Uhr mit südlichem Kurs ab. Als gegen 01.41 der Mond hinter einer Wolkendecke verschwand, entschloß ich mich, erneut gegen die englische Südküste vorzustoßen. Um 01.52 sah ich voraus einen Schatten. Es war ein Frachter von geschätzten 5000 BRT, der 8 kn Fahrt machte und in Richtung 130 Grad steuerte.

Um 01.54 Uhr schoß ich zwei Torpedos mit den Werten 800, Fahrt 8 kn, auf den Frachter ab. 34 sec später erfolgte eine Detonation, kurz darauf eine heftige Explosion. Der Frachter hatte Munition ge-

laden und wurde durch die Explosion derselben in Stücke gerissen.« Es war der Frachter »Albuerea«, 3477 BRT, der auf 50° 30'Nord und 00° 28-Ost – sank.
Der Wehrmachtsbericht meldete dazu:
Führerhauptquartier 24. Juni 1940 – Das Oberkommando der Wehrmacht gibt bekannt:
Deutschen S-Booten gelang es in der Nacht zum 24. 6. im Seegebiet von Dungeness, einen englischen Frachter von 3477 BRT und einen kleinen Frachter von 276 BRT zu versenken.
Der Einsatz der Kanalarbeiter, wie die Schnellboote inzwischen genannt wurden, ging unermüdlich weiter. So liefen S 19, S 24 und S 26 unter Führung des Chefs der 1. S-Fl., Kptl. Birnbacher, am 29. 6. aus Cherbourg aus. Operationsziel war die englische Südküste. S 19 fuhr im Verband der Flottille als taktische Nr. 3. Es wurden keine Dampfer gesichtet. Erst auf dem Rückmarsch aus dem Seegebiet der Isle of Wight wurde gegen 03.30 Uhr im Quadrat 3188 von S 24, dem Führerboot, ein Schatten gemeldet. Hierzu der Bericht von Oblt. z. S. Töniges.
»S 24 griff sofort an und um 03.50 Uhr erhielt S 19, Oblt. z. S. Töniges von S 24 den Befehl, vom Westen her anzugreifen. Über Süden holte ich weit nach Westen aus und stand um 03.55 Uhr in günstiger Schußposition. Wegen der starken Dünung ging ich näher an den Gegner heran und schoß um 03.58 Uhr einen Torpedo. Der Gegner hatte diesen Schuß bemerkt. Er drehte und eröffnete aus seinem Heckgeschütz das Feuer.
Mit allen Maschinen ging ich sofort auf große Fahrt, um erneut in eine günstige Schußposition zu kommen. Da keine Detonation erfolgte, schoß ich um 04.00 Uhr den zweiten Torpedo. Da wiederum keine Detonation erfolgte, entschloß ich mich, den Gegner mit der 2-cm-FlaMW anzugreifen.
Aus einer Entfernung von 250 m wurde das Feuer eröffnet. Der Gegner schon noch dreimal mit seinem Heckgeschütz aus naher Entfernung auf S 19; dann wurde sein Geschütz durch das gut liegende Feuer unserer Maschinenwaffen zum Schweigen gebracht. Beim Nachladen eines neuen Magazins stellte die Nummer Eins fest, daß die Hülse des letzten Geschosses gerissen war und im Rohr festsaß. Da sich die Störung an der 2-cm-FlaMW nicht beseitigenließ, versuchte ich über U.K. S 24 und S 26 heranzuholen.
Die beiden Fehlschüsse lassen sich nur damit erklären, daß der

Frachter einen Tiefgang von höchstens 2 m hatte und unterschossen wurde, weil die Tiefeneinstellung der Torpedos 3 m betrug.« Auch aus diesem Bericht ist zu erkennen, daß die S-Boote unter der Küste des Gegners am Feind blieben. In diesem Einsatz zählten nicht allein die Versenkungserfolge. Auch die Tatsache, daß durch die dauernde Bedrohung der Küstengeleitwege hunderte englischer Kriegsfahrzeuge dort gebunden waren, war ein Erfolg der Schnellboote.

Zum nächsten Einsatz liefen am 4. 7. 1940 vier Boote der 1. S-Fl. unter Führung von Kptlt. Birnbacher aus Cherbourg zum Vorstoß gegen die englische Südküste aus. S 19 fuhr als taktische Nr. 3. Hierzu der Gefechtsbericht des Kommandanten dieses Bootes.

»Um 23.00 Uhr wurde die 2. Rotte mit S 19 und S 26 aus dem Flottillenverband zum Vorstoß in das Seegebiet ostwärts der Isle of Wight entlassen. Ich führte die Rotte in das Quadrat 3167. Dann gingen wir mit mittlerer Fahrt auf Südkurs, Mitte Kanal, um den Dampfertreck abzukämmen. Gegen 02.50 Uhr bemerkte ich in südlicher Richtung einen Schatten und ging sofort mit allen Maschinen auf Stopp. Der Schatten wurde als vollbeladener Frachter ausge-

Blick von achtern zur Brücke. Durch Winksprüche gehen die Befehle von Boot zu Boot.

macht, der geschätzte 6000 Tonnen hatte und östlichen Kurs steuerte.
Ich griff sofort an und schoß um 02.56 Uhr einen Torpedo aus 600 bis 700 m. Der Schuß, dessen Unterlagen durch Schätzungen ermittelt worden waren, ging knapp am Bug des Gegners vorbei. Der Frachter mußte mich bemerkt haben. Er stoppte sofort und machte Anstalten, sein Rettungsboot klarzumachen. Um 02.57 Uhr schoß ich den zweiten Torpedo, der den Frachter unter der Brücke traf. Der Gegner brach in der Mitte auseinander und war binnen 40 sec von der Wasseroberfläche verschwunden. Ich steuerte sofort die Untergangsstelle an und versuchte, Schiffsteile und Überlebende zu bergen, vergebens. Der Sog des untergehenden Schiffes hatte alles mit in die Tiefe gerissen.
S 19 und S 26 sammelten nun zur weiteren gemeinsamen Erkundung. Gegen 04.30 Uhr entschloß ich mich, Cherbourg anzusteuern. Um 05.00 Uhr machte die 2. Rotte im Hafen von Cherbourg fest.«
Opfer dieses Angriffs war der Dampfer »Elmcrest«, 4343 BRT. In dieser Nacht versenkte S 20, Oblt. z. S. von Mirbach, den 5500 BRT großen Dampfer »Hartlepool«. S 26, Oblt. z. S. Fimmen, torpedierte den britischen Tanker »British Corporal«, 6972 BRT, der nach einigen Stunden sank.
Der nächste Einsatz erfolgte in der Nacht zum 8. Juli, als vier Boote der 1. S-Fl. in der taktischen Reihenfolge S 24, S 20, S 19 und S 26 um 22.15 Uhr von Cherbourg ausliefen. Das Seegebiet des englischen Kanals war ihr Ziel. Um 23.29 Uhr bildeten diese Boote einen breiten Aufklärungsstreifen. S 19 stand am weitesten nach Steuerbord herausgesetzt. Geben wir zu diesem Einsatz Werner Töniges das Wort:
»Gegen 23.44 Uhr sichtete ich zwei schmale Schatten an Steuerbord, die mit hoher Fahrt Zickzackkurse liefen. Durch U.K. verständigte ich S 26. Da ich im hellen Horizont lag, versuchte ich unter Ausholen nach Osten in einen günstigeren Angriffssektor zu gelangen. Ein dritter Schatten wurde gesichtet. Beim Näherkommen erkannte ich in allen drei Schatten englische Zerstörer. Hinter den Zerstörern waren größere Schatten zu erkennen. Er war der Geleitzug, den die Zerstörer sicherten. Ich versuchte von Osten her an eines der großen Schiffe heranzukommen, das durch Zerstörer gesichert war. Einer der Zerstörer bemerkte uns und begann das Boot

mit hoher Fahrt zu jagen. Die beiden übrigen Zerstörer verfolgten mich ebenfalls, kamen aber bald außer Sicht. Mein Verfolger stand an der Steuerbordseite 4 bis 5000 m querab und versuchte vergeblich, mich von der französischen Küste abzuschneiden.
Als S 19 den Vorsprung vergrößerte, staffelte der Gegner wieder heran. Im Schutze des dunklen Horizonts konnte ich den Kurs 200 Grad nach Cherbourg durchhalten. Über FT gab ich folgenden Spruch an die Flottille ab:
›Werde von feindlichen Zerstörern verfolgt!‹
Gegen 02.10 Uhr bekam ich diesen Gegner außer Sicht.«
Als S 19 um 02.33 Uhr einen FT-Spruch erhielt, daß S 26 von zwei englischen MTB beschossen werde, lief das Boot zur Hilfeleistung in das angegebene Quadrat. Doch um 02.42 Uhr wurde von Steuerbord wieder jener Zerstörer gesichtet, der das Boot vorhin gejagt hatte. Abermals mußte S 19 drehen und lief mit dreimal AK Cherbourg entgegen. Der Zerstörer schoß Leuchtgranaten und eröffnete mit seiner Artillerie und mit Maschinenwaffen das Feuer.
Oblt. z. S. Töniges ließ nebeln und Zickzackkurse steuern. Bis auf 5 sm vor der Hafeneinfahrt von Cherbourg wurde das Boot verfolgt. Dann erst drehte der feindliche Zerstörer und lief nach Westen ab. Die übrigen Boote waren unter Führung des Flottillenchefs zur Aufklärung in das Seegebiet von Quadrat 3186 nach 3176 bis 3147 weitergelaufen. Hier versenkte S 36, Oblt. z.S. Babbel, den Fischdampfer »Cayton Wyke«.
Nach einigen kleineren Einsätzen der nächsten Tage, bei denen am 10. 7. von S 26 das britische Motorschiff »Mallard« versenkt wurde, kam es in der Nacht zum 26. 7. 1940 abermals zu einem Einsatz gegen einen britischen Konvoi.
Aufgrund einer Meldung des VIII. Fliegerkorps vom Nachmittag des 26. 7. lief die 1. S-Fl. um 21.30 Uhr aus Cherbourg aus. Es waren die Boote S 19, S 20 und S 27, deren Ziel die Bucht von Brigthon war.
Um 02.47 Uhr wurde von S 27, Oblt. z. S. Klug, zwei kleine Schatten voraus gemeldet und als englische S-Boote angesprochen. Die Flottille lief nach Südwesten ab, um diese Boote auszumanöverieren. Um 03.07 Uhr wurde Kurs 225 Grad gesteuert. Um 03.22 Uhr sichtete S 19, Oblt. z. S. Töniges, im Quadrat 3255 links oben zwei Schatten. Er meldete sie dem Führerboot und drehte dann nach Backbord, um diese Schatten näher zu untersuchen. Es waren zwei

große Dampfer. Hier der Gefechtsbericht darüber:
»Ich setzte sofort zum Angriff an und schoß einen Torpedo. Es wurde ein Fehlschuß. Beim Abdrehen schoß ich auf den zweiten Dampfer. Dieser Schuß war Oberflächenläufer und ging achtern vorbei. Beim nochmaligen Abdrehen bemerkte ich einen weiteren größeren Dampfer. Durch rasches Arbeiten der seemännischen Besatzung beim Nachladen der Rohre konnte ich auf diesen Dampfer einen Torpedo schießen, der vorn traf. Der Dampfer sackte langsam weg.
Ich drehte auf Gegenkurs, um die beiden anderen Dampfer wiederzufinden. Um 03.35 Uhr hatte ich einen wieder in Sicht und folgte ihm.
Da ich allein nichts machen konnte, rief ich durch U.K. S 27 und S 20 herbei. Doch beide Boote meldeten sich nicht. Da Gefahr bestand, daß die englischen S-Boote durch das Feuer aufmerksam geworden waren und ich außerdem sehr nahe unter Land stand, ließ ich von diesem Dampfer ab.«
Was die übrige Flottille in dieser Nacht erlebte, das liest sich im KTB folgendermaßen:
»Funkspruch vom Asto des F. d. T. aus Boulogne eingegangen, daß um 15.30 Uhr ein Geleitzug mit 10 Dampfern und einem Zerstörer südlich von Dover nach Westen marschiert. Außerdem Eingang einer Ergänzung um 21.55 Uhr, daß der Konvoi im Quadrat 3265 links oben seinen Kurs auf West-Nordwest geändert hat.
Ich steuere zunächst das Quadrat 3248 an und marschiere mit der Flottille in Kiellinie nach Norden. Es war dies die westlichste Strekke, die der Geleitzug erreichen konnte. Dann lief ich mit 80 Grad im Aufklärungsstreifen dem mutmaßlichen Geleitzug entgegen. Da ich bis 01.30 Uhr nichts in Sicht bekomme, nehme ich an, daß der Geleitzug unter der Küste vor Anker gegangen ist. Ich steure deshalb Brighton an. Dort leuchten viele Scheinwerfer auf. Es ist jedoch nichts zu sehen, außer zwei kleinen Loggern. Die Sicht ist gut. Um 03.00 Uhr nehme ich Kurs auf 225 Grad, um damit die wahrscheinlichsten Kurse der Dampfer zu kreuzen. Da zwei Fahrzeuge, anscheinend Vorpostenboote, auf uns zuhalten, vermehre ich die Fahrt. Um 03.23 Uhr kommt ein Geleitzug in zwei Kolonnen mit Nordkurs in Sicht. Möglicherweise handelt es sich hier um einen anderen Geleitzug. Wir greifen an. Die Kommandanten von S 19, S 20 und S 27 haben innerhalb kürzester Zeit je einen Dampfer ver-

senkt.« Am Nachmittag des 8. 8. gab es bei der 1. S-Fl. abermals Alarm. Wieder hatten Aufklärer des VII. Fliegerkorps ein feindliches Großgeleit auf Dungeness auf Nordkurs gemeldet. Es war der Konvoi CW 9. Die in Rotterdam liegende 1. S-Fl. wurde auf diesen Geleitzug angesetzt.

Um 21.00 Uhr liefen die Boote in der taktischen Reihenfolge S 27, S 20, S 21 und S 25 aus und marschierten in der Planquadrat 3255. Dieses Quadrat mußten die Schiffe des Konvois durchlaufen und wenn sie es erreichten, würden auch die S-Boote zur Stelle sein. Als ein feindlicher vorauslaufender Bewacher gesichtet wurde, umliefen ihn die Boote der 1. S-Fl. ungesehen.

Nach Erreichen des Planquadrats stellten um 01.00 Uhr die Maschinenmaaten die Motoren ab. Die Wartezeit begann. Erst nach fast drei Stunden wurden die direkt vor dem Konvoi laufenden Bewacher gesichtet, und wenig später traten die großen Schatten der Frachter aus dem Dunkel der Nacht. Sie liefen mit Kurs 280° und in zwei Kolonnen.

»Herankommen lassen!« befahl Kptlt. Birnbacher über U.K.-Verständigung. Die Befehlsübermittler aller Boote bestätigten.

Deutlicher kamen die Schiffe heraus. Auf allen Booten wurden die Torpedos eingestellt. Dann kam der Befehl zum Schuß, und als eben das letzte Boot die Vollzugsmeldung durchgegeben hatte, gingen alle Boote mit den Maschinen an.

Der dröhnende Sang der vielen starkpferdigen Motoren ließ die Geleitzerstörer sofort das Abwehrfeuer in Richtung der Geräusche eröffnen. Schnell fielen auch die Maschinenwaffen der Dampfer in dieses nächtliche Gefecht ein.

S 25, Oblt. s. S. Wuppermann, versenkte das kleine Motorschiff »Polly Mund«, schoß das Motorschiff »John M« in Brand, das später ebenfalls sank. Den Torpedos von S 20, Oblt. z. S. von Mirbach, fiel der Dampfer »Ouse« zum Opfer und S 21 versenkte die »Holme Force«. Oblt. z. S. Büchting versenkte mit S 27 den Dampfer »Five Coat«. Ein weiterer Frachter, der mit Hartruderlagen den auf ihn geschossenen Torpedos zu entkommen versuchte, lief auf ein größeres Schiff und drehte dann zur Küste weg.

Die das Geleit sichernden Zerstörer der Jervis-Klasse schossen aus allen Rohren. Einer der Dampfer rammte S 20 leicht. Mit AK liefen die S-Boote ab. Von Leuchtgranaten verfolgt, hakenschlagend und nebelnd, entkamen sie nach Osten. Auf S 21 und S 27 wurden Tref-

fer erzielt. Es gab Verwundete, die von herbeigerufenen Sankas in Rotterdam aufgenommen und ins Lazarett geschafft wurden.
In den nächsten Tagen des ersten Augustdrittels flauten die Kämpfe ab. Nach diesem langen Einsatz im englischen Kanal und unter der englischen Küste sollte als erstes Boot S 19, Oblt. z. S. Töniges, von Cherbourg aus zur Motorenüberholung nach Kiel gehen. Das Boot wurde von allen Flottillenangehörigen mit Geschenken für ihre Lieben daheim vollgepackt. Hinzu kam die Post.
Am Nachmittag legte S 19 ab. Mit normaler Marschfahrt würde das Boot bei Nacht die gefährliche Enge Dover-Calais passieren. Gleich nach dem Auslaufen kam dichter Nebel auf, der sich binnen weniger Minuten derart verdichtete, daß Werner Töniges von der Brücke aus nicht einmal mehr die Bugspitze erkennen konnte. Da keinerlei Feuer brannte und auch die Tonnen nicht leuchteten, kam es wieder einmal auf die Kunst des Navigationsmatrosen an. Als während der Fahrt die Mittelmaschine ausfiel, mußte Oblt. z. S. Töniges vorerst mit gedrosselter Fahrt den Weg durch den minenversuchten Kanal finden, was auch wegen der Stromversetzung nicht einfach war. Ein Abweichen vom Kurs zog unweigerlich den Verlust des Bootes nach sich.
Erst bei Borkum-Riff lichtete sich der Nebel. Bei Insichtkommen von »Elbe II« ließ Töniges einen FT-Spruch nach Cherbourg an die

Kptl. Siegfried Wuppermann
Kdt. 3. S-Fl.

Flottille absetzen und die gute Durchfahrt durch den Kanal melden. Dort war man hocherfreut, denn S 19 war bereits seit einigen Stunden überfällig gewesen.
Auf dem Rückmarsch in der Nacht zum 27. August 1940 liefen S 19 und S 22, Oblt. z. S. Grund, gemeinsam nach Cherbourg.
Eben in Cherbourg angekommen, wurden S 19 und S 22 am Morgen des 28. 8. alarmiert. Sie sollten mit großer Fahrt eine Ansteuerungstonne in Rotterdam erreichen, wo sie auf die übrigen Boote der Flottille stoßen sollten, um mit ihnen gemeinsam den Angriff auf die englische Ostküste durchzuführen.
Um 09.00 Uhr legten beide Boote ab; S 19 führte. Oblt. z. S. Töniges steuerte zunächst einen Kurs dicht an der französischen Kanalküste entlang, um von den englischen Minen- und Netzsperren freizukommen. Als Kap Gris Nez in 1 sm Abstand passiert wurde, setzte er den Kurs über die Tonnen 5 und 6 hinein in das Quadrat 51,7° Nord, 02,7° Ost fort. Es war der gleiche Kurs, den sie – wenn auch in entgegengesetzter Richtung – in der vergangenen Nacht gesteuert waren. Daß dort Minen vermutet wurden, war weder Töniges noch Grund bekannt.
Als in Höhe von Kap Valery auf S 19 eine Maschine ausfiel, mußte mit den beiden übrigen Maschinen hohe Fahrt weitergelaufen werden, um befehlsgemäß um 2000 h am Treffpunkt zu sein. Durch die Verzögerung beim Ausfall der Maschine konnte auch kein Umweg mehr gefahren werden.
Es war genau 1628 h, als auf 51°07' Nord, 02°06' Ost eine starke Detonation am Heck von S 19 erfolgte. Oblt. z. S. Töniges berichtet über diese Minendetonation:
„Ich befand mich in diesem Augenblick im Mannschaftsraum, Abt. II, um dort meine Mittagsmahlzeit einzunehmen. Durch die Detonation wurde ich durch den Raum geschleudert und blieb einige Sekunden bewußtlos liegen. Durch den Wassereinbruch kam ich zur Besinnung. Ich kletterte aus dem Einsteigeluk und sah, daß das Heck meines Bootes zum Teil hochgerissen und abgebrochen war. Bis zum MG-Stand herrschte an Deck große Verwüstung. Der Leitende Maschinist, Stabsobermaschinist Langner, lag unter den Trümmern. Ich befahl dem Maschinen-Obermaaten Hickmann, die Maschinenanlage zu übernehmen und ließ sofort mit zwei Aggregaten lenzen. Das Boot machte nur in Abt. III stark Wasser und konnte somit schwimmfähig gehalten werden.

Stabsobermaschinist Langner wurde nun unter den Trümmern hervorgeholt und auf der Back gebettet. Er hatte eine Quetschung am Rückgrat und eine starke Verletzung am Fuß. Lebensgefahr bestand jedoch nicht. Durch Winkspruch rief ich S 22 heran, um den größten Teil meiner Besatzung abzugeben.
S 22, das an meiner Backbordseite längsseits kommen sollte, befand sich noch 10 m von S 19 entfernt, als ich eine Mine am Heck meines Bootes, in etwa 3 m Querabstand, ungefähr einen Meter unter Wasser, stehen sah. S 22 wäre unbedingt auf diese Mine aufgelaufen. Durch meinen Zuruf verständigt, ging S 22 mit Höchstfahrt zurück. Der Strom lag so ungünstig, daß S 19 auf diese Mine trieb. Ich ließ meine Besatzung auf der Back antreten, um sie dort möglichst gering gefährdet zu wissen.
Plötzlich rief ein Mann, der vorn Ausguckposten ging: ‚Mine 2 Meter Backbord voraus!'
Durch die Manövrierunfähigkeit meines Bootes konnte ich diesen Minen nicht ausweichen und mußte abwarten, ob die Detonation erfolgen würde. Das Schlauchboot hatte ich bereits mit einem Teil der Besatzung von Bord geschickt.
Die Rettung eines Teiles der Besatzung und des Bootes ist auf den Schraubenstrom von S 22 zurückzuführen. Dieser Strom drückte S 19 voraus und somit trieb mein Boot durch diese schmale Minenlücke hindurch und kam von beiden Minen frei. Ich sah die eine Mine einen halben Meter vor dem Bug vorbeischeren.
Da zu dieser Zeit Niedrigwasser herrschte, ließ ich keine Schleppverbindung herstellen, um ein Auflaufen von S 22 zu verhindern. Erst um 19.00 Uhr rief ich S 22 herbei, ließ nunmehr die Schleppverbindung herstellen und trat um 19.10 Uhr den Rückmarsch nach Calais an. Um 21.20 Uhr lief S 19 im Schlepp von S 22 in Calais ein. Stabsobermaschinist Langner wurde im Sanka zum Lazarett gefahren.
Die vorläufige Untersuchung des Bootes ergab, daß das Heck bis zur Abteilung II hochgerissen und zum Teil abgerissen war. Das Schott nach Abt. II war eingedrückt. Die 6 Wasserbomben, die wir an Bord hatten, müssen bei der Detonation hochgegangen sein, denn es wurde von S 22 eine gewaltige Rauch- und Feuersäule beobachtet. Ein Totalverlust ist durch die hohe Fahrt des Bootes verhindert worden."
Soweit der nüchterne und sachliche Bericht von Werner Töniges zu

diesen dramatischen Minuten, da alles auf des Messers Schneide stand. Es stellte sich heraus, daß die Engländer diesen noch 12 Stunden vorher minenfreien Weg in der Nacht, nachdem die beiden S-Boote ihn passiert hatten, erneut verminten.
Damit war jedoch die Odyssee von S 19 noch nicht zu Ende.
Oblt. z. S. Töniges erhielt am Morgen des 29. 8. Befehl, sein schwerbeschädigtes Boot nach Kiel in die Werft zu bringen.
Nachdem das Leck abgedichtet worden war, wurde S 19 von einem Räumboot nach Ostende geschleppt. Einige Tage später wurde es von einem Fischdampfer nach Ymuiden weitergeschleppt. An Bord war nichts mehr intakt, und die wenigen Männer, die Töniges um sich hatte, froren. Es herrschten wahrhaft primitive Zustände an Bord.
Von Ymuiden ging es über das Yjsselmeer nach Emden. Dort nahm ein Schlepper S 19 auf den Haken, um das Boot die letzte Etappe nach Kiel zu schleppen.
Unterwegs, in Höhe von Wilhelmshaven, fiel diesem Schlepper eine Maschine aus. Er schleppte S 19 noch bis Schillig-Reede, wo das Boot vor Anker gehen mußte.
In der kommenden Nach bestand die Gefahr, daß der Anker nicht hielt und die Männer mit dem Boot auf die tückischen Sände getrieben wurden. Werner Töniges saß auf der Back und legte seine Hand immer wieder auf die Ankerkette, um zu fühlen, ob der Anker noch hielt, oder ob sie bereits trieben.
Es war kalt in dieser Nacht. An Bord konnte nichts gekocht werden, weil die gesamte ,,Elektrik" ausgefallen war. Mitten in der Nacht faßte Töniges den Entschluß, durch den Signalgasten mit dem Handscheinwerfer Hilferufe in den Himmel morsen zu lassen.
Nach einigen Stunden hatte dies Erfolg. In den frühen Morgenstunden kam ,,Seeadler", ein deutscher Hochseeschlepper, in Sicht.
Dessen Kapitän fragte angesichts dieses zusammengeschlagenen kleinen Bootes:
,,Soll ich dich auf den Haken nehmen, oder an Bord hieven?"
Bei diesen Fahrten und Ereignissen waren Gefahren zu meistern, die nur von einer eingefahrenen und verschworenen Besatzung überstanden werden konnten. S 19 war bald wieder einsatzbereit und machte den Krieg bis zum letzten Tage mit.
Nach Aufstellung der 3. S-Fl. am 15. 5. 1940 in Kiel wurden auf Befehl des F. d. T. sämtliche 80-Tonnen-Boote der 1. und 2. S-Fl. in

der 3. S-Fl. zusammengefaßt. Die 1. S-Fl. hatte bereits vorher einige neue Boote der 100-Tonnen-Klasse erhalten und nun wurde auch die 2. S-Fl. mit diesen neuen Booten ausgerüstet.
Im August 1940 hatten diese Boote im Kanal noch zusätzlich zu ihren harten Einsätzen den Seenot-Rettungsdienst zu versehen. Es galt, in immer neuen Einsätzen, überwiegend bei Tage und unter den Augen des Gegners, abgeschossene deutsche Flieger aus dem Kanal zu bergen. Alle Boote unterzogen sich diesem Einsatz mit größtmöglichem Ernst. Es zeigte sich, daß sie bereit waren, zur Rettung ihrer Fliegerkameraden Boot und Besatzung voll einzusetzen.
Am 14. 8. erhielten Oblt. z. S. von Mirbach und Kptlt. Fimmen als vierter und fünfter deutscher Soldat der Schnellbootwaffe das Ritterkreuz des Eisernen Kreuzes.
Als erster Schnellbootmann war Oblt. z. S. Opdenhoff nach der Versenkung einiger Schiffe und der Torpedierung des Zerstörers »Kelly« am 16. 5. 1940 mit dieser Auszeichnung geehrt worden. Einen Monat später war Kptl. Birnbacher, Chef der 1. S-Fl., mit dem Ritterkreuz ausgezeichnet worden und als dritter hatte auch der Chef der 2. S-Fl., K. Kpt. Petersen, das Ritterkreuz erhalten.

Das zweite Kriegsjahr

ALLGEMEINE LAGE. DER EINSATZ DER KRIEGSMARINE.

Im Bereich der deutschen Häfen und der an der gesamten Kanalküste gewonnenen Stützpunkte für Kleinkampfeinheiten, ebenso wie für Großkampfschiffe, galten sämtliche Vorbereitungsarbeiten dem Unternehmen »Seelöwe«.

Darüber hinaus führte die Schnellbootwaffe Minenoperationen zur Errichtung von Flankensperren durch. Der Beginn der Minensuch- und Räumtätigkeit im Kanal und die Transporte nach Norwegen, zur Verstärkung der dortigen Positionen, wurden darüber hinaus von der Kriegsmarine durchgeführt.

Von Drontheim über Lorient bis Bordeaux hatte der B. d. U. eine völlig neue strategische Ausgangsbasis und umfassende operative Ansatzmöglichkeiten für die U-Boote erhalten.

Deutsche Hilfskreuzer operierten zu dieser Zeit bereits im Indischen Ozean, im australischen Raum, im Süd- und Mittelatlantik.

Zur gleichen Zeit aber, als man noch für das Unternehmen »Seelöwe« rüstete, wurden bereits von der Skl Überlegungen zu weiteren Möglichkeiten der Kriegführung gegen England angestellt, die »neben oder anstelle von ›Seelöwe‹« durchgeführt werden könnten. Man kam zu der Überzeugung, daß eine deutsch-italienische Seekriegführung im Mittelmeerraum, Gibraltar–Suez, von entscheidender strategischer Bedeutung sei. In den Lagevorträgen des Ob. d. M. vor Hitler kommt dies deutlich zum Ausdruck:

»Vorbereitung für diese Aktion, die nicht den Charakter einer ›Zwischenaktion‹, sondern einer Hauptaktion gegen England trägt, müssen sofort anlaufen, damit sie vor Eingreifen der USA durchgeführt sind. Führer ordnet dies an.«

Die Seekriegsleitung sah in der sich anbahnenden Entwicklung das bevorstehende engste Zusammengehen Englands mit den USA als gegeben an. Wie richtig diese Lagebeurteilung war, das hatte sich bereits darin gezeigt, daß die USA 50 ihrer Zerstörer für England zur Verfügung stellten, was eine offene feindselige Handlung gegenüber Deutschland darstellte.

Da der Großangriff der Luftwaffe gegen England, der am 13. 8. mit Einsatz sämtlicher verfügbarer Maschinen eröffnet wurde, nicht zum Tragen kam, setzte die Skl für den unmittelbaren Kampf gegen die britischen Inseln alle Einheiten der Flotte ein, die von der französischen Westküste oder von Norwegen aus den Kampf der U-Boote gegen die englische Zufuhr wirkungsvoll unterstützen konnten. Unter den eingesetzten Verbänden befanden sich auch die 1. und 2. U-Fl.

Die am 15. 5. 1940 in Kiel aufgestellte 3. S-Fl., die von K. Kpt. Kemnade geführt wurde, sollte nach Herstellung ihrer Kampfbereitschaft nach Boulogne gehen und am Kampf im Kanal teilnehmen.

Eine weitere S-Boot-Flottille, die 4. S-Fl., sollte am 1. 10. 1940 aufgestellt werden, um ebenfalls vor Englands Küsten zum Einsatz zu gelangen.

GELEITZUGKAMPF VOR DER KÜSTE DES GEGNERS

Am Abend des 4. 9. 1940 legten die Boote der 1. S-Fl. zum Einsatz gegen einen gemeldeten Konvoi ab. Ziel der Boote S 20, S 21, S 25, S 27 und S 54 war der Seeraum nordostwärts von Greath Yarmouth, wo sie auf 52° 50' Nord und 02° 09' Ost auf einen großen Konvoi stießen, der stark gesichert war.

S 21 versenkte den Dampfer »Corbrook« und konnte unmittelbar darauf noch die »New Lambton« versenken. S 18, Oblt. z. S. Christiansen, kam auf die »Joseph Swan« zum Schuß, die ebenfalls nach dem Treffer sank. In der ersten Stunde des 5. 9. konnte Christiansen noch die »Nieuwland« versenken. S 22, Oblt. z. S. Grund, und S 54, Lt. z. S. Wagner, schrieben sich ebenfalls in die Versenkungsliste ein. Alle Boote erreichten ihren Einsatzhafen ohne Verluste.

Nach diesem Schlag gegen den englischen Geleitverkehr wurde die Bewachung noch engmaschiger. Das zeigte sich zwei Nächte später, als die Rotte S 33 und S 36 den englischen Konvoi FS 273 sichtete und diesen angriff.

Beide Boote wurden von Geleitzerstörern beschossen und abgedrängt. Aber sie griffen wieder an, und diesmal konnte S 33, Lt. z. S. Popp, den Dampfer »Stad Alkmar« mit beachtlichen 5750 BRT versenken. Mehrfach vorzeitig entdeckt und abgedrängt, oftmals bis vor die eigenen Stützpunkte gejagt, griffen die S-Boote immer wieder an. Es war S 30, das am 24. 9. den britischen Dampfer »Continental Coaster« versenkte.

Der nächste größere Angriff gelang am 17. Oktober. An diesem Abend lief die 1. S-Fl. mit den Booten S 18, S 27 und S 24 zum Einsatz gegen die britische Südostküste von Rotterdam aus. S 24, das neue Boot von Oblt. z. S. Töniges, lief als taktische Nr. 3 im Verband. Als die Boote das Quadrat 8177 erreichten, meldete »S 18«: »Schatten an Backbord, sechs Dez!«
Um 00.00 Uhr gab Kptlt. Birnbacher über U.K. den Angriffsbefehl. Der Verband steuerte die Kurse 254 bis 180 Grad und um 00.04 Uhr setzte sich S 24, das an der Steuerbordseite des Führerbootes stand, weiter nach Steuerbord heraus und bekam eine Minute später zwei Schatten voraus in Sicht. Während des Anlaufens meldete S 18 Torpedoschuß und kurze Zeit später hörte man die Torpedodetonationen. S 18, Oblt. z. S. Christiansen, hatte den britischen Dampfer »Hauxley« versenkt.
Folgen wir nun aber der Darstellung dieses Einsatzes im KTB von S 24, aus dem hier zitiert werden soll:
»Es waren Dampfer von 2000 bis 4000 Tonnen, die mit Lage 90 und 6 kn Fahrt passierten. Zwischen diesen Dampfern bemerkte ich im Hintergrund, ungefähr 1000 m ab, einen großen Schatten, den ich einwandfrei als vollbeladenen Tanker von geschätzten 12 000 Tonnen ausmachen konnte, der Lage 80 stand und 6 kn Fahrt machte.

S-Boot auf Kontrollfahrt.

Die 2-cm-FlaMW klar zur Flugzeugabwehr.

Ich drehte sofort zum Schuß ab. Um 00.08 Uhr schoß ich je einen Torpedo – 260 Grad – im Zu- und Abdrehen im Abstand von 6 sec zwischen den beiden kleineren Dampfern hindurch auf den Tanker. Kurze Zeit darauf hörte ich zwei dicht aufeinanderfolgende Detonationen.
Da mein Nebenmann, S 27, Oblt. z. S. Klug, von einem Zerstörer beschossen wurde, mußte ich ablaufen. Dabei wurden Torpedos nachgeladen. Ich hängte mich dann an S 27 an.
Beide Boote versuchten noch einmal, an den Geleitzug heranzukommen. Beim Anlaufen stießen wir wieder auf Zerstörer. Die Boote wurden bemerkt und beschossen und mußten abdrehen. Dabei verlor S 24 das Rottenboot aus den Augen.
Mit AK und Kurs 130 Grad lief das Boot ab und stieß wenig später auf S 18. Da es aufgeklart hatte und der Mond hell schien, wurde die Unternehmung abgebrochen. Auf dem Rückmarsch trafen wir auf dem befohlenen Sammelpunkt wieder mit S 27 zusammen und machten um 07.30 Uhr in Rotterdam fest.«
Am 18. Oktober hieß es im Wehrmachtsbericht:

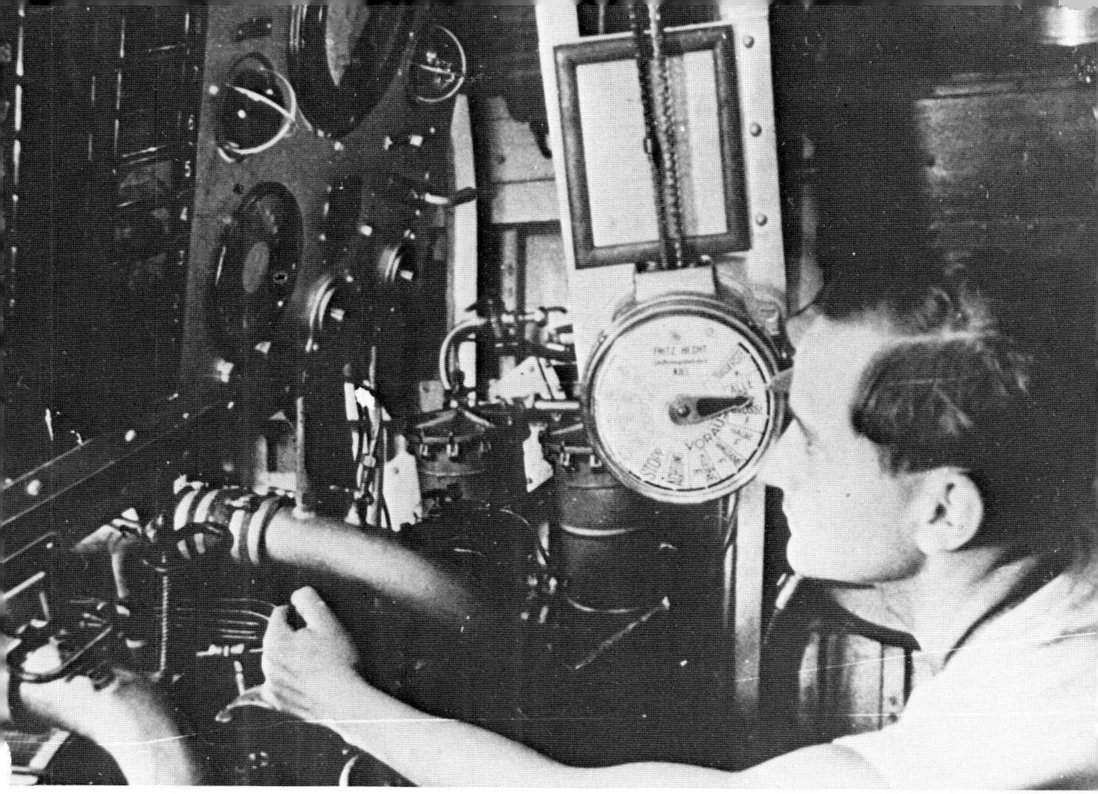

Besondere Anforderungen wurden an die Fahrmaate gestellt. Auf jeden von der Brücke über den Maschinentelegraphen gegebenen Befehl mußten sie augenblicklich reagieren. Oft entschieden Sekunden über das Gelingen oder Fehlschlagen einer Unternehmung und über Sein oder Nichtsein.

Der Gefechtsrudergänger und im Hintergrund der UK-Posten im Brückeninneren.

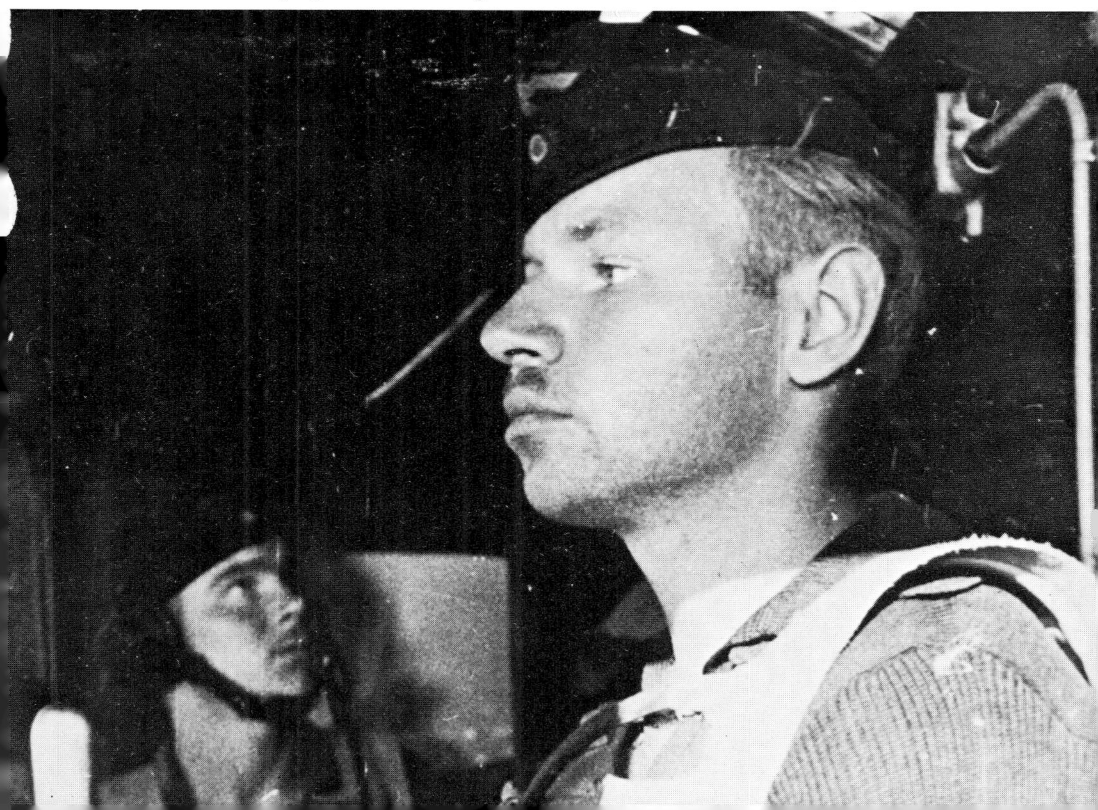

»Das Oberkommando der Wehrmacht gibt bekannt:
Bei einem Vorstoß deutscher Schnellboote gegen die englische Südostküste wurden zwei bewaffnete Handelsschiffe und ein Tanker mit insgesamt 23 000 BRT versenkt.«
Der Dezember brachte einige weitere Einsätze, von denen der Großteil, gegen die englische Süd- und Südostküste gerichtet, vorzeitig »wegen Wetterlage« abgebrochen werden mußte.
Einige neue Boote waren zur 1. S-Fl. gestoßen. So S 54, S 58 und S 59. Bei einem Einsatz ostwärts Yarmouth stieß am 15. 12. S 58 auf einen kleinen Konvoi. Hier der Bericht des damaligen Navigationsmatrosen Heinrich Beer:
»›Null!‹ meldete ich dem Kommandanten, und damit hatten wir unser Operationsgebiet erreicht. Wir standen vor Yarmouth. Plötzlich Schatten an Steuerbord voraus. Ein Zerstörer lief mit großem Schnauzbart vor dem Bug vorbei. Dahinter zwei, drei weitere Schatten. Unsere Nummer Eins arbeitete bereits am Zielgerät.
›Rohre fertigmachen!‹ befahl er.
Die Rohrdeckel öffneten sich. Der auf den Ausstoßpatronen liegende Druck wurde kontrolliert.
›Beide Rohre klar!‹ meldeten die Torpedomixer.
›Frage: Gegnerfahrt und Kurs?‹ schallte die Stimme des Komman-

Klarmachen des Bootes zur Ölübernahme für die Hochleistungsdiesel.

danten. Die Antwort wurde gegeben und ich hörte, wie Leutnant z. S. Geiger eine Kurs- und Fahrtstufenkorrektur durchgab. Der Maschinentelegraph klingelte. Das Boot folgte den Befehlen.
›Achtung, Nummer Eins: Lage Neunzig! – Ich drehe jetzt ein!‹
›Lage Neunzig steht!‹ meldete unsere Nummer Eins dem Kommandanten zurück, um sich danach noch einmal zu erkundigen, ob die Rohre klar seien.
Zu beiden Seiten der Brücke standen die Torpedomixer hinter ihren Waffen. Sie hielten die Hand kurz über der Drucktaste der mechanischen Abfeuerung. Dann kam der Befehl:
›Backbordrohr – los!‹
Der Mixer schlug den Drücker nieder. Es klackte hart, dann ein dumpfer Schlag, ein scharfer, zischender Ton, die Preßluft trieb den Aal aus dem Rohr. Und schon vor dem Boot ein klatschendes Geräusch, mit dem der abgeschossene Torpedo ins Wasser tauchte.
›Torpedo läuft!‹ rief der Mixer zur Brücke hinauf, wo in diesem Moment auch schon der Befehl zum zweiten Torpedoschuß gegeben wurde.
›Steuerbordrohr – los!‹
Beide Male drückte die Nummer Eins auf der Brücke die Taste der elektrischen Abfeuerung und beide Male schlugen die Mixer zur Sicherheit gleichzeitig auf die Handabzugstasten, für den Fall, daß die Elektrik versagen sollte.
Ich stoppte die Laufzeit beider Aale mit den Stoppuhren in den Händen und sagte leise die vertickenden Sekunden an. Im Meerleuchten waren das Ziel und die darauf zuflitzenden Torpedos genau zu erkennen. Nach 25 Sekunden Laufzeit eröffnete ein zweiter, von achtern aufdampfender Zerstörer das Feuer mit Leuchtgranaten. Wir drehten, und auf einmal hatte der Leichtgranaten schießende Zerstörer uns trotz der langsamen Drehung gesichtet und eröffnete auf uns das Feuer aus allen Waffen.
›Alle alleeeee!‹ befahl der Kommandant und: ›Nebeln!‹
Wir wurden beinahe nach hinten gerissen von dem Schlag, mit dem unsere drei Jumbos auf Höchsttouren kamen. Dann sah ich, auf das Ziel blickend, die Trefferfontäne unseres Torpedos. Eine schwarze Rauchsäule stob am Dampfer empor, dazwischen eine grelle Explosionsflamme.
›Dampfer ist getroffen!‹ meldete die Nummer Eins unserem Kommandanten, der seine ganze Aufmerksamkeit auf den schießenden

Feldpost ist angekommen.

Kartoffelschäler am Werk.

S 24 mit Tiger-Symbol und Angabe der versenkten Tonnage.

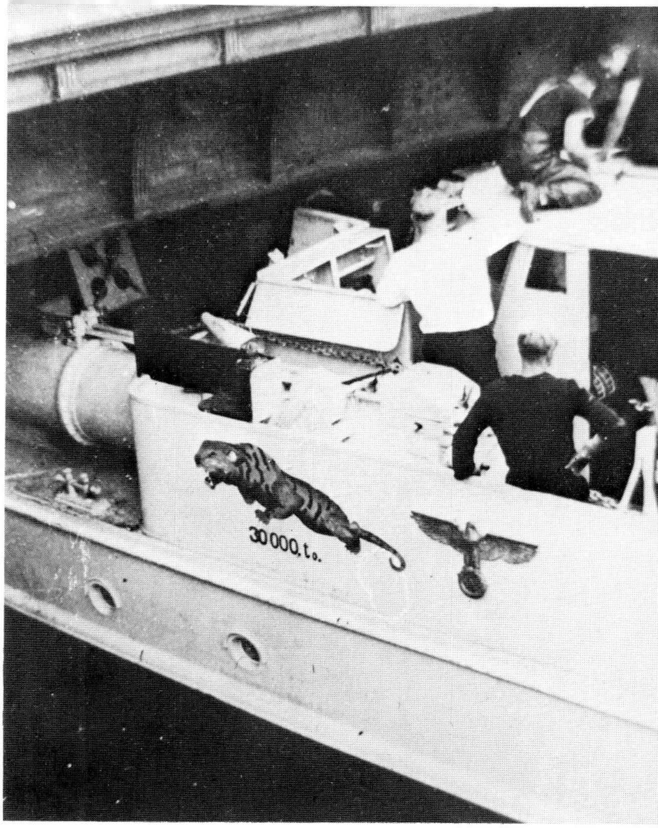

Die Seemännische Nr. 1 auf der Brücke am Peilrahmen.

Zerstörer gerichtet hatte und immer wieder Kursänderungen befahl, die uns aus der gefährlichen Nähe der Einschläge wegbrachten. Während dieser Zeit hantierte der Mixer am Heck an der Nebelkanne, aus der nun ein grauweißer Nebelstrahl quoll und uns einhüllte. Mit Hartruder-Backbord drehten wir einen Halbkreis und jagten dann nach Osten zurück.«

Soweit der Bericht, der uns zeigt, in welch angespannter und kritischer Situation die Schnellbootfahrer sich bei jedem ihrer Angriffe auf einen Geleitzug befanden.

S 58 hatte den dänischen Frachter »N. C. Monberg« versenkt.

Mit einem Großeinsatz der Schnellboote ging das Jahr 1940 zu Ende. Am 31. 12. liefen S 26, S 28, S 29, S 34, S 56, S 58 und S 59, die Boote der 1. S-Fl. zum Angriff gegen den gemeldeten Konvoi FN 366 aus. Sie erreichten den Konvoi vor der britischen Südküste und griffen trotz starker Zerstörersicherung an. Sechs Boote versuchten ihre Torpedos ins Ziel zu schießen. Leuchtgranaten erschwerten ihnen den Weg an die feindlichen Schiffe. S 26 und S 28 erzielten zunächst Fehlschüsse. Die Boote wurden immer wieder abgedrängt. Dann kam S 59, Oblt. z. S. Albert Müller, zum Schuß auf den großen Dampfer »Stad Maastricht«, 6552 BRT. Der Torpedotreffer blies an diesem Schiff empor, das in zwei Teile zerbrach und sank. Abermals schossen alle Geleitfahrzeuge auf jeden sichtbar werdenden Schatten. Auf den Booten gab es die ersten Verluste. Zäh und unbeirrt aber griffen sie erneut an. S 28, Oblt. z. S. Klug, torpedierte die »Pelton«. Dieser Fischdampfer sank sofort.

Mit Jahresbeginn 1941 traten einige Boote neu zur 1. und 2. S-Fl. und verstärkten sie bedeutend. Mit S 101 erhielt Oblt. z. S. Christiansen eines der neuen starken Boote und auch Oblt. z. S. Töniges erhielt S 102, während Oblt. z. S. Künzel mit S 103 ein Boot desselben Typs erhielt.

Am 7. 1. 1941 ging eine Luftaufklärermeldung über einen in See stehenden Geleitzug ein.

Wenig später legten die Boote zum Einsatz gegen die englische Südküste ab. In Kiellinie, mit schneller Fahrt, liefen sie dem Kollisionspunkt entgegen. Englische Aufklärer verfehlten die Boote, während die Torpedomechaniker an Bord eben die scharfen Gefechtspistolen aufsetzten. Kptlt. Birnbacher führte den Verband.

Kurz vor Mitternacht stand die Flottille im vorgesehenen Quadrat und stellte die Motoren ab. Als Fischdampfer in Sicht kamen, dreh-

K. Kpt. Georg Christiansen nach Verleihung des Eichenlaubes zum Ritterkreuz. Chef der 1. S-Fl.

Kptl. Hermann Büchting, Kdt. in der 1. S-Fl.

Oblt. z. S. Heinz Haag, Kdt. in der 3. S-Fl.

Oblt. z. S. Karl-Friedrich Künzel,
Kdt. und Gruppenführer in der 1. S-Fl.

ten die Boote seitlich weg, um nicht vorzeitig erkannt zu werden. Danach liefen die Boote auf einem Suchstreifen dem gemeldeten Konvoi entgegen. Aber nichts kam in Sicht! Bis einer der Männer auf der Brücke von S 101 einen Schatten sichtete. Es war ein Dampfer von 1000 tons. Der Dampfer schob sich nach und nach in das matterhellte Fadenkreuz des Zielapparates hinein. Oblt. z. S. Christiansen gab den Befehl zum Torpedoschuß.
Als der Aal lief, drehte das Boot langsam ab und alle warteten auf die Detonation des Treffers. Würde der Dampfer den Aal frühzeitig ausmachen und den Kurs ändern? Nichts geschah, und nach Ablauf der Laufzeit hallte eine mächtige Detonation zu den Männern herüber und dann grollte eine schwere Explosion nach und eine 100 m hohe Flammensäule stob dort in die Höhe, wo der Dampfer lag. Als sich die Rauchwolke wieder verzog, war von dem Dampfer nichts mehr zu sehen. Die »H. H. Petersen« war auf 52° 22' Nord und 02° 05' Ost gesunken. Die übrigen Boote konnten keinen Erfolg erzielen. Der Rückmarsch wurde angetreten.
Zwei weitere Einsätze mußten wegen der stürmischen Wintersee abgebrochen werden, bevor Ende Januar ein weiterer Einsatz erfolgte. Von Ymuiden aus liefen die Boote der 1. S-Fl. vor die englische Südküste. Es war bitterkalt und das an Bord überkommende Spritzwasser gefror sofort, so daß alle Boote wenige Minuten nach

S 102 auf dem Marsch in das Operationsgebiet.

dem Auslaufen bereits mit einer Eisschicht überzogen waren. Zerstörer kamen in Sicht und S 103, Oblt. z. S. Künzel, versuchte, einen dieser Zerstörer zu vernichten. Es war ein großer Zerstörer. Aber der Schuß fiel nicht und der zweite Schuß lief hinter dem plötzlich mit der Fahrtstufe heraufgehenden Zerstörer her ins Nichts. Die Boote traten den Rückmarsch an.
Die 2. S-Fl., die etwa zur gleichen Zeit zu ihren Unternehmungen auslief, konnte am 5. und 6. 2. 1941 einige Erfolge erzielen. Sie stieß mit den Booten S 30, S 54, S 58 und S 59 in den Raum vor der englischen Küste zwischen Ipswich und Newcastle vor. Im Abwehrfeuer der Geleitfahrzeuge konnte S 30, Oblt. z. S. Feldt, einen kleinen Dampfer mit 501 BRT versenken.
Der 18. 2. sah wieder die 1. S-Fl. im Einsatz. Die Boote S 28, S 101 und S 102 liefen in Richtung Themsemündung. Sie erreichten die vorgesehene Lauerstellung im Planquadrat 7358 und warteten. Gegen 03.00 Uhr waren bei dichtem Nebel aus ungefähr 300 Grad die Nebelsignale von Dampfern zu vernehmen. Alle drei Boote liefen jetzt in den Abschnitt »L gelb« auf den Geleitzug zu, der West- und Nordwestkurse steuern mußte. Geben wir wieder Oblt. z. S. Töniges das Wort:
»Gegen 03.30 Uhr befand ich mich mitten im Geleitzug, denn nun vernahm ich aus sämtlichen Richtungen Nebelsignale. Wegen der schlechten Sicht konnte ich jedoch noch keinen Dampfer ausmachen. Erst als sich wenig später die Sicht besserte, bekam ich im Quadrat 7383 einen Dampfer von geschätzten 5000 Tonnen in Sicht. Ich drehte mit Kurs 200 Grad sofort auf ihn zu und schoß mit Lage 70 und 6 kn Gegnerfahrt den Backbordtorpedo um 03.51 Uhr. Treffer auf dem Dampfer, hinter dem Schornstein. Geringe Feuererscheinung. Der Dampfer sank sofort. Torpedolaufzeit cirka 25 sec. Im Ablaufen bekam ich einen Dampfer so nahe aus dem Nebel heraus vor den Bug, daß es nicht mehr möglich war, zu schießen.
Der Dampfer aber schoß mit MG; das Feuer lag im Kielwasser. Ich lief zunächst mit langsamer Fahrt ein Stück ab, um ihn von der anderen Seite anzugreifen und bekam dabei im Quadrat 7383 einen 4000-Tonnen-Dampfer zu Gesicht, der gestoppt hatte und eine Sternlampe sowie ein Seefallreep ausgebracht hatte. Bei ihm legte soeben ein kleineres, wahrscheinlich ein Lotsenfahrzeug an. Aus Lage 90 schoß ich um 03.59 Uhr den Steuerbordtorpedo. Nach 18

sec Laufzeit dröhnte die Trefferdetonation. Sofort brannte der Dampfer und sank, mit dem Heck zuerst. Kurz darauf trat erneut Sichtverschlechterung ein.
Auf verschiedenen Kursen versuchte ich den vermuteten Geleitzug zu schneiden, um so wieder auf ihn zu treffen. Dies konnte jedoch bei der schlechten Sicht nur durch Zufall passieren.
Um 04.30 Uhr trat ich den Rückmarsch an. Die übrigen Boote hatte ich verloren. Um 10.45 Uhr machte ich in Ymuiden fest.«
Soweit der Gefechtsbericht des Kommandanten von S 102. Hinzuzufügen ist, daß die beiden anderen Boote im dichten Nebel nichts fanden.
Am 20. Februar meldete der Wehrmachtsbericht:
»Das Oberkommando der Wehrmacht gibt bekannt:
Ein Schnellboot versenkte in der südlichen Nordsee zwei bewaffnete Handelsschiffe mit zusammen 10000 BRT.«
Beim nächsten Einsatz der Schnellboote wurden unter der Küste des Gegners erneut Erfolge erzielt. S 30, Oblt. z. S. Feldt, versenkte vor Lowestoft den britischen Geleitzerstörer »Exmoor«, während S 28, Kptlt. Klug, am anderen Abend bei einem Vorstoß vor Cromer den britischen Frachter »Minorca« torpedierte.
Ein Doppeleinsatz der 1. und der 3. S-Fl. unter Führung von Kptlt. Kemnade ging am 7. 3. 1941 in den Seeraum vor Cromer und Southwild. Es war der erste Einsatz der 3. S-Fl. Hierzu teilte Kptlt. Birnbacher die 1. S-Fl. in zwei Gruppen auf. Zur 1. Gruppe gehörten S 39, S 101 und S 102. Die zweite Gruppe bestand aus den Booten S 26, S 27, S 28 und S 29.
Um 20.10 Uhr erhielten die Boote der 1. Gruppe über U.K. den Befehl: »1. Gruppe geht L gelb, Keilformation!«
Gegen 22.12 Uhr kamen dieser Gruppe mehrere Schatten in Sicht, die voraus standen. Sie wurden über U.K. an das Führerboot gemeldet. Diese Schatten entpuppten sich als Dampfer. Hinter den Dampfern standen einige Zerstörer.
S 102, Oblt. z. S. Töniges, griff um 22.14 Uhr den ersten Dampfer an. Aus 1200 m fiel der Schuß aus dem Steuerbordrohr. Der Torpedo ging vorn vorbei. Eine Minute darauf fiel der Schuß aus dem Backbordrohr auf denselben Dampfer. Auch dieser Schuß, mit veränderten Schußunterlagen, ging vorbei.
Danach setzte sich Oblt. z. S. Töniges mit S 102 heraus, um aufdampfen zu können. Beim erneuten Anlauf kam S 101 in Sicht und

Der Siegeswimpel wird befestigt.

2-cm-Buggeschütz

Töniges überließ dem Kameraden, Oblt. z. S. Christiansen, den Vorrang, weil dessen Boot günstiger stand. S 101 schoß und traf diesen Gegner, der rasch sank. S 102 lief nun zur Untergangsstelle des Dampfers, um Schiffbrüchige zu retten. Geben wir dazu Werner Töniges das Wort.

»Von dem herumschwimmenden Holz, das der Dampfer geladen hatte, vernahm ich laute Rufe. Ich setzte zur Rettung an, was bei der Dünung und dem vielen Holz – die Decksladung des Dampfers hatte aus Holz bestanden, die nun aufgeschwommen war – für das Boot gefährlich werden konnte. S 101 übernahm auf meine Bitte hin den Schutz für mein Boot. Durch geschicktes Manövrieren konnte ich S 102 an einen auf dem Holz liegenden Mann heranbringen. Es war der Kapitän des Dampfers, der von uns gerettet wurde.«

Inzwischen hatten die Boote der 3. S-Fl. ebenfalls Kontakt an diesem Geleitzug erhalten. Kptlt. Kemnade führte S 31, S 57, S 59, S 60 und S 61 heran. S 61, Oblt. z. S. von Gernet, kam zuerst zum Schuß. Seine beiden Torpedos trafen den Dampfer »Boulderpool« und ließen diesen 4805-BRT-Dampfer rasch sinken. S 31, Oblt. z. S. Hans-Jürgen Mayer, versenkte den Dampfer »Kenton«. Die übrigen Boote wurden durch die massierte Zerstörersicherung abgedrängt.

Besser erging es den Booten der 1. S-Fl., die weiter auf diesen Geleitzug operierten. S 28, Oblt. z. S. Klug, schoß noch am 7. 3. den Dampfer »Corduff«, 2345 BRT, heraus. Die Gruppe S 101 und S 102 hatte zwar den Geleitzug außer Sicht bekommen, doch kurz nach Mitternacht meldete sich der B.Ü. des Flottillenchefs und sagte:

»Geleitzug steht bei Gamma, Kurs Süd!«

Sofort operierten die beiden Boote auf den Konvoi, um diesen gegen 01.30 Uhr in Sicht zu haben. Sofort griff S 102 an und schoß eine Minute darauf den ersten Torpedo. Dieser Aal bekam durch das starke Schlingern des Bootes beim Abschuß ein »Bajonett« und ging vorn vorbei. Um 01.34 Uhr erfolgte der zweite Schuß auf einen Dampfer. Dieser schoß Sekunden später Leuchtkugeln und eröffnete aus ungefähr 600 m das Feuer mit seinen 10,5-cm-Kanonen und mit schweren Maschinenwaffen. Das Feuer lag so gut, daß S 102 nur mit Höchstfahrt und hakenschlagend entkommen konnte. Als der Zerstörer außer Sicht kam, trat S 102 den Rückmarsch an, da das Boot alle Torpedos verschossen hatte. Um 06.06 Uhr

Blick von achtern über das Boot auf die Brücke.

Auffüllen der Magazine für die 2-cm-FlaMW.

machte es an der Pier in Ymuiden fest.
In dieser Nacht kam noch S 27, Oblt. z. S. Büchting, zum Schuß. Er versenkte den Frachter »Rye«, während S 29, Oblt. z. S. von Mirbach, den Dampfer »Dotterel«, 1385 BRT, versenkte.
Mit sieben versenkten Schiffen war dieser Einsatz ein schwerer Schlag gegen die englischen Küstengeleitzüge. Am 8. 3. 1941 berichtete das Oberkommando der Wehrmacht in seiner Abendmeldung:
»Der große Erfolg, den die deutsche Schnellbootwaffe in der Nacht zum Sonnabend erzielte, hat sich noch als wesentlich größer herausgestellt, als im Wehrmachtsbericht vom 8. 3. gemeldet wurde. Trotz ungünstiger Wetterlage und stärkster Gegenwehr wurden durch Schnellboote aus stark gesicherten Geleitzügen 7 Dampfer mit zusammen 47000 BRT feindlichen Handelsschiffsraumes, darunter zwei Tanker, versenkt. Sämtliche Schnellboote sind unter Mitnahme von Gefangenen in ihre Stützpunkte eingelaufen.«
Am 9. 3. liefen vier Boote der 1. S-Fl. zum Einsatz aus. Wieder war die Flottille in zwei Gruppen aufgeteilt. 45 Minuten nach Mitternacht stand die 1. Gruppe mit S 26 und S 102 bei Punkt »Sigma« auf Lauerstellung, als in 330 Grad ein Schatten in Sicht kam. Da dieser Schatten direkt voraus stand, wich S 102 nach Westen aus und der Schatten passierte 1000 m hinter dem Boot.
Um 04.01 Uhr ging ein U.K.-Befehl des Führerbootes ein, der mitten im Absetzen abbrach. Deshalb blieben beide Boote bei »Sigma« liegen. Um 05.33 Uhr wurden mehrere Schatten gesichtet, die in 330 Grad standen. Es waren zwei Zerstörer; dahinter tauchten 20 bis 30 große Schiffe auf. Beide Zerstörer passierten die im Seitenabstand von 500 m liegenden Boote. Danach kam S 102 auf einen großen Tanker zum Schuß. Der um 05.38 Uhr geschossene Torpedo ging knapp am Bug des Tankers vorbei, weil dieser ihn wahrnahm und mit rückwärtsgehender Maschine abdrehte. Der eine der beiden Zerstörer sichtete in diesem Augenblick S 26 und eröffnete das Feuer. Andere Zerstörer, die auftauchten, schossen Leuchtgranaten, so daß der gesamte Konvoi taghell erleuchtet wurde.
Dann ließen beide Zerstörer von S 26 ab und liefen quer durch den Konvoi auf S 102 zu, das offenbar von dem Tanker gemeldet worden war. Abwechselnd schossen sie Leuchtgranaten und 10,5-cm-Granaten. Oblt. z. S. Töniges entschloß sich dazu, mit Höchstfahrt zweimal durch den Geleitzug zu laufen, weil er annahm, daß

der Konvoi auch achtern eine Zerstörersicherung hatte und er demzufolge nicht nach Norden ablaufen durfte. Es wurde eine Fahrt mit letztem Einsatz des gesamten Bootes. Hierüber sei der Gefechtsbericht des Kommandanten im Auszug wiedergegeben.
»Ich lief eine Zeitlang mit Westkurs in die Wash. Die Zerstörer legten aber einen Leuchtfächer nach dem anderen vor mein Boot. Ich drehte und durchlief den Geleitzug zum zweiten Male. Dadurch war ich wenigstens vor dem Zerstörerbeschuß sicher, denn es bestand für jene ja die Gefahr, daß sie die eigenen Dampfer anschossen. Den Beschuß durch die Dampfer nahm ich in Kauf.
Ein gütiges Geschick hat das Boot vor Verlusten bewahrt und mit Ostkurs kam ich schließlich aus den Leuchtgranatenfächern heraus. Ich steuerte wieder Punkt ›Sigma‹ an. Da es aber schon dämmerte, mußte ich den Rückmarsch antreten. Um 06.15 Uhr gab ich einen KR-Spruch ab:
›06.00 Uhr: Sigma Geleit Kurs Süd; große Dampfer.‹
Dieser Spruch wurde abgegeben, um die eigene Luftwaffe auf diesen Konvoi aufmerksam zu machen. Um 10.30 Uhr machte ich in Ymuiden fest.«
Der nächste Einsatz fand am 12. 3. statt. Es gelang S 28, Kptlt. Klug, den Dampfer »Trevethoe«, 5257 BRT, zu versenken.
Der 18. 3. sah wiederum die 1. S-Fl. mit den Booten S 26, S 29, S 39, S 55, S 101 und S 102 im Einsatz vor der Humbermündung. S 102 fuhr als taktische Nr. 3 im Flottillenverband. Nach Erreichen ihrer Positionen gingen die Boote bei L gelb in Keilformation und um 02.00 Uhr wurden in 138 Grad von S 102 mehrere Schatten ausgemacht. Töniges meldete diese Schatten über U.K. und setzte sich gleichzeitig mit seinem Boot nach Westen ab, um diese Schatten einwandern zu lassen.
Vor dem Konvoi lief ein großer Zerstörer. Den dunklen Horizont im Rücken wartete S 102 auf eine günstige Schußposition. Um 02.20 Uhr schoß das Boot beide Torpedos. Sie wurden gleichzeitig Oberflächenläufer und gingen hinter dem anvisierten Zerstörer vorbei. Oblt. z. S. Töniges ließ einen Kreis steuern, um abermals anzugreifen. In 50 sec wurde der Backbordtorpedo nachgeladen und so konnte Töniges sofort nach der Drehung auf den nachfolgenden Tanker schießen. Da der Tanker wenige Sekunden nach dem Schuß eine Kursänderung von 20 Grad ausführte, ging auch dieser Torpedo vorbei. Da aber der Konvoi in zwei Kolonnen fuhr, wurde ein

S-Boot mit schwerem Treffer.

Erweisung der letzten Ehre für die gefallenen Kameraden.

Dampfer aus der zweiten Kolonne von diesem Aal getroffen und sackte über den Vorsteven ab.
Sofort setzte das Abwehrfeuer der Zerstörer ein. Mit 9 kn Fahrt lief S 102 nach Süden ab. Doch das Abwehrfeuer galt nicht diesem, sondern einem Kameradenboot, das gesichtet worden war.
S 102 drehte wieder auf den Geleitzug zu und schoß um 02.20 Uhr einen Torpedo auf einen Dampfer, der direkt nach dem Treffer in die Luft flog. Es war die bis unter die Lukendeckel mit Munition vollgestopfte »Daphne II«. Der zweite Dampfer ist wahrscheinlich nicht gesunken, sondern konnte eingeschleppt werden.
Um 02.25 Uhr trat S 102 den Rückmarsch an und machte um 07.30 Uhr in Ymuiden fest. Der Wehrmachtsbericht meldete daraufhin:
»Berlin, 19. März 1941 – Das Oberkommando der Wehrmacht gibt bekannt:
Bei einem Vorstoß gegen die englische Südostküste versenkte ein Schnellboot aus einem feindlichen Geleitzug ein Handelsschiff von insgesamt 1970 BRT.«

DIE WIRKUNG AUF DEN GEGNER

Nach diesen März-Einsätzen der deutschen Schnellboote vor der englischen Küste und im Kanal schrieb eine große englische Tageszeitung Ende März:
»Die deutschen Motortorpedoboote stehen im Begriff, unsere Nachschubwege im Kanal völlig lahmzulegen. Man kann sich ausrechnen, wann die Küstentonnage verbraucht ist, setzen die Deutschen ihr tödliches Spiel in demselben Maße weiter fort.«
Der englische Kanal war zu dieser Zeit eine der Hauptlebensadern für die britischen Inseln und neben der deutschen Luftwaffe waren es vor allem die deutschen Schnellboote, die diese Lebensader lahmzulegen drohten. Die deutschen Funkmeßstationen auf Kap Gris Nez erfaßten den englischen Geleitverkehr schon auf solche Distanzen, daß sowohl die Luftwaffe als auch die Schnellboote rechtzeitig zum Einsatz gegen gemeldete Geleitzüge starten konnten.
Um dieser großen Gefahr begegnen zu können, setzte die britische Admiralität neben den vielen Zerstörern neue Geleitboote ein. Diese Boote des Typs »Black Swan« hatten bis zu sechs

2-cm-FlaMW und bis zu acht Geschütze vom Kaliber 10,5 cm an Bord. Damit wurden sie zu einer großen Gefahr für die Schnellboote. Dennoch liefen diese immer wieder aus, um den Gegner vor seiner eigenen Haustür zu packen und zu vernichten.
Seit Juni 1940 waren auch englische Schnellbootgruppen an die Südküste verlegt worden. Ihre Boote waren mit 4-cm-Boforskanonen ausgerüstet und somit im Feuerkampf den schwächer armierten deutschen Booten überlegen. Auf den deutschen Schnellbooten fehlte immer noch die Waffe auf dem Vorschiff. Erst im August 1941 befahl das Allgemeine Waffenamt, daß alle großen Schnellboote serienmäßig mit einer 2-cm-FlaMW 38 im Sockel und einer gleichen Maschinenwaffe im Drehkranz – diese auf dem Vorschiff – auszurüsten sei. Später erhielten die deutschen S-Boote auch Waffen von größerem Kaliber, bis zu 4 cm.

WEITERE AUSZEICHNUNGEN FÜR SCHNELLBOOT-KOMMANDANTEN

Die 2. S-Fl., vertretungsweise von Oblt. z. S. Feldt geführt, unternahm mit den Booten S 43, S 41, S 42, S 55 und S 104 am 17. 4. einen Angriff auf einen britischen Konvoi vor Greath Yarmouth. Während S 42, Oblt. z. S. Meentzen, den britischen Dampfer »Effra« versenkte, gelang es diesem Boot, gemeinsam mit S 43, Oblt. z. S. Feld, noch die »Ethel Radcliffe«, 5673 BRT, zu torpedieren.
S 55, Lt. z. S. Howaldt, und S 104, Oblt. z. S. Roeder, schossen gleichzeitig auf den Dampfer »Nereus«, der ebenfalls sank.
Am 29. 4. stieß die 1. S-Fl., die mit den Booten S 26, S 27, S 29 und S 55 ins Seegebiet westlich Cromer ausgelaufen war, auf einen kleinen Konvoi. Während alle übrigen Boote von Zerstörern und anderen Geleitfahrzeugen abgedrängt wurden, konnte S 29, Oblt. z. S. von Mirbach, den Dampfer »Ambrose Fleming« durch Torpedoschuß versenken.
Damit waren diese Einsätze im Kanal beendet, denn nunmehr zeichnete sich für die S-Boote ein neuer Kriegsschauplatz ab.
Auch in diesem Frühjahr waren wieder einige Kommandanten der Schnellbootwaffe mit dem Ritterkreuz ausgezeichnet worden. So erhielt Oblt. z. S. Töniges diese hohe Auszeichnung am 25. 2. 1941. Am 12. 3. 1941 wurde der Führer der Torpedoboote, Kapitän z. S.

Kptl. Werner Töniges
an Bord von S 102.

Hans Bütow, und am selben Tage noch Kptlt. Hans Klug mit dem Ritterkreuz ausgezeichnet.
Nach seinen Aprilerfolgen erhielt auch Oblt. z. S. Feldt am 25. 4. diese Auszeichnung und am 8. 5. erfolgte die Verleihung des Ritterkreuzes an Oblt. z. S. Christiansen. Mit Oblt. z. S. Siegfried Wuppermann wurde ein weiterer Schnellbootkommandant am 3. 8. 1941 mit dem Ritterkreuz ausgezeichnet.

Kaptl. z. S. Werner Töniges mit 3 Kommandanten der 1. S-Fl. (v.l.n.r.): Kurt Fimmen, Bernd Klug und Götz von Mirbach.

Der Krieg gegen die Sowjetunion

DER NEUE KRIEGSSCHAUPLATZ OSTSEE

In den ersten Junitagen des Jahres 1941 flogen KKpt. Petersen, Chef der 2. S-Fl., mit dem Flottilleningenieur Kptlt. (Ing.) Gördes nach Helsinki. Die Skl. beabsichtigte, zum Unternehmen »Barbarossa« – dem Rußlandfeldzug – außer einem Minenschiffsverband auch die 1. und 2. S-Fl. sowie eine Räumbootflottille in die Finnischen Schären zu verlegen.

Die 1. S.-Fl. erhielt mit ihrem Begleitschiff »Tsingtau« einen Liegeplatz in den Porkkala-Schären zugewiesen, während die 2. S-Fl. mit der »Tanga« in die Abo-Schären gehen sollte, wohin auch die 5. R.-Fl. und die Minenschiffgruppe Süd marschierten. Liegeplatz der 1. S-Fl. wurde Helsinki. Der Führer der deutschen Seestreitkräfte im Finnischen Meerbusen, Kpt. z. S Bütow, richtete sich mit seinem Stab ebenfalls in Helsinki ein.

Beginnend mit dem 12. 6. marschierten beide S-Flottillen nach Osten. Im Kanal herrschte in den nächsten Wochen Ruhe, denn auch die 3. S-Fl. wurde nach Gotenhafen verlegt, wo sie auf ihren Einsatzbefehl warten sollte. Lediglich die am 1. 10. 1940 aufgestellte 4. S-Fl. unter Führung von Kptlt. Bätge, marschierte in die verlassenen Stützpunkte der drei abgezogenen Flottillen, um den Gegner vor der englischen Südküste und im Kanal weiter in Atem zu halten.

Am 15. 7. 1941 wurde unter Führung des dazu abgestellten Kptlt. Klug die 5. S-Fl. aufgestellt und zum Finnischen Meerbusen in Marsch gesetzt. Liegeplatz der 2. S-Fl. wurde die Insel Pensar.

Von ihren Zwischenliegeplätzen in Danzig-Neufahrwasser liefen die Boote der 1. S-Fl. mit der »Carl Peters« am 15. 6. in Richtung Finnland aus. Am 17. 6. folgte Kptlt. Klug mit den Booten S 27, S 28 und S 29. Diese drei Boote bildeten den Grundstock der in Gotenhafen neuaufzustellenden 5. S-Fl.

Am frühen Morgen des 18. 6. machten S 26, S 39, S 40, S 101, S 102 und S 103 nach einer Fahrt von 512 sm, die in Rekordzeit bei 30 kn Marschfahrt zurückgelegt wurde, um 03.50 Uhr im Hafen von Helsinki bei der Festung Sveaborg fest. Auf dem Schlepper »Föhn« fand wenig später die Kommandantenbelehrung zur Fahrt

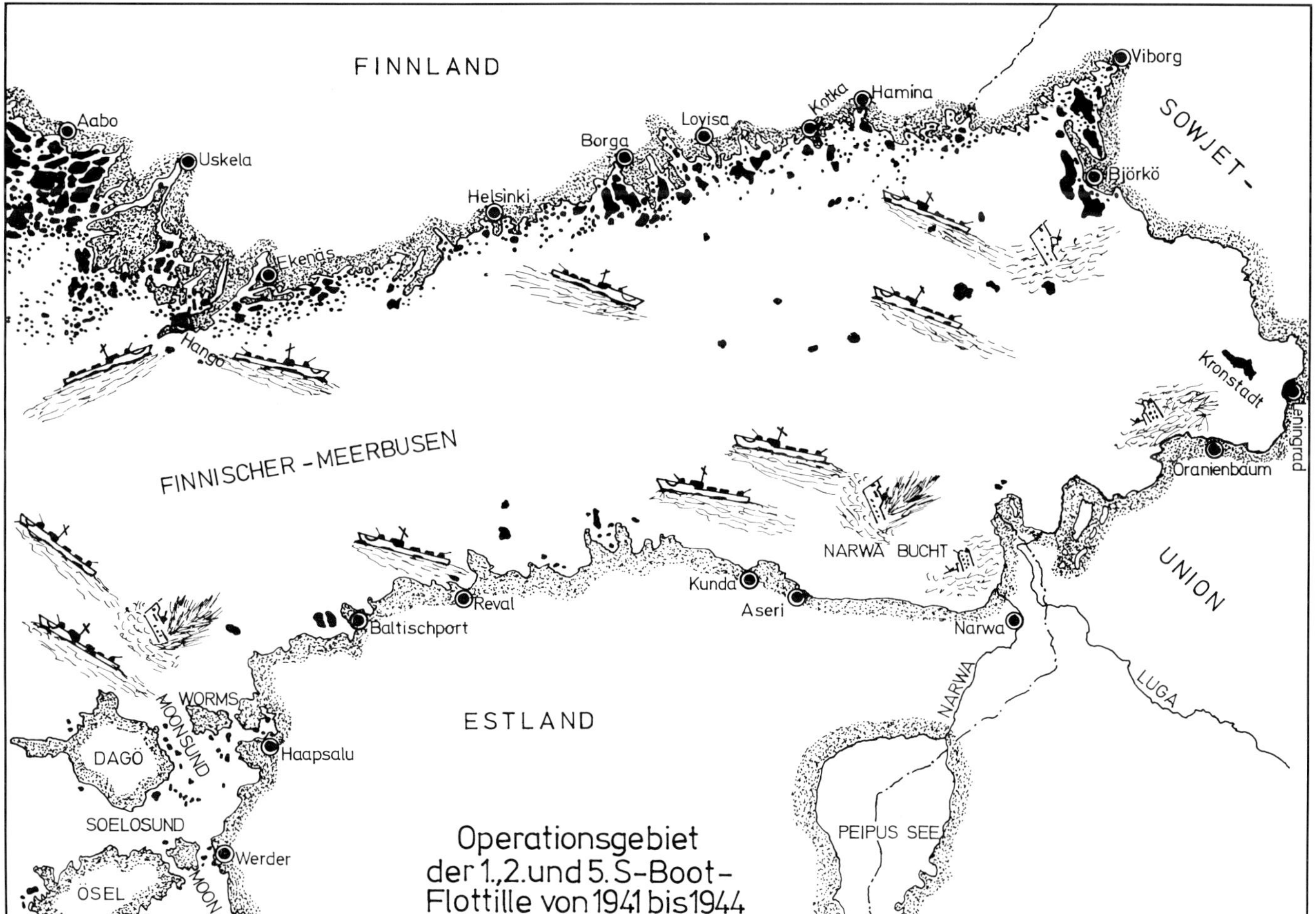
FINNLAND
Aabo
Uskela
Ekenäs
Hangö
Helsinki
Borga
Loyisa
Kotka
Hamina
Viborg
Björkö
SOWJET-
UNION
Kronstadt
Leningrad
Oranienbaum
LUGA
FINNISCHER-MEERBUSEN
NARWA BUCHT
Narwa
NARWA
Aseri
Kunda
Reval
Baltischport
ESTLAND
Haapsalu
WORMS
MOONSUND
DAGÖ
SOELOSUND
Werder
MOON
ÖSEL
PEIPUS SEE
Operationsgebiet
der 1.,2.und 5. S-Boot-
Flottille von 1941 bis 1944

Karte 5

Blick von der Brücke nach achtern über Maschinenlüfter, Flaggenstock und Schlauchboote.

S-Boot hat in der Nähe des S-Boot-Begleitschiffs zur Versorgung festgemacht.

durch das schwierige Fahrwasser der Schären statt.
Am Abend des 20. 6. erhielt KKpt. Birnbacher ein Fernschreiben mit dem Text: »X-Zeit 22. 6. 1941, 03.00 Uhr. Flottille sichert die Minenschiffe gegen Überraschungen beim Ausbringen der Sperren.«
Am späten Abend des 21. 6. begann der Schnellbooteinsatz im Osten. Vier S-Boote begleiteten die Minenschiffgruppe Nord zum Legen der »Apolda«-Sperre zwischen Orö und Takhona. Nach Bombardierung und Beschießung durch zwei russische Bomber liefen die Boote um 04.30 Uhr in die Schären zurück. Der Rußlandkrieg war gut eine Stunde alt.
Etwa 30 km ostwärts davon legte die Minenschiffgruppe »Cobra« mit 5 R- und 6 S-Booten die »Corbethasperre« zwischen Kallbadagrund und Pakerort. Zur gleichen Zeit liefen die Boote der 3. S-Fl. mit jeweils 6 Minen beladen in die Gewässer vor Libau und Windau. Die Irbenstraße und der Moonsund wurden von der 2. S-Fl. und der 5. R-Fl. mit Minen verseucht.
In der Nacht zum 23. 6. griff die 3. S-Fl. vor Hangö einen Dampfer an. S 44, Oblt. z. S. Opdenhoff, versenkte dabei das sowjetische Wachboot MO-238. Dies war das erste sowjetische Schiff, das von deutschen Schnellbooten vernichtet wurde.
In den beiden Nächten zwischen dem 24. und 26. 6. legte die 2. S-Fl. nördlich Kap Tachkona die Sperre »D« mit 36 TMB-Minen.
In der Nacht zum 26. 6. legte das Minenschiff »Brummer«, KKpt. Dr. Tobias, nördlich des Moonsundes die Sperre »D 2« mit 100 EMC-Minen und 50 Sprengbojen. Bei der Sicherung des Minenschiffes gerieten Boote der 2. und 5. S-Fl. auf die zu Beginn des Krieges ausgelegten sowjetischen Minensperren. S 43 und S 106 sanken am frühen Morgen des 27. 6. 1941 nördlich von Dagö. Dies war ein schwerer Verlust für die Schnellboote. Die Besatzungen wurden von den Kameradenbooten geborgen.
Einer der Gemeinschaftserfolge der Schnellboote war die Versenkung eines sowjetischen U-Bootes. Am späten Abend des 23. 6. sichteten die von einem Minenunternehmen heimkommenden Boote S 56 und S 35 in großer Entfernung ein feindliches U-Boot. Sie drehten auf, schossen ihre Torpedos. Das Boot tauchte weg. Ein paar Stunden später wurde abermals ein U-Boot gesichtet. Diesmal liefen S 56, Oblt. z. S. Wuppermann, und S 35, Oblt. z. S. Weber, in schneller Fahrt darauf zu. Oblt. z. S. Wuppermann ließ mit MG

und FlaMW das Feuer eröffnen. Das russische U-Boot »S-3« erwiderte das Feuer mit der 10 cm-Bugkanone. Als auch S 35 in das Gefecht einfiel, verließen die Männer an der U-Boot-Kanone das Geschütz und gingen in Deckung. Die S-Boote flitzten nunmehr dem Gegner vor den Bug und warfen Wasserbomben. Das U-Boot lief genau in die Detonationswelle hinein und sank. Über 100 russische Seeleute wurden von den beiden deutschen S-Booten aufgefischt. Diese Männer gehörten zu drei U-Booten, von denen zwei bereits vernichtet waren. Sie wollten mit »S-3« nach Leningrad.
Eine andere Gruppe der 3. S-Fl. kämpfte in dieser Nacht gegen das sowjetische MTB 47. Das Boot wehrte sich hart; es wurde zerschossen und eingeschleppt. Bei der Untersuchung stellte sich heraus, daß es noch mit Benzinmotoren ausgerüstet war.
Der Einsatz, zu dem die Boote der 3. S-Fl. am Abend des 26. 6. ausliefen, war als Minenunternehmen geplant. Die Boote stießen dabei auf einen leichten sowjetischen Schiffsverband unter KAdm. V. P. Drozd, der ebenfalls zu einem Minenunternehmen ausgelaufen war. Bei dem sich entwickelnden Seegefecht griffen S 59, Oblt. z. S. Müller, sowie S 31, Lt. z. S. Haag, an und torpedierten den Zerstörer »Storozevoy«. Im zweiten Anlauf versenkten S 59 und S 60 einen dahinterstehenden Dampfer, und bei dem dritten Angriff wurde der sowjetische Minensucher T-208/Skiv von S 35 und S 60 versenkt.
Nachdem Libau am 28. 6. in deutsche Hand fiel, verlegte die 3. S-Fl. am 1. 7. dorthin.
Eine Aufgabe besonderer Art wurde der 1. S-Fl. am 4. 7. übertragen. Es war der Angriff auf das feindbesetzte Hangö. Hierbei kam es zu einem Gefecht mit russischen Bombern. S 27, Oblt. z. S. Büchting, konnte um ein Haar den geworfenen Bomben entkommen. S 26 wurde mit Bordwaffen angegriffen. Der Kommandant des Bootes und der auf S 27 eingeschiffte Flottillenarzt sowie der Leitende Ing. wurden verwundet.
In der nächsten Nacht sicherten einige Boote der Flottille die Landungsunternehmen der Gruppe »Cellarius« in Estland, und am Abend des 6. 7. liefen drei Boote der 3. S-Fl. zur Hilfeleistung für MRS 11 aus, das sich in einem Gefecht mit russischen Zerstörern befand.
Der 10. 7. sah die Boote der 1. S-Fl. mit S 28, S 26, S 101, S 40 und S 39 bei Ekholm im Finnischen Meerbusen im Gefecht mit sowjeti-

Boot der 1. S-Fl. 1941 im Abwehrfeuer des russischen Kreuzers »Kirow« im finnischen Meerbusen.

schen Kriegsschiffen. Es konnte jedoch nur der am 5. 7. auf eine Sperre des finnischen U-Bootes »Vesihiisi«, Kptlt. Kijanen, aufgelaufene lettische Dampfer »Rasma«, 3202 BRT, versenkt werden. Nachdem S 103, Lt. z. S. Künzel, auf einen Unterwasserfelsen aufgelaufen und schwer beschädigt worden war, flog der Kommandant mit einigen seiner Soldaten nach Deutschland, um in der Werft S 108 zu übernehmen. Wenig später stießen südlich von Grahara S 28 und das finnische U-Boot »Saukko« zusammen. Beide Boote konnten nicht mit eigener Kraft voneinander loskommen und mußten, ineinander verkeilt, nach Helsinki geschleppt werden.
Der 15. und 18. 7. sah deutsche Schnellboote erfolglos im Einsatz und am 22. 7. konnten bei einem Vorstoß der 3. S-Fl. in den Raum Ösel der russische Torpedokutter TK-71 und ein Schlepper versenkt werden.
Beim nächsten Vorstoß der 3. S-Fl., den Kptlt. Kemnade führte, stießen das Führerboot, S 55 und S 54, Lt. z. S. Wagner, im nördlichen Rigaischen Meerbusen auf einen russischen Zerstörern. Nach

einem Fehlangriff versenkte S 54 den Zerstörer »Smelyj«. S 57 und S 58 schossen auf zwei vor Arensburg liegende russische Minensucher und verfehlten sie knapp. In der nächsten Nacht konnte ein Boot der 3. S-Fl. im Artilleriegefecht den Eisbrecher »Lacplesis« versenken.
Weitere Minenaufgaben folgten. So legten Boote der 2. S-Fl. in der Nacht zum 11. 8. im Rigaer Meerbusen die Sperre »Allirahu«.

DER EINSATZ IM KANAL

Am 11. 8. 1941 kam die 4. S-Fl. im Kanal zu ihrem ersten Erfolg. Und zwar versenkte S 49, Lt. z. S. Günther, aus einem vor Dungeness aufgefaßten Konvoi den Dampfer »Sir Russell« mit 1548 BRT. Der nächste Einsatz der 4. S-Fl. erfolgte am 20. 8. Und zwar waren die einsatzbereiten Boote auf einen von der Funkaufklärung erfaßten Konvoi vor Cromer angesetzt. S 48, Oblt. z. S. von Mirbach, versenkte den polnischen Dampfer »Czenstochawa« und torpedierte das britische Motorschiff »Dalewood«.
Mit diesen Erfolgen ging das zweite Kriegsjahr im Kanal zu Ende.

DIE LETZTEN EINSÄTZE IM FINNISCHEN MEERBUSEN

Am 13. 8. liefen die Boote der 1. S-Fl. um 19.30 Uhr zu einem neuen Unternehmen in den Finnischen Meerbusen aus. Bereits auf dem Marsch in das Operationsgebiet sichtete S 28 nördlich von Groß Wrangel ein Fahrzeug, das auf Anforderung mit dem richtigen Buchstaben »Z« antwortete. Da dieses Boot jedoch in keine der Typentafeln paßte, liefen S 26, S 39 und S 40 heran und als S 28 nahe genug herangekommen war, griff Kptlt. Klug zum Sprachrohr, um das Boot anzurufen.
In diesem Augenblick eröffnete das fremde Boot das Feuer aus einer 4 cm-Kanone. S 39 wurde von den ersten Granaten getroffen. S 26, auf dem der Flottillenchef eingeschifft war, lief an das Boot heran, damit der Arzt die Verwundeten betreuen konnte. Die übrigen Boote versuchten, den Gegner zum Schweigen zu bringen. Das Boot wehrte sich bis zuletzt. Schon von Flammen eingehüllt, schossen die Kanoniere, bis es unterging. 23 Mann der Besatzung des rus-

sischen Minensuchers der Fugas-Klasse, M-101, der von Reval nach Kronstadt laufen sollte, wurden an Bord genommen.
In der Nacht zum 19. 8. versenkte S 58, Oblt. z. S. Geiger, den vor dem Südeingang des Moonsunds vor Anker liegenden Minensucher T-51/»Pirmunas«.
Der Einsatz der Minenschiffe »Brummer« und »Roland« vom 24. bis 25. 8. sah auch die Boote der 3. S-Fl. dabei. Es galt nördlich von Kap Ristna auf Dagö die »Rusto-Minensperre« zu werfen. Die S-Boote hatten je 6 EMC-Minen an Bord und sicherten außerdem die beiden Minenleger.
Als am 28. 8. der Hafen von Reval von den Russen geräumt wurde, rief der F. d. T. um 13.00 Uhr die 1. S-Fl. an und befahl deren Einsatz. Die Boote S 39, S 40, S 101, S 26 und S 27 erhielten Befehl zur Sofortbereitschaft. Nachdem finnische Luftaufklärung einen großen russischen Schiffsverband gemeldet hatte, legten die Boote um 18.00 Uhr in Helsinki ab. Mit 24 kn Fahrt ging es auf Südkurs in den Konvoibereich, und nach 45 Minuten Fahrt wurde ein förmlicher Mastenwald gesichtet. Russische Zerstörer eröffneten das Feuer auf die deutschen Boote. Der Artilleriebeschuß steigerte sich dermaßen, daß keines der Boote angreifen konnte. Sie wichen aus, drehten abermals ein, um eine Lücke zu finden und wurden auch diesmal von der dichten Feuerwand aufgehalten. Als KKpt. Birnbacher ein drittes Mal angreifen ließ, erkannten die Feindzerstörer auch diesen Angriff und wiesen ihn durch massiertes Feuer ein drittes Mal ab. Der Flottillenchef brach den Angriff ab. Die Boote liefen nach Helsinki zurück.
Der ausbrechende sowjetische Schiffsverband verlor auf den deutschen Minensperren vor Reval 12 Kriegsschiffe und 42 Handelsschiffe. 23 Schlepper und Leichter fielen außerdem diesen Minen zum Opfer. 30 Schiffe wurden durch Minentreffer und Kollision beschädigt.
Damit ging das zweite Kriegsjahr zu Ende. Es hatte einen Einsatz der deutschen Schnellboote erlebt, der sich gegenüber den Feindfahrten des ersten Kriegsjahres bedeutend steigern konnte, weil die 3., 4. und 5. S-Fl. hinzugekommen waren.

Das dritte Kriegsjahr

DIE ALLGEMEINE LAGE

Bereits am 22. 8. 1941 schnitt Hitler beim Vortrag des Ob. d. M., Großadmiral Raeder, im FHQ in der Wolfsschanze die Frage der Entsendung von U-Booten ins Mittelmeer an. Zur Frage der Ausschaltung von Hangö beantragte die Seekriegsleitung die baldige Inbesitznahme dieser Insel; dies wurde zugesagt. Während dieser Besprechung führte Hitler außerdem aus, daß die Bedrohung Englands nie ganz aufhören dürfe, daß man dazu so viele englische Kräfte wie eben möglich fesseln müsse.

Die eigenen schweren Überwasserstreitkräfte, die von ihren ersten Einsätzen heimgekehrt waren, befanden sich noch in Reparatur, in der Überholung oder Erprobung, so daß weitere Atlantikoperationen von Schlachtkreuzern und Kreuzern nicht vor Anfang 1942 möglich sein würden. Hierzu erklärte der Ob. d. M., daß der Gedanke des Handelskrieges im Atlantik im Grunde der einzig richtige sei.

Die augenblicklichen Operationsgebiete der noch im Einsatz befindlichen Hilfskreuzer waren der westliche Pazifische Ozean, wo Schiff 16 im Einsatz stand, sowie der östliche Pazifische Ozean, wo Schiff 45 sich soeben zum Heimmarsch mit der wertvollen Prise »Kota Nopan« (mit Gummi und Zinn an Bord) rüstete.

Schiff 41 operierte im Indischen Ozean.

Darüber hinaus war ein Ostasienschiff als Blockadebrecher unterwegs, das Gummi an Bord hatte, während zwei weitere Blockadebrecher kurz vor dem Auslaufen standen und zwei neue Hilfskreuzer sich zum Auslaufen im Oktober und Ende November rüsteten. Der U-Boot-Einsatz hatte große Erfolge gezeigt, aber die immer stärker gesicherten feindlichen Geleitzüge machten nach den Ausführungen des hinzugezogenen B. d. U. die dreifache Zahl an U-Booten erforderlich. Die Überführung von U-Booten sowie von R- und S-Booten ins Mittelmeer wurden vorbereitet. Die ersten fünf Schnellboote wurden eingangs September herausgezogen. Es waren die Boote der 3. S-Flottille, die sich zum Einsatz in Afrika rüsteten. Bezüglich des Kanalgebietes und des Westraumes war eine stärkere Aktivität Englands durch den Ansatz neuer Schnellboote erkannt worden. Ferner war die Verstärkung der gegnerischen Angriffstätigkeit unter Ausnutzung der im Augenblick herrschenden deutschen Schwerpunktlage im Osten zu erwarten. Um diesen Angriffen besser begegnen zu können, wurde die Rückführung der Schnellboote aus dem Osten in Angriff genommen, damit ab Oktober wieder stärkerer Druck auf die englischen Küstenkonvoiwege ausgeübt werden konnte. Zunächst aber standen die Boote noch im Rußlandeinsatz.

EINSÄTZE IN DER ÖSTLICHEN OSTSEE

Am Abend des 7. 9. legten die Boote der 5. R-Fl. ostwärts Seiskaari eine Sperre aus 48 EMC-Minen. Die 1. S-Fl. sicherte diese Sperre mit 40 Sprengbojen. In der Nacht zum 11. 9. warf die 5. R-Fl. ostwärts Suursaari eine weitere Sperre mit 36 EMC-Minen, während die 1. S-Fl. sich mit 40 Sprengbojen am Werfen der Sperre beteiligte. Am 13. 9. startete schließlich die Eroberung der Insel Ösel. Von der Marine wurden dazu drei Scheinangriffe mit drei Scheinlandungen unternommen. Unter dem Codenamen »Westwind« wurde die 2. T-Fl. zusammen mit der 2. und 3. S-Fl. und mehreren anderen Einheiten von Libau aus gegen den Südwestteil von Ösel angesetzt. Von der Halbinsel Sworbe aus wurden die Boote am Nachmittag beschossen. Am Abend des 13. 9. und in den frühen Morgenstunden des 14. 9. wurde die russische HKL von der Westküste her beschossen. Der Angriff zweier MTB wurde abgewiesen. Die russische Führung fiel auf dieses Täuschungsmanöver herein. Die baltischen Inseln wurden erobert. Am 5. 10. waren alle Inseln in deutscher Hand.
Die 2. und 3. S-Fl. erhielten nun ihren Rückmarschbefehl, während die 1. S-Fl. bis Ende November von Helsinki aus operierte, ehe auch sie von der SKL den Rückmarschbefehl in die Heimat erhielt.

EINSATZRAUM WEST – KANAL UND ENGLISCHES KÜSTENVORFELD

Die 4. S-Fl., Kptlt. Bätge, stand auch im September zunächst noch allein im Kampf im Kanal und vor der englischen Küste. Ihr standen folgende Boote zur Verfügung:

S 41, Oblt. z. S. Popp,
S 42, Oblt. z. S. Karl Müller,
S 48, Oblt. z. S. von Mirbach,
S 49, Lt. z. S. Günther,
S 50, Oblt. z. S. Karcher,
S 51, Oblt. z. S. Hans-Jürgen Meyer,
S 53, Oblt. z. S. von Block,
S 64, Oblt. z. S. Wilcke,
S 104, Oblt. z. S. Rebensburg,
S 105, Lt. z. S. Howaldt,
S 109, Oblt. z. S. Bosse.

Bei einem Angriff am 7. 9. konnte S 50, Oblt. z. S. Karcher, den Dampfer »Duncarron« versenken, während S 42, Oblt. z. S. Karl Müller, den Norweger »Eikhaug« versenkte. Dieser Konvoiangriff vor der Küste von Norfolk veranlaßte den Gegner, weitere S-Boote und Geleitboote in den Süden zu verlegen. Damit war die Sinngebung des Kanaleinsatzes der S-Boote erreicht. Noch immer allein auf sich gestellt konnten die Boote der 4. S-Fl. auch am 17. 9. aus einem britischen Konvoi ostwärts Cromer Erfolge erzielen. S 51 versenkte den Dampfer »Teddington«, 4762 BRT, während S 50 den Dampfer »Tetela«, 5489 BRT, torpedierte, der mit Mühe eingeschleppt werden konnte.

Die nach dem Westen zurückgekehrte 2. S-Fl. unter Kptlt. Feldt, der KKpt. Petersen abgelöst hatte, welcher sich auf seine neue Aufgabe als Führer der Schnellboote vorbereitete, lief am Abend des 12. 10. mit den Booten S 41, S 47, S 53, S 62, S 101 und S 105 zum ersten Einsatz gegen einen britischen Konvoi nördlich von Cromer aus. Der britische Frachter »Chewington«, 1537 BRT, wurde gemeinsam von S 53, Oblt. z. S. Block, und S 105, Lt. z. S. Howaldt, versenkt. Der Frachter »Roy« mit 1768 BRT wurde ebenfalls vernichtet.

Über einen Monat später gelang es der 2. S-Fl. mit vier Booten an einen englischen Konvoi heranzuschließen, der vor Great Yarmouth gestellt wurde. Trotz heftigen Abwehrfeuers schlossen alle Boote heran. S 104, Oblt. z. S. Rebensburg, versenkte den britischen Marinetanker »War Methar«, 5502 BRT, S 105, Lt. z. S. Howaldt, den Dampfer »Aruba« und S 41, Oblt. z. S. Popp, den Frachter »Waldinge«, 246 BRT. In dem wilden Geschieße der Konvoisicherung erhielt S 41 zwei schwere Treffer. Verwundete und Tote

waren zu beklagen. Das Boot mußte auf dem Rückmarsch in Schlepp genommen werden.
Trotz dieser Beschädigung war es ein erfolgreicher Angriff auf einen stark bewachten Konvoi.
Am 24. 11. schloß sich ein Angriff der 4. S-Fl. an, die auf einen Konvoi angesetzt wurde, der ostwärts von Orfordness erreicht wurde. Die Boote S 50, S 51, S 52, S 109 und S 110 griffen im Abwehrfeuer der britischen Zerstörer und Geleitboote an. Der Tanker »Virgilia«, 5723 BRT, wurde von S 109, Lt. z. S. Bosse, torpediert und sank. Die Torpedos von S 52, Oblt. z. S. Karl Müller, trafen den niederländischen Frachter »Groenlo« und S 51, Oblt. z. S. Hans-Jürgen Meyer, konnte den Dampfer »Blairnevis«, 4155 BRT, torpedieren, der jedoch eingeschleppt wurde.
Noch im November startete die 4. S-Fl. zum nächsten Angriff und stellte am späten Abend des 29. 11. nordwestlich von Cromer einen britischen Konvoi, aus dem S 51 den Dampfer »Cormarsh«, 2848 BRT, herausschoß. S 52 versenkte die »Empire Newcomen«, die 2840 BRT groß war und S 64, Oblt. z. S. Wilcke, torpedierte den Kleintanker »Asperity« mit 699 BRT.
Inzwischen waren auf ihren Überführungsmarsch ins Mittelmeer die ersten Boote der 3. S-Fl. unter Kptlt. Kemnade in ihrem neuen Kampfgebiet eingetroffen und sollten dieses nicht wieder verlassen. Sie starteten am 16. 12. zur ersten Minenunternehmung, denen bis Jahresende weitere Minenunternehmungen folgten (siehe Kapitel: Der Schnellbooteinsatz im Mittelmeer).

ALLGEMEINE ÜBERSICHT

Mit Beginn des Jahres 1942 war das Hauptoperationsgebiet der deutschen Schnellboote nach wie vor der Kanal sowie die südlichen Küsten Englands. Hier wurde der Kampf der kleinen schnellen Boote gegen eine an Zahl und Größe vielfach überlegenen Gegner mit aller Härte geführt, ohne daß die Grenzen der Fairness überschritten wurden. Waren erst einmal die feindlichen Schiffe versenkt, dann beteiligten sich auch die versenkenden Boote am Bergen der Seeleute, wenn die Feindlage dies zuließ. Das war ein ungeschriebenes Gesetz auf See und die Schnellbootkommandanten achteten dieses ungeschriebene Gesetz.

Was einzig und allein galt, war die Unterbindung der Versorgung der britischen Industriezentren von London und der Themsehäfen. Die durch den Kanal dorthin laufenden Handelsschiffe mußten versenkt werden. Dies war eine der Hauptschlagadern der Britischen Inseln.

Die zweite Hauptschlagader verlief entlang der Ostküste bis hinunter zur Themse. Hier im Küstengebiet der Südostküste, bündelte sich der Schiffsverkehr derart, daß die angreifenden Schnellboote nicht lange zu suchen und auch keine Meldung über Konvois abzuwarten brauchten. Hier herrschte immer Verkehr; hier konnten immer Schiffe angegriffen und versenkt werden.

Dieser Tatsache hatte allerdings auch der Gegner Rechnung getragen und dort eine Menge an Zerstörern und Geleitbooten, an Schnellbooten und Motorkanonenbooten eingesetzt.

Im Westraum, in den Häfen der Atlantikküste und des Kanals waren mit Beginn des Jahres 1942 wieder sämtliche verfügbaren Schnellboot-Flottillen eingesetzt. Es waren die:

2. S-Flottille: – KKpt. Feldt,
4. S-Flottille: – KKpt. Bätge,
5. S-Flottille: – KKpt. Klug,
6. S-Flottille: – KKpt. Obermaier.

Die 6. S-Flottille war bereits im März 1941 neuaufgestellt worden. Nunmehr kam sie zum vollen Einsatz, nachdem sie genug Boote zur Verfügung hatte.

In diesen Flottillen standen im Verlauf des Jahres 1942 rund 40 Boote im Einsatz. Dies war bei einer Sollstärke von 42 Booten fast optimal. Doch bis zum Herbst verringerte sich ihre Zahl durch Verluste auf 24 Boote im Oktober 1942.

Da die britische Führung wußte, daß die Schnellboote ihr einziger Gegner im Kanalgebiet und vor der englischen Südostküste waren, hatte sie bis eingangs Januar 1942 immer neue Anstrengungen unternommen, um diese schnellen Boote abzuwehren und vernichten zu können.

Starke Motorbootkanonenverbände wurden aufgestellt. Zerstörergruppen, mit den kleinen wendigen »Hunt-Zerstörern« ausgerüstet, wurden zusammengestellt und im Ballungsgebiet des Schiffsverkehrs eingesetzt. So kam es, daß die alte Schnellboottaktik, nach welcher die Boote noch im Jahr 1941 oftmals stundenlang auf den Zwangswechseln der Geleitzüge auf der Lauer lagen, nicht mehr

durchzuführen war. Eine neue Taktik bildete sich heraus, die von den Flottillenchefs und den Bootskommandanten mehr und mehr entwickelt und ausgefeilt wurde. Es war die »Stichfahrt«.
Bei dieser Stichfahrt handelte es sich um eine Schwerpunktbildung an einem bestimmten Einsatzort. Der Einsatz verlief nach einem Schema, das im folgenden festgehalten werden soll:
Einsatz mehrerer Flottillen, die in breiter Formation in ein bestimmtes Seegebiet liefen und dabei eigene Aufklärung betrieben. Bis 10 sm vor dem feindlichen Verband wurde so verfahren. Dann zog sich der Verband flottillenweise auseinander und lief auf breiter Front bis auf 5 sm an den Geleitzugweg heran. Von hier aus stießen die abermals in Rotten zu jeweils zwei Booten aufgeteilten Flottillen in 2 sm auseinanderliegende Ansatzpunkte des Geleitzugweges vor. Dadurch wurde der Geleitzugweg und somit auch der Geleitzug von vielen einzelnen Kampfgruppen angegriffen. Dies wiederum zersplitterte die gegnerische Abwehr. Sobald nämlich eine S-Boot-Rotte von Feindzerstörern erkannt und beschossen wurde, hatte diese Rotte die Feindzerstörer oder sonstige Geleitsicherungsfahrzeuge zu binden. Dadurch ergaben sich für die Nachbarrotten immer wieder Gelegenheiten zu schnellen Angriffen auf ungeschüzte Konvoiteile. Die einzelnen Rotten erhielten ihre genauen Sektoren, in denen sie anlaufen konnten und ebensolche Sektoren zum Ablaufen.
Neben dem Torpedoeinsatz gegen feindliche Geleitzüge war auch der Mineneinsatz für die Schnellboote von großer Bedeutung. Die sehr schnellen Boote konnten – wenn auch nur jeweils wenige – Minen rasch vor die feindliche Küste bringen und überall ablegen. Dies zwang den Gegner zum Einsatz starker Räumboot-Flottillen. Daß immer wieder Dampfer auf diesen Minen sanken, vermehrte die Wirksamkeit der Schnellbooteinsätze.
Durch den raschen Wechsel von Torpedo- und Mineneinsatz wurden die Schnellboote zu einem der gefürchtetsten Gegner der englischen Versorgungsschiffahrt.

DAS UNTERNEHMEN »CERBERUS«.

Das Jahr 1942 sah den ersten großen Schnellbooteinsatz im Unternehmen »Cerberus«, wie die Codebezeichnung für den Durchbruch durch den Kanal lautete, den die Schlachtschiffe »Scharnhorst« und »Gneisenau« sowie der schwere Kreuzer »Prinz Eugen« am 12. 2. 1942 aus dem Hafen von Brest wagten. Zielhafen dieser drei großen Schiffe war Kiel. Neben Zerstörern und Torpedobooten (siehe Volkmar Kühn: »Torpedoboote und Zerstörer im Einsatz 1939 bis 1945«) waren auch Schnellboote als Deckungsstreitkräfte eingesetzt. Und zwar die gesamte 2. S-Fl., KKpt. Feldt, die 4. S-Fl., KKpt. Bätge und die 6. S-Fl., KKpt. Obermaier.

Die 4. S.-Fl., die auf der Backbordflanke dieses Geleits lief, begann zu nebeln, als feindliche Flieger angriffen. Zwei Spitfire stürzten sich auf die Boote. Sie wurden im zusammengefaßten Feuer abgewiesen. Danach griffen 5 englische MTB an. Es waren die unter dem Kommando von KKpt. Pumphrey stehenden in Dover stationierten MTB, die einen Angriff auf die Schlachtschiffe fahren wollten. Die 4. S-Fl. drängte die angreifenden Boote ab. Dennoch versuchte MTB 221, auf Parallelkurs mitlaufend, eine Lücke zu finden. KKpt. Pumphrey, an Bord des Führerbootes MTB 221, sichtete bereits die Schlachtschiffe. Hinter ihm lief MTB 219, Oblt.z.S. Arnold-Foster. Dahinter folgten MTB 45, Kptlt. Gamble, und MTB 44, Oblt.z.S. Saunders. Den Schluß machte MTB 48, dessen Kommandant Oblt.z.S. Law war. Die deutschen S-Boote, die die Backbordflanke zu sichern hatten, erhöhten ihre Fahrt, um die Flanke wirkungsvoll abzuschirmen. Als KKpt. Pumphrey Befehl gab, diese Sicherungskette zu durchbrechen, wurden seine Boote von einem dichten Abwehrfeuer aus allen Waffen der S-Boote empfangen.

Während MTB 221 seine beiden Torpedos auf die »Scharnhorst« abschoß, wurde das Boot voll vom Feuer der deutschen S-Boote eingedeckt. MTB 219 und MTB 48 wurden ebenfalls durch Schnellfeuer abgedrängt. Damit war dieser Angriff der englischen Motortorpedoboote abgewehrt.

Jene drei MTB aber, die eine halbe Stunde später unter Führung von Kptlt. D.J. Long aus Ramsgate ausliefen, um auf die Schlachtschiffe zum Schuß zu kommen, stießen auf die aus Zerstörern und S-Booten gebildete deutsche Nachhut und wurden ebenfalls abgewiesen. Der Gegner hatte das Gefecht um die Beherrschung des »engen Meeres«, wie der Kanal auch genannt wurde, verloren. Die Schlachtschiffe und der schwere Kreuzer »Prinz Eugen« kamen durch. Daran hatten auch die S-Boote ihren Anteil.

Der nächste Angriff von Booten der 2. S-Fl. auf einen britischen

Konvoi im Kanal brachte abermals einen Feuerkampf zwischen S-Booten und den feindlichen Zerstörern und MTB, denen es gelang, die deutschen S-Boote abzudrängen. Allein S 70, Oblt. z. S. Klose, kam zum Schuß und versenkte den Frachter »Horseferry«.
Zu einer Minenunternehmung im Kanal liefen am 14. 3. die Boote der 4. S-Fl. aus. Vor der britischen Südostküste sollte eine neue Minensperre geworfen werden. Bei diesem Einsatz lief S 53 unterwegs auf eine Mine und sank. Britische Motorkanonenboote eröffneten das Feuer auf die deutschen Boote. Nach hartem Gefecht, bei dem einige Gegnerfahrzeuge Treffer erhielten, wurde S 111 so schwer getroffen, daß es bewegungslos auf der See liegenblieb. Während zwei S-Boote das manövrierunfähige Kameradenboot abschirmten, lief ein drittes heran und barg die Besatzung. Dann wurde versucht, S 111 abzuschleppen. Als dieser Versuch nicht gelang, mußte das Boot aufgegeben werden; es sank.
Verfolgt von Zerstörern gelang es S 104, Oblt. z. S. Roeder, den britischen Zerstörer »Vortigern« durch Torpedoschuß auf 53° 52' Nord und 01° 28' Ost zu versenken.
Während diese und die nächsten Schnellbooteinsätze liefen, verlegte die 1. S-Fl. bereits ins Schwarze Meer. Die Schnellbootwaffe hatte inzwischen erhebliche Verluste erlitten. Dennoch liefen die wenigen Boote immer wieder aus zu Unternehmen, die oftmals keine zählbaren Erfolge brachten, die aber immer den Gegner in Atem hielten und ihn zwangen, beträchtliche Streitkräfte zur Abwehr dieser deutschen Angriffe an der Süd- und Südostküste zu binden.
Da neben dem erbitterten Einsatz der U-Boote im Zufuhrkrieg als Angriffswaffe nur noch die Schnellboote in Frage kamen, wurde am 20. 5. 1942 die Dienststelle des F. d. T. – dem die S-Boote bis dahin unterstanden hatten – aufgelöst. Die Torpedoflottillen traten unter den Befehl des Führers der Torpedoboote und Zerstörer. Die Dienststelle des Führers der Schnellboote wurde gleichzeitig damit eingerichtet. F. d. S. wurde Fregattenkapitän Petersen, der die 2. S-Fl. bis zum Oktober 1941 geführt und sich danach auf seine neue Dienststellung vorbereitet hatte. Petersen wurde wenig später Kapitän z. S. und Kommodore.
Truppendienstlich war der F. d. S. unmittelbar dem Flottenkommando unterstellt, operativ unterstand er dem Marinegruppenkommando West. Einzelne S-Bootflottillen unterstanden jedoch

oftmals auch örtlichen Seebefehlshabern.
Der nächste große Erfolg der Schnellboote gelang, als am 9. 7. 1942 ein britischer Konvoi in der Lyme-Bay nach dem neuen Stichfahrtverfahren angegriffen wurde. Alle Boote der 2. S-Fl., Kptlt. Feldt, waren im Einsatz. S 48, S 50, S 63, S 67, S 70, S 104 und S 109 versuchten, zum Schuß zu kommen. In einem risikoreichen, aber zugleich auch erfolgreichen Anlauf gelang es S 67, Kptl. Zymalkowski, den britischen Motortanker »Pomella«, 6766 BRT, zu versenken. Der Fischdampfer »Manor« wurde von S 63, Oblt. z. S. Karcher, torpediert und sank. Der norwegische Dampfer »Bokn« fiel den Torpedos von S 70, Oblt. z. S. Klose, zum Opfer und die »Rösten«, ebenfalls ein Norweger, ging unter, als S 109, Oblt. z. S. Dross, sie torpedierte. Ein dritter Norweger, die »Kongshaug«, wurde von S 48, Kptlt. von Mirbach, versenkt und als sechstes Schiff dieses Konvois ging der Niederländer »Reggestrom«, 2835 BRT, nach einem Torpedoschuß von S 50, Oblt. z. S. Günther, für immer auf Tiefe.
Nach einigen weiteren Einsätzen, nach erregenden Nachtgefechten und Mineneinsätzen, ging das dritte Kriegsjahr im Kanal zu Ende.
Wenden wir uns den Geschehnissen des neuen Schnellbootkampfplatzes Mittelmeer zu, wo deutsche Schnellboote seit Dezember 1941 im Einsatz standen.

Deutsche Schnellboote im Mittelmeer

DAS JAHR 1942 – DIE ZEIT DER ERSTEN ERFOLGE.

Im November 1941 wurde die 3. Schnellboot-Flottille aus ihrem Einsatzraum im Finnischen Meerbusen herausgelöst und über den Rhein, den Rhein-Rhône-Kanal und die Rhône ins Mittelmeer verlegt.
Im Januar/Februar trafen die Boote dieser Flottille in ihren Einsatzhäfen La Spezia, Gaeta, Augusta und Porto Empedocle ein. Flottillenchef war Korvettenkapitän Kemnade, der diese Flottille auch am 15. 5. 1940 in Kiel aufgestellt hatte. Bis zum Verlegungsmarsch der Flottille ins Mittelmeer hatte sie an der holländischen Küste, im Kanal und im Finnischen Meerbusen im Einsatz gestanden.
Am späten Abend des 14. 2. 1942 liefen die ersten Boote zur Bekämpfung eines von Alexandria nach Tobruk laufenden britischen Geleitzuges aus.
Während der ersten Einsätze erkannte Korvettenkapitän Kemnade die Schwierigkeiten der Schnellbootfahrt im Mittelmeer. Er forderte im Hinblick auf die von der Flottille durchzuführenden Minenunternehmungen, daß die Boote nur auf gemeldete Geleitzüge und Einzeldampfer in der Sizilienstraße angesetzt werden sollten. Beim Marinebefehlshaber Italien in Rom, erhielt er auf einer Besprechung am 18. 2. 1942 von Vizeadmiral Weichold Weisung, die Möglichkeiten des Einsatzes seiner Flottillie von der Sudabucht (Kreta) aus mit Absprung nach Brennstoffergänzung auf einem Ankerplatz bei der Halbinsel Phönix (an der Südküste von Kreta) nach Nordafrika zu überprüfen.
Mit dem Vorstoß des deutschen Afrikakorps auf die Gazalastellung wurde schließlich der Hafen Derna als neuer Einsatzhafen frei. Die Einsätze des Frühjahrs waren: Minenunternehmungen von Augusta aus gegen Malta, Störung des britischen Nachschubverkehrs nach dem eingeschlossenen Tobruk, Torpedoeinsätze gegen Malta und Minenoperationen vor dem britischen Haupthafen im ostwärtigen Mittelmeer, Alexandria.
Am 19. 4. liefen die Boote S 63, S 54, S 56, S 33, S 34, S 31 und S 58 zu einem Minenunternehmen gegen La Valetta, dem Haupthafen

Boote der 3. S-Boot-Flottille im Dortmund-Ems-Kanal auf dem Marsch ins Mittelmeer.

Ein Boot der 3. S-Boot-Flottille im Rhein-Rhône-Kanal zwischen Mühlhausen und Straßburg.

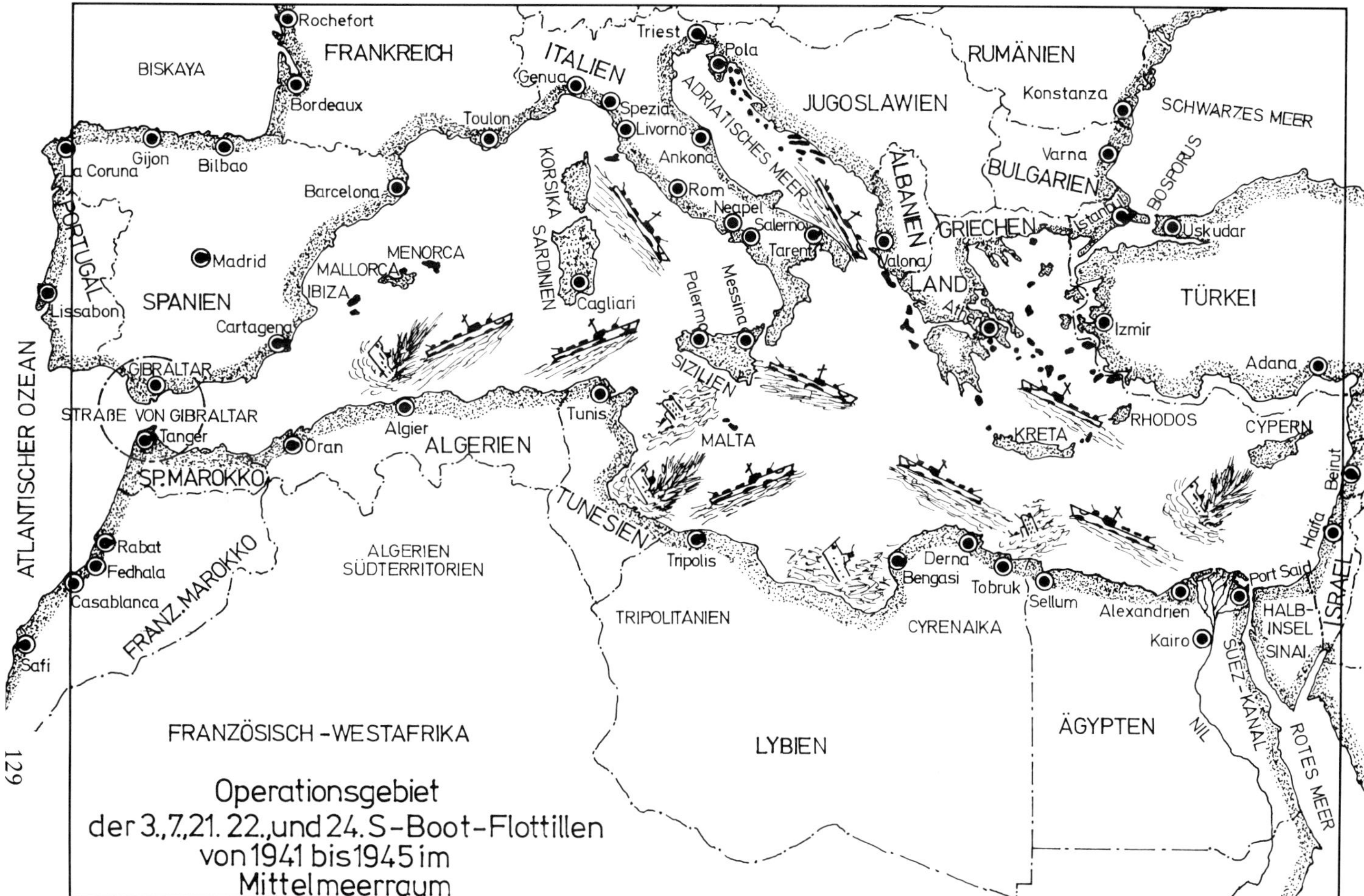
Operationsgebiet
der 3.,7.,21. 22.,und 24. S-Boot-Flottillen
von 1941 bis 1945 im
Mittelmeerraum
BISKAYA
FRANKREICH
Rochefort
Bordeaux
Toulon
Genua
ITALIEN
Triest
Pola
Spezia
Livorno
Ankona
Rom
Neapel
Salerno
Tarent
Messina
Palermo
SIZILIEN
MALTA
ADRIATISCHES MEER
JUGOSLAWIEN
RUMÄNIEN
Konstanza
SCHWARZES MEER
Varna
BULGARIEN
BOSPORUS
Istanbul
Uskudar
TÜRKEI
Izmir
Adana
ALBANIEN
Valona
GRIECHENLAND
Athen
KRETA
RHODOS
CYPERN
Beirut
Haifa
ISRAEL
Port Said
HALB-
INSEL
SINAI
SUEZ-KANAL
ROTES MEER
NIL
Kairo
Alexandrien
ÄGYPTEN
Sellum
Tobruk
Derna
Bengasi
CYRENAIKA
LYBIEN
Tripolis
TRIPOLITANIEN
TUNESIEN
Tunis
ALGERIEN
Algier
Oran
ALGERIEN
SÜDTERRITORIEN
FRANZÖSISCH-WESTAFRIKA
SP. MAROKKO
Tanger
STRAßE VON GIBRALTAR
GIBRALTAR
FRANZ. MAROKKO
Rabat
Fedhala
Casablanca
Safi
ATLANTISCHER OZEAN
PORTUGAL
Lissabon
La Coruna
Gijon
Bilbao
SPANIEN
Madrid
Cartagena
Barcelona
MALLORCA
MENORCA
IBIZA
KORSIKA
SARDINIEN
Cagliari

Karte 6

von Malta, aus. Wegen Motorschadens mußte S 34 nach Augusta zurückkehren. Die übrigen legten ihre Minen vor dem Hafen.
Während des nächsten Einsatzes gegen Malta am 17. 5. 1942 kam es zu einem Duell mit britischen leichten Seestreitkräften. S 34 erhielt einen Artillerietreffer in die Abteilung IV an Steuerbord und blieb bewegungslos liegen. Im Feuer des Gegners lief S 59 zur Hilfeleistung heran und übernahm die Besatzung. Das schwer beschädigte Boot wurde durch Sprengpatronen versenkt. Die drei übrigen Boote liefen unbeschädigt in Augusta ein. Es waren: S 59, S 58 und S 35. Mit dem Verlust von S 34 hatte die 3. Schnellboot-Flottille ihr zweites Boot im Mittelmeer verloren, denn bereits am 10. 5. war S 31 nahe La Valetta auf eine Mine gelaufen und gesunken.
Nach der Überführung der ersten Bootsgruppe in den nordafrikanischen Hafen Derna, erhielt Korvettenkapitän Kemnade vom Befehlshaber des Führungsstabes Nordafrika den ersten Einsatzbefehl zu einem Erkundungsvorstoß in das Seegebiet vor der feindlichen Küste. Die gestellte Aufgabe lautete:
»Feststellung feindlichen Nachschubverkehrs und Angriff auf alle Einheiten, die diesem Zweck dienen. Günstige Gelegenheiten zur Vernichtung von Bewacherstreitkräften sind auszunutzen.«
In Verfolg dieses Auftrages beabsichtigte Korvettenkapitän Kemnade das Seegebiet westlich und ostwärts von Tobruk in Sichtweite der Küste mit Bootsabständen von 4 sm aufzuklären. Mit S 54 als Führerboot, S 57, S 30 und S 58 lief Kemnade aus. Das Führerboot stand am weitesten südlich herausgesetzt. Es war S 54, Olt. z. S. Schmidt. Hier der KTB-Bericht dieses Unternehmens:
Das Boot lief mit Kurs Ost und 15 kn Fahrt, als der Posten Ausguck »Schatten steuerbord voraus!« meldete. Der Bootsmann meldete weiter an den Kommandanten:
»Schatten in Kompaßpeilung 120°!«
»Auf 24 kn Fahrt gehen. Auf Schatten zuhalten. UK-Befehl an S 57: Heranschließen!« befahl Korvettenkapitän Kemnade.
Langsam kam der Schatten näher. Es schien ein Zerstörer zu sein.
»Steuert 90°!« meldete der Bootsmann.
»UK-Befehl an alle: Feind steuert 90°. Wahrscheinlich Zerstörer!«
»Nach Süden ausholen, zum Vorsetzen!« befahl der Flottillenchef.
Der Befehl wurde durchgegeben. Mit 26 kn Fahrt jagte S 54 nach Süden und ein wenig später erkannte man, daß es kein Zerstörer war, den sie jagten, sondern ein schneller Dampfer von 5000 bis

In Kiellinie und mit hoher Fahrt laufen die Boote der 3. S-Boot-Flottille in ihr Operationsgebiet.

6000 Tonnen. S 54 setzte zum Angriff an. Die Nummer Eins arbeitete bereits am Torpedozielgerät!
»Rohre fertigmachen!«
Die Rohrdeckel öffneten sich. Der Druck der Preßluft wurde eingetrimmt. Das Boot war klar zum Schuß. Da entdeckte der Ausguck einen weiteren Schatten:
»Zerstörer, Steuerbord voraus!« meldete er.
»Alarm!«
»Meldung an alle: Ein Dampfer, ein Zerstörer auf Ostkurs voraus; mittlere bis hohe Fahrt, Standort Riese (Tobruk–Ansteuerungstonne) in 57°, 4,5 sm.«
Gegen 23.30 Uhr drehte der Zerstörer auf Südkurs. Der Dampfer behielt ostwärtigen Kurs bei.
»An Torpedowaffe: Beide Rohre klar!«
»Achtung!«
»Backbordrohr – los! Steuerbordrohr – los!«

Beide Torpedos liefen und gingen – vorn am Dampfer vorbei, der inzwischen fast gestoppt lag.
In diesem Augenblick meldete der Ausguck einen zweiten Zerstörer achteraus vom Dampfer. Es war ein großer Zerstörer mit zwei Schornsteinen.
»UK-Befehl an alle: Ein zweiter Zerstörer achteraus vom Dampfer.«
Der Befehlsübermittler gab den Befehl durch und nacheinander bestätigten die Boote.
In Fahrt wurden beide Torpedorohre nachgeladen. Diesmal wollte Kemnade auf den Dampfer zum Schuß kommen. Mit knapp 10 kn Fahrt schob sich sich S 54 an den Dampfer heran, der inzwischen wieder mehr Fahrt aufgenommen hatte. Mehr und mehr lief er nun in das mattrot schimmernde Fadenkreuz des Zielapparates hinein. Abermals wurden beide Rohre abgeschossen und wieder gingen die Torpedos vorn am Dampfer vorbei. Damit hatte sich S 54 verschossen. Das Boot drehte ab, um in dem herrschenden Mondlicht nicht von dem achteraus stehenden Zerstörer gesehen zu werden. Über die FT-Verständigung führte S 54 nun die übrigen Boote heran. Drei Minuten darauf meldete der BÜ des Flottillenbootes:
»K S 57 an Flo-Chef: Greife an!«
Wenig später meldeten S 58 und S 57 abermals. Aber alle Torpedos, die auf den Dampfer geschosssen wurden, waren Fehlschüsse. Dann meldete sich S 57:
»K S 57 an Flo-Chef: Greife achteraus stehenden Zerstörer mit Einzelschuß an!«
Die Ferngläser des Kommandanten und des Flottillenchefs richteten sich auf den achtern laufenden Zerstörer. Plötzlich sahen sie dort, wo dieser Zerstörer lief, eine schwarze Detonationssäule emporspringen und mitten aus dieser Säule loderten Flammen heraus. Dann hörten sie ein dumpfes Krachen. Sekunden darauf stoben auch aus dem Achterdeck dieses Zerstörers Flammen in die Höhe. Dicke Funkenschwaden stoben gen Himmel. Zwei, drei Munitionsexplosionen dröhnten durch die Nacht.
»Vorn laufender Zerstörer dreht über Nord auf West zur Detonationsstelle, Herr Kapitän!« meldete Oberleutnant Schmidt.
»UK-Befehl an alle: Zerstörer erst nach Rettungsaktion angreifen. Dampfer geht vor!«
Die Boote bestätigten und S 54 lief zwischen dem Geleitzug und der

Küste weiter, um Fühlung zu halten und etwa abgekommene Boote wieder heranzuführen.
Als gegen Mitternacht auch das letzte Boot den Geleitzug gefunden hatte, war der von S 57 torpedierte Zerstörer gesunken. Der Dampfer aber hielt sich. Nacheinander wurden von S 54, S 57, S 30, S 58 insgesamt 15 Torpedos geschossen. Nur einer traf sein Ziel: den Zerstörer.
Korvettenkapitän Kemnade gab den Befehl zum Rückmarsch nach Derna. Am nächsten Abend, man schrieb den 4. 6. 1942, liefen abermals S 54, S 57, S 30 und S 58 zu einem Torpedoeinsatz im Gebiet um Tobruk und Ras Azzaz aus Derna aus.
Nach der Luftaufklärung des 4. 6. war der in der vergangenen Nacht beschossene Dampfer nach Tobruk eingelaufen und Kemnade entschloß sich, bis zur Hafeneinfahrt vorzudringen und den in der Bucht liegenden Dampfer anzugreifen.
Als sie sich dem Hafenbereich von Tobruk näherten, wurden nacheinander Schatten auf dem Nord- und Südufer der Bucht gesichtet. Es waren Dampfer. S 54 lief in den Hafenbereich von Tobruk hinein und schoß zwei Einzelschüsse auf die Dampfer. Einer der beiden Torpedos traf. Aus einem Dampfer stob eine dicke Rauchwolke in die Höhe, Flammen flackerten auf.
Währenddessen drehte S 54 und während es wieder in einem großen Bogen auf Angriffsposition lief, waren die Rohre nachgeladen und um 23.27 und 23.28 Uhr jagten die beiden nächsten Torpedos aus den Rohren, klatschten aufs Wasser und liefen den Zielen entgegen. Der zweite Dampfer wurde getroffen.
Da keine Ziele im Hafen lagen, ließ Kemnade die Boote abdrehen und mit 9 kn Fahrt von der Küste absetzen. Alle vier Boote erreichten unangefochten Derna. Die beiden torpedierten Dampfer sind nach Aufklärungsmeldungen der nächsten Tage gesunken.

DAS NACHTGEFECHT – KREUZER »NEWCASTLE« VERSENKT.

Am Abend des 14. 6. wurde die 3. Schnellboot-Flottille gegen einen von Alexandria nach Malta laufenden Konvoi angesetzt. Es war der Konvoi »Vigorous«, der unter dem Befehl von Admiral Vian Alexandria am 13. 6. verlassen hatte. »Vigorous« sollte mit 7 Kreuzern und 17 Zerstörern zwei Gruppen Handelsschiffe aus Haifa und Port

Said in Höhe von Tobruk aufnehmen und nach Malta geleiten. Der Konvoi wurde am 14. 6. von der Luftwaffe erfaßt und angegriffen. Am Abend dieses 14. 6. und am 15. 6. wurde der Konvoi mehrfach umdirigiert, so daß Stukas und Ju 88 wieder zum Schuß und Bombenwurf kamen.
Mit sechs Booten lief die 3. Schnellboot-Flottille um 18.00 Uhr aus. Eine Stunde später teilte Korvettenkapitän Kemnade die Flottille in zwei Gruppen zu jeweils drei Booten.
Um 20.03 sichtete S 56 den Konvoi. Die erste Gruppe bekam vorübergehend Kontakt mit den Handelsschiffen. Die zweite Gruppe aber fand die Handelsschiffe nicht. Dann aber sichtete das Führerboot die Schiffe und Kemnade befahl:
»Alle Quadrat 5257. Feind steuert 260°. Fahrt 14 kn – Halten Fühlung im Kielwasser.«
Alle sechs Boote liefen nun mit hoher Fahrt auf westlichen und östlichen Kursen hin und her und versuchten, an die Handelsschiffe heranzukommen. Doch die Zerstörer wiesen die heranschließenden Boote immer wieder durch dichtes Feuer ab. Um 00.15 Uhr ließ S 54, das Führerboot, über Funk alle Boote verständigen:
»Quadrat 5182 obere Kante Mitte. Fühlung halten an Zerstörer, Kurs Nordwest, mittlere Fahrt.«
Um 01.25 erhielt S 59 vom Flottillenchef Schußerlaubnis auf zwei Zerstörer, die nach der Meldung des Bootes in günstiger Position standen. Die beiden geschossenen Torpedos gingen fehl. Um 01.39 Uhr ließ Kemnade einen UK-Spruch durchgeben:
»Flo-Chef an S 56 und S 59: Vorstoßen ab 01.40 Uhr von Quadrat 5156 bis 5183, Kurs 300°, 26 kn.«
Unmittelbar nach 02.00 Uhr schoß S 58 beide Torpedos auf einen Zerstörer. Wieder waren es Fehlschüsse. Dann erkannte Oberleutnant zur See, Wuppermann, den Gegner und was geschah, berichtete er folgendermaßen:
»PO 249, Quadrat CO 5192 RKO. Habe Gegner im Visier. Bin sicher, daß es ein Kreuzer ist. Feind steuert 150° und läuft 15 kn. Meine Lage ist 40° , Entfernung 1000 m. Der hinter mir stehende Zerstörer ist durch mein Kielwasser durchgeschoren und steht Steuerbord achteraus von mir. Enfernung etwa 500 m. Der in der Sicherung vorn stehende Zerstörer steht Steuerbord voraus vor dem Kreuzer, etwa 800 m von mir entfernt. Ich lasse auf den Kreuzer zudrehen und will im Zudrehen um 02.50 Uhr schießen. Erst kurz

vorher ist genügend Ausstoßluft auf den Preßluftflaschen. – – –
In diesem Augenblick, als ich noch den viereckigen großen Gefechtsturm und davor zwei oder drei Türme mit jeweils Zwillings- oder Drillingsrohren und die davor aufragende Kreuzerback und den Bug gesehen hatte, ging auf dem Kreuzer der Scheinwerfer am vorderen Mast an und ich lag genau in seinem Lichtkegel. Bin selbst vollkommen geblendet.– – –
Ich befahl: »Backbord fünnef! – Beide Rohre fertig!«
Kurz vor dem Eindrehen meines Stevens in den Scheinwerfer machte ich den Steuerbordtorpedo los. Den Backbordtorpedo löste ich kurz darauf genau in den Scheinwerfer hinein. Beide Aale wurden von mir ›über den Daumen‹ losgemacht, weil die Nummer 1 am Zielgerät nichts erkennen konnte, da sie sich genau im Zentrum des Scheinwerferkegels befand.
Die eingestellte Lage war 60. Fahrt 15 Knoten. Geschätzte Entfernung kurz vor dem Schuß zwischen 500 und 700 m.
Nach Lösen des Backbordtorpedos erfaßte mich ein zweiter Scheinwerfer vom achteren Mast des Kreuzers. Nun lag ich genau im Brennpunkt beider Scheinwerfer und alle Männer auf der Brücke waren geblendet. Ich befahl:
›Hart Steuerbord! – Backbordmaschine Große Fahrt voraus. Mitte Halbe Fahrt voraus. Steuerbordmaschine stop!‹
So kam das Boot am schnellsten herum. Mit einem Blick nach achtern erkannte ich, daß der hinter mir stehende Zerstörer beinahe bis auf 120 m herangekommen war. Sein Steven und seine Brücke waren vom Scheinwerferlicht des Kreuzers angestrahlt. In diesem Moment eröffnete der Zerstörer das Feuer mit leichten Flawaffen.
02.50 Uhr, 34 Sekunden: Beide Scheinwerfer erlöschen schlagartig. Steuerbordtorpedo hat im Vorschiff getroffen. Dort geht Munition hoch; es sieht wie ein Feuerwerk aus. Wenige Sekunden darauf eine zweite Detonation, und wo bisher noch das Mittelschiff des Kreuzers zu sehen war, stieg eine schwarze Qualmwolke mit einer noch höheren Dampfwolke aus dem Mittelschiff heraus.
Noch immer peitschten die Flawaffen des Zerstörers. Aber nun ging ich auf 180° und ließ alle Maschinen AK laufen. Mit 33 kn Fahrt jagte ich durch die See und beobachtete im Ablaufen den getroffenen Kreuzer. Dann mußte ich meine Aufmerksamkeit den beiden Zerstörern widmen, zwischen denen ich stand.
Um 02.50 Uhr: Der Backbord achteraus stehende Zerstörer eröff-

nete wiederum das Feuer aus seinen Flawaffen. Ich begann zu nebeln.
Kurz darauf stand ich nun beinahe Steuerbord quer vor dem vorderen Jervis-Zerstörer, als dieser zu dem achtern von mir stehenden und immer noch schießenden Zerstörer herübermorste, weil er von dessen Feuer getroffen wurde. Sofort verstummten die Waffen auf dem achteren Zerstörer. – – –
Der mich verfolgende Zerstörer folgte genau im Kielwasser und blieb mir bis 03.20 auf den Fersen. In dieser Situation traf ein FT-Spruch vom Chef ein:
»Auf nach Osten laufenden Zerstörer achten!«
Es war der Kreuzer »Newcastle«, der hier gesunken war. Ein weiterer Erfolg war S 55 beschieden, das unter Oberleutnant z. See Weber den Zerstörer »Hasty« torpedierte.
Damit hatte die Schnellboote Angriffsschwung und Einsatzbereitschaft gegen weit überlegenen Gegner unter Beweis gestellt. Korvettenkapitän Kemnade erhielt am 23. 7. 1942 das Ritterkreuz.
In der Operation »Pedestal« lief zwischen dem 10. und 15. 8. wieder ein großer Nachschubkonvoi der Engländer. Zu seiner Abwehr waren neben den Luftstreitkräften auch deutsche U-Boote eingesetzt und schließlich griffen auch einige Boote der 3. Schnellboot-Flottille und Boote der italienischen Decima Flottiglia MAS in den Kampf ein.
Es waren S 30, Oberleutnant z. See Weber, S 31, Oberleutnant z. S. Brauns und S 59, Oberleutnant z. See Müller, die gemeinsam mit den italienischen Booten MS 16, MS 22 und MS 31 angegriffen. Hierzu stießen die beiden Boote MAS 554, Oberleutnant Calcagno und MAS 577, Leutnant Cafiero.
Die Transporter »Rochester Castle«, »Santa Elisa«, »Almeria«, »Lykes« und »Wairangi« wurden torpediert. Die beiden letzteren sanken sofort. S 30 und S 31 waren mit je einem Dampfer an den Versenkungen beteiligt. S 59 blieb erfolglos.
Der Herbst und Spätherbst brachte einige kleinere Einsätze und im November 1942 gingen die Boote der 7. Schnellboot-Flottille ins Mittelmeer.
Korvettenkapitän Trummer hatte die Flottille im Oktober 1941 aufgestellt. Als die Boote der Flottille im Mittelmeerraum eintrafen, wurde aus den beiden nun vorhandenen Flottillen die 1. Schnellboot-Divison gebildet.

Deutsche Schnellboote im Schwarzen Meer

DIE ÜBERFÜHRUNG INS SCHWARZE MEER

Nachdem die Überführung von Schnellbooten ins Mittelmeer über Rhein und Rhône gelungen und ihre Einsätze erfolgreich waren, verlegte im Frühjahr 1942 die 1. S-Fl. unter KKpt. Birnbacher ins Schwarze Meer.
Die Boote, die aus dem Einsatz im Finnischen Meerbusen kamen, wurden zunächst in Kiel in der Werft überholt. Hier erfolgte der Aus- und Abbau sämtlicher lösbarer Teile einschließlich der schweren Dieselmotoren. Letztere wurden per Bahn nach Linz an der Donau verfrachtet.
Von Schleppern gezogen, ging es dann als »Lastkähne« getarnt in einem 48 Stunden währenden Marsch elbaufwärts bis nach Dresden. Hier wurden die Boote durch ein Querslip aus dem Wasser gehievt und auf die bereitstehenden Tieflader gehoben.
Von Dresden bis Ingoldstadt an der Donau rollte dieser Landtransport über 450 km, der von den Tiefladern in 36 Stunden geschafft wurde.
Am Donauufer bei Ingoldstadt war ebenfalls eine Slipanlage eingerichtet worden, über welche die Boote wieder zu Wasser gelassen wurden. Die nächste Etappe der Fahrt bis Regensburg erfolgte über flachstem Grund. Mehrmals waren nur 5 cm Wasser unter dem Kiel. Dennoch ging auch dieser Streckenteil ohne Verluste vorüber und danach wurden die Boote auf der schiffbaren Donau nach Linz geschleppt. Hier erfolgte der Wiedereinbau der Dieselmotoren.
Jeweils zwei Boote gingen nun an großen Flußschleppern längseits, wurden vertäut und traten mit fremder Kraft – um die eigenen Diesel zu schonen – den Marsch über die 2400-Kilometerdistanz ins Schwarze Meer an. Es ging durch das Eiserne Tor, vorüber an Orsova und Turnu Severin nach Sulina an der Donaumündung. Sie machten nun selbst seeklar und liefen dicht unter der Küste im Fahrwasser der Küstenschiffe nach Konstanza.
Auf diese beschwerliche Art und Weise liefen bis zum Jahre 1944 insgesamt 16 Schnellboote in ihr neues Einsatzgebiet Schwarzes Meer, das sie nie wieder verlassen sollten.

S-Boot auf Slipanlage demontiert für den Transport auf der Landstraße.

S 24 im Schlepp auf der Elbe.

S-Boote im Schlepp auf der Donau.

S-Boot-Besatzung beim Kartenstudium mit dem Donau-Lotsen.
Links Kptl. Werner Töniges.

Die Verlegung war notwendig geworden, um der Gefahr dauernder sowjetischer Landungsversuche begegnen zu können und diese zu unterbinden. Die bereits stattgefundenen sowjetischen Landungen bei Feodosia, Eupatoria und Balaklawa deuteten darauf hin, daß der Gegner noch weitere Landungen durchzuführen beabsichtigte.
Die Aufgaben, die der 1. S-Fl. erteilt wurde, lauteten:
1. Sicherung der besetzten Küsten durch Sperrwaffen und Batterien.
2. Versorgung der Heerestruppen auf der Krim, am Kuban und Mius. Schutz der eigenen Geleitwege zwischen Bosporus und Odessa.
3. Bekämpfung feindlicher Seestreitkräfte.
Dies war ein Aufgabenkatalog, der das Vierfache an Booten erfordert hätte, welche die 1. S-Fl. einsetzen konnte. Schließlich standen im Verbande der sowjetischen Schwarzmeerflotte 1 Schlachtschiff, 6 Kreuzer, 21 Zerstörer und Torpedoboote, 30 U-Boote und 50 Schnell- und Motorkanonenboote.
Nach einigen Geleitaufgaben von Konstanza aus verlegte die Flottille mit den Booten S 27, Kptlt. Büchting, S 28, Kptlt. Künzel, S 40, Kptl. Schneider-Pungs, S 42, S 72, Oblt. z. S. Schneider, und S 102, Kptlt. Töniges, im Tagesmarsch quer über das Schwarze Meer nach Ak Metschet an der westlichen Küste der Krim. Von hier aus sollten die Boote in den Kampf um die Festung Sewastopol eingreifen, die seit dem 29. 10. 1941 eingeschlossen war.
Als mit dem sowjetischen Kreuzer »Molotov«, Kpt. 1. Ranges Romanow, und dem Zerstörer »Bditelnyj« am 12. 6. 1942 3300 Mann der 138. sowjetischen Schützenbrigade nach Sewastopol gebracht wurden und die beiden Kriegsschiffe nach Erfüllen dieser Aufgabe Landziele beschossen, wurden zum ersten Male S 28, S 72 und S 102 auf diese Einheiten angesetzt.
Am 18. 6. 1942 fuhren die Boote ihren ersten Einsatz gegen Sewastopol. S 28 mit dem Flo-Chef an Bord, gefolgt von S 40, S 102 und S 42 als Schlußboot liefen mit 20 kn Marschfahrt entlang der Krimküste auf das Ziel zu. Von Kap Uret ging es nach Kap Eupatoria und sodann durch die Kalamitabucht über Kap Lukul bis zur Reede von Sewastopol. Von dort aus schwenkten die Boote auf die vermuteten Versorgungswege ein.
S 40 meldete kurz darauf den ersten Schatten. K Kpt. Birnbacher befahl: »Alle Motoren stoppen!« Nun trieben die Boote auf der leich-

Während des Marsches ins Schwarze Meer. Rechts im Bild mit Pelzjacke und Pelzmütze Kptl. Werner Töniges.

Kptl. Werner Töniges mit dem Donau-Lotsen.

Eine Seefahrt, die ist lustig.

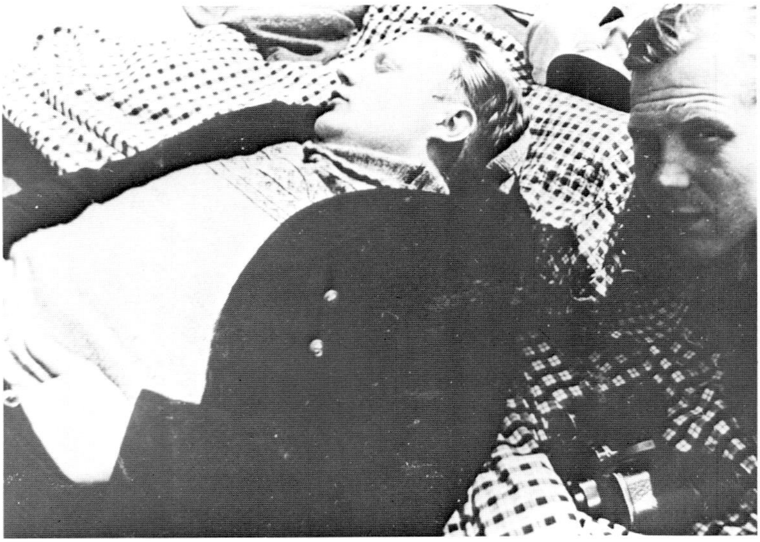

Die Freiwache.

Das eiserne Tor wird auf dem Marsch ins Schwarze Meer passiert.

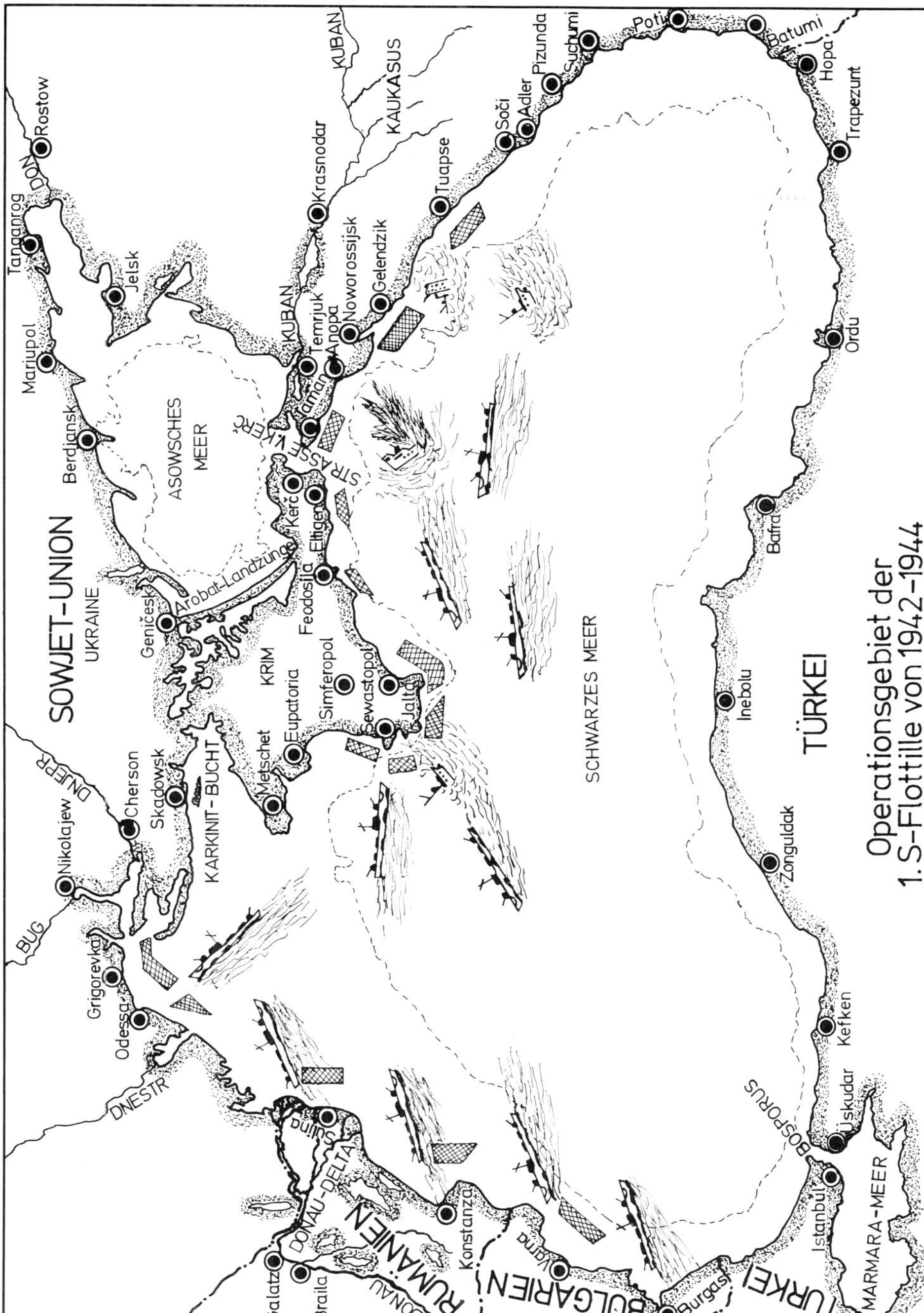

Operationsgebiet der
1. S-Flottille von 1942–1944
SOWJET-UNION
UKRAINE
KRIM
ASOWSCHES MEER
SCHWARZES MEER
TÜRKEI
RUMÄNIEN
BULGARIEN
KAUKASUS
KUBAN
DON
DNJEPR
BUG
DNESTR
DONAU
DONAU-DELTA
KARKINIT-BUCHT
Arabat-Landzunge
STRASSE V. KERČ
BOSPORUS
MARMARA-MEER
Rostow
Tanganrog
Jelsk
Marijupol
Berdjansk
Geničesk
Cherson
Skadowsk
Nikolajew
Grigorevka
Odessa
Sulina
Galatz
Braila
Konstanza
Varna
Burgas
Istanbul
Üskudar
Kefken
Zonguldak
Inebolu
Bafra
Ordu
Trapezunt
Hopa
Batumi
Poti
Suchumi
Pizunda
Adler
Soči
Tuapse
Gelendzik
Noworossijsk
Anapa
Temrjuk
Taman
Krasnodar
Kerč
Eltigen
Feodosija
Simferopol
Sewastopol
Jalta
Eupatoria
Metschet

Karte 7

ten Dünung. Die Schatten wurden größer. Es waren drei Zerstörer, und dicht dahinter tauchten drei kleinere Einheiten auf; vermutlich Torpedoboote.

Über UK befahl KKpt. Birnbacher den Angriff auf den großen Dampfer. S 28 und S 40 setzten sich vor. S 28 wurde von einem der Zerstörer erkannt und durch Morsespruch angerufen. Als der Zerstörer keine Antwort erhielt, lief er auf das S-Boot zu und eröffnete das Feuer. Auch S 40 wurde erkannt und beschossen und mußte hakenschlagend ablaufen.

Auf der anderen Flanke des Geleitzuges wurden S 42 und S 102 ebenfalls abgedrängt und Kptlt. Töniges meldete über UK:

»Wir kommen nicht heran. Versuchen jetzt von achtern in die Sicherungsgruppe einzubrechen.«

Weitere Dampfer kamen inzwischen heraus. Sie qualmten schwarz und nebelten sich ein. Alle Kriegsschiffe feuerten. Immer wieder mußten die S-Boote abdrehen, um danach abermals den Versuch des Heranschließens zu unternehmen. Endlich sah S 28 seine Chance. Künzel befahl den Torpedoschuß aus 2500 m. Auch S 40 schoß einen Torpedo und mußte, von einem Zerstörer bedrängt, ablaufen. Die übrigen Boote schossen ebenfalls auf den großen Dampfer. Nicht weniger als fünf Torpedos wurden von diesem großen Schiff ausgedampft.

Dann griff S 102 noch einmal an. Mit dreimal AK lief Töniges' Boot auf das Heck eines Torpedobootes zu. Er nahm den Gegner mit seinem Geschütz unter Feuer und bahnte sich so einen günstigen Weg zum Torpedoschuß auf den großen Dampfer. Kptlt. Töniges sagte zu diesem Angriff:

»Es ging alles rasend schnell. Beide Torpedos, aus knapp 500 m Entfernung geschossen, trafen den Dampfer mittschiffs. Das Schiff flog mit großem Getöse in die Luft.

Als wir Gegenkurs gingen, um Anschluß an die eigene Flottille zu gewinnen, erhielten wir noch einmal Feuer von einem Zerstörer und dann von einem zweiten. Einen solchen Feuerzauber habe ich nicht einmal im Kanal erlebt. Auch die Torpedoboote des Gegners schossen dazwischen. Erst nach einer Stunde des Ablaufens mit AK gaben diese Gegner auf.«

Über UK gab der Flottillenchef zu S 102 herüber: »Gut gemacht!«

Als die Boote im Morgengrauen in AK Metschet anlegten, hatte die Flottille den ersten Versenkungserfolg im Schwarzen Meer erzielt.

Auslaufen zum Einsatz im Schwarzen Meer.

Russisches Motorkanonenboot.

S-Boot brennt nach Artillerietreffer.

Nach diesen Erfolgen ging es Schlag auf Schlag weiter. Der nächste große Einsatz in der Nacht zum 2. 7. 1942 im Blockadestreifen vor Sewastopol sah die Boote S 40, S 42, S 28 und S 102 im Einsatz. In den frühen Morgenstunden tauchten plötzlich vor der Flottille zwei Schatten auf. Kptlt. Schneider-Pungs, der als dienstältester Kommandant auf S 40 die Flottille vertretungsweise führte, ließ Kurs auf die Küste und auf die beiden Schatten nehmen, die nach 20 Minuten Fahrt als russische Kanonenboote erkannt wurden.
Um 04.30 Uhr eröffneten beide Kanonenboote aus ihren 4 cm-Kanonen das Feuer. Die eigene 2 cm-FlaMW erwiderte es. Die Kommandanten sahen, wie die Brücken der Kanonenboote immer wieder getroffen wurden, ohne daß die 2 cm-Granaten deren Panzerung zu durchschlagen vermochten.
Die S-Boote liefen nun im Kreis um diese beiden Gegner herum und schossen aus allen Waffen. Verbissen wehrte sich der Gegner mit Kanonen- und MG-Feuer. Mitten in der Drehung traf eine 4 cm-Granate S 40 auf dem Torpedo im Backbordrohr. Die Granate zerplatzte und durch die Splitter wurden drei Mann der Besatzung getötet und mehrere verwundet. S 40 geriet in Brand und mußte dieses Gefecht abbrechen. Die Granate war auf dem Luftkessel detoniert. Ein paar Zentimeter weiter vorn, und das Boot wäre mit dem dann detonierenden Torpedo in die Luft geflogen. Kptlt. Schneider-Pungs wurde ebenfalls leicht verwundet.
Während auf S 40 der Brand rasch unter Kontrolle gebracht wurde, ging der Kampf der übrigen drei Boote mit den beiden Motorkanonenbooten weiter. Nunmehr wurde das deutsche Feuer auf die Geschützbedienungen der Feindboote gerichtet und konzentriert, um diese zum Schweigen zu bringen. Eines der Kanonenboote brannte bereits. Es drehte sich auf engstem Kreis und schoß sofort, sobald S 28, S 42 und S 102 eine Pause einlegten.
Inzwischen war es hell geworden. Die Sonne war aufgegangen. Aus allen Luken und Sehschlitzen schossen sowjetische Maschinenwaffen. Auf S 28 fiel ein Mann, weitere wurden verwundet. Beide Kanonenboote brannten bereits. Treffer unterhalb der Wasserlinie ließen sie tiefer und tiefer sinken. Schließlich gab die Besatzung des ersten Feindbootes auf und sprang über Bord. Dann verstummte auch das Feuer auf dem zweiten.
Mit schußbereiten Waffen ließ Kptlt. Töniges S 102 herangehen, um die im Wasser schwimmenden Schiffbrüchigen zu retten. Danach

Hilfeleistung durch das Rottenboot.

Russisches Motorkanonenboot sinkt nach Torpedotreffer.

Gefangene werden gemacht.

Gefangene sowjetische Seeleute gehen von Bord.

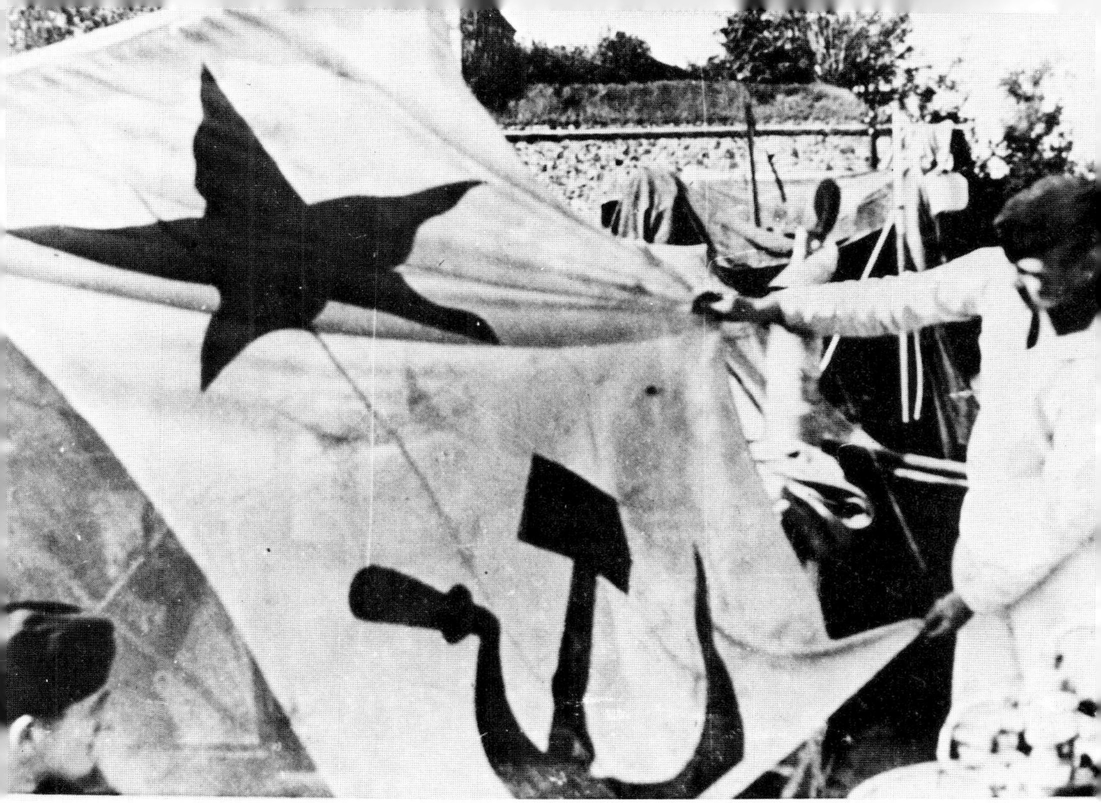

Erbeutete sowjetische Kriegsflagge.

Auf Kriegsmarsch.

ging ein S-Boot an einem der Kanonenboote längsseits, das bereits zur Hälfte weggesackt war. Drei Russen sollten geholt werden, die noch auf dem Heck standen. Einer warf plötzlich eine Handgranate nach den deutschen Soldaten, die glücklicherweise keinen Schaden anrichtete.
Wenige Sekunden später schlossen sich die Wellen über dem ersten Kanonenboot, und auch das zweite wurde nach Bergung sämtlicher Schiffbrüchigen von S 102 versenkt.
37 Überlebende wurden insgesamt von den S-Booten an Bord genommen. 30 davon durch S 102. Einer der Geretteten, das stellte sich später heraus, trug rote Biesen an den Hosen. Er entpuppte sich als General Nowikov, stellvertretender Oberbefehlshaber von Sewastopol.
Im Stützpunkt wurden die Verwundeten sofort ärztlich betreut. S 42, das für 15 kn Fahrt klargekommen war, mußte zur Reparatur nach Konstanza in die Werft. Die Schäden an den übrigen Booten konnten mit Stützpunktmitteln behoben werden.
Mit dem Fall von Sewastopol am 2. 7. 1942 war die Krim weitgehend feindfrei.
Nunmehr lauteten die Aufträge für die 1. S-Fl.:
1. Sicherung der eigenen Versorgung über See.
2. Angriff gegen sowjetische Küstenabschnitte im Kaukasus.
Am 1. 8. 1942 verabschiedete sich KKpt. Birnbacher von der Flottille. Sein Nachfolger wurde KKpt. Christiansen, der nun über ein Jahr lang die Geschicke der 1. S-Fl. im Schwarzen Meer lenken sollte. Unter seiner Führung verlegte die Flottille zunächst nach Iwan Baba, einer verschwiegenen Bucht an der Südküste der Krim, einige Meilen südlich Feodosia. Am Anleger eines Kraftwerkes wurde festgemacht. Er wurde in den folgenden Monaten zum S-Bootstützpunkt ausgebaut. Eine Peilfunkstelle wurde errichtet. Die Werkstätte und Regelstelle folgten.
Einsatzfahrten brachten die Boote von Iwan Baba aus nach Noworossisk, wo die Sowjets von Kap Doob aus immer wieder die Hafeneinfahrt von Noworossisk und den Hafen selbst unter Feuer nahmen. Aber auch die übrigen russischen Basen wie Tuapse, Poti und Batum wurden angegriffen. Die russischen See- und Luftstreitkräfte wiederum griffen beinahe täglich – und oftmals mehrere Male am Tage – Iwan Baba an. Einmal erfolgten zehn Luftangriffe an einem Tage.

Der Stützpunkt Iwan Baba ist erreicht.

Boote der 1. S-Fl. im Stützpunkt Iwan Baba am Schwarzen Meer.

Auf Kontrollfahrt vor der Südküste der Krim.

In der Nacht zum 3. 8. 1942 beschossen abermals feindliche Kriegsschiffe den Hafen Iwan Baba.
Wie schwierig der Einsatz von Iwan Baba auf Tuapse war, ergibt sich daraus, daß für An- und Abmarsch insgesamt 8 Stunden erforderlich waren.
Am 9. 8. legte die Flottille mit den Booten S 28, S 26, S 40, S 42 und S 45 zu einem solchen Einsatz vor Tuapse ab. Gegen Mitternacht traf sie im Operationsgebiet ein und stand dort zwei Stunden im Einsatz. Kurz nach Mitternach bereits meldete S 45, Oblt. z. S. Schneider, dem Flo-Chef: »Schatten in 95° . Vermutlich Dampfer!« Wenig später eröffnete sich der »Schnellbootschirm« zum Fächerangriff. S 28 lief hinter dem Zerstörer der Geleitsicherung her, der das Feuer eröffnete. Alle anderen russischen Einheiten fielen in dieses Feuer ein. Dicht bei dicht schlugen die Granaten bei den S-Booten ein. Einer der großen geleiteten Dampfer sank. Da es inzwischen 02.30 Uhr geworden war, befahl K Kpt. Christiansen: »Gefecht abbrechen und Rückmarsch antreten!«
Bereits zwölf Stunden später liefen die restlichen Boote der Flottille zu einem Einsatz in Richtung Sotschi aus. Dieser Angriff brachte keine Erfolge. Die geschossenen Torpedos erreichten ihre Ziele nicht; schwer eingedeckt von den Sicherungsstreitkräften mußten die S-Boote abdrehen.
Am 30. 8. liefen die Boote in der taktischen Reihenfolge S 28, S 27, S 42, S 45, S 40 und S 102 um 20.00 Uhr aus Iwan Baba aus. Nach 90 Minuten großer Fahrt wurde die Straße von Kertsch erreicht, wo

S-Boot hohe Fahrt laufend.

Kapitänleutnant Töniges.

Rückkehr von der Feindfahrt.

Die Besatzung von S 102.

unter der Küste der Tamanhalbinsel laufender russischer Geleitverkehr gemeldet worden war. Mit gestoppten Maschinen warteten die Boote auf das Erscheinen des Gegners.
Als schließlich ein Geleitzug erkannt wurde, ließ K Kpt. Christiansen die Ziele zuweisen. Dann begann der Angriff auf die Schiffe, die unter der Küste stoppten.
S 28 versenkte den russischen Frachter »Zan Tomp«, 1988 BRT. S 102, Kptl. Töniges, konnte einen größeren Tanker versenken. Ohne Verluste kehrten die Boote der 1. S-Boote der 1. S-Fl. nach diesem erfolgreichen Einsatz in den Hafen von Iwan Baba zurück. Damit ging das dritte Kriegsjahr auch im Schwarzen Meer zu Ende und es hatte sich bereits jetzt gezeigt, daß diese eine Schnellboot-Flottille für die russische Küstenschiffahrt und die russischen Operationen im Kaukasus eine drohende Gefahr waren.
Sicherlich haben diese wenigen Boote mit dazu beigetragen, daß an dieser südlichsten Stelle der endlos langen russischen Front der Gegner zu keinen großen Landungsunternehmen mehr kam.

Das vierte Kriegsjahr

DER KAMPF IM SCHWARZEN MEER.

In den Nächten des 2., 3. und 5. September 1942 griff die 1. S-Fl. mit den Booten S 102, Kptlt. Töniges, S 28, Kptlt. Künzel, S 27, Kptlt. Büchtig und S 72, Oblt. z. S. Schneider, die sowjetischen Beladestellen an der Tamanhalbinsel an. Hier war Teilen der 47. russischen Armee durch einen deutsch-rumänischen Vorstoß der Rückweg von der Tamanhalbinsel abgeschnitten worden und die russische Führung versuchte nun, diese Soldaten über See zu retten. Es kam zu dramatischen Gefechten der Schnellboote gegen Bewacher und Sicherungsschiffe. Immer wieder griffen die S-Boote an. Sie versenken in diesen drei Nächten 19 Einheiten. Bei diesen Kämpfen sank S 27 durch einen eigenen Kreisläufer.
Zu einer Gefechtsberührung von vier S-Booten mit einem sowjetischen Kreuzer und zwei Zerstörern kam es am 23. 10. vor Tuapse. Damit ging das Jahr 1942 im Schwarzen Meer zu Ende. Die S-Boote hatten auch in diesem küstennahen Gefechtsfeld ihre Wirksamkeit unter Beweis gestellt.

Kptl. Werner Töniges an Bord von S 102.

Das vierte Kriegsjahr sah im Kanal und vor der englischen Südküste wieder die Boote mehrerer Flottillen im Einsatz. Und zwar waren es mehr Flottillen als jemals zuvor.

Der Gesamtbestand der Schnellboot-Flottillen war am 1. 10. 1942 folgender:

1. S-Fl.: Chef: KKpt. Georg-Stuhr Christiansen.
   Die Boote: S 26, S 28, S 49, S 51, S 72, S 102.
2. S-Fl.: Chef: KKpt. Feldt.
   Die Boote: S 29, S 46, S 62, S 67, S 70, S 80, S 83, S 101, S 104, S 105, S 108.
3. S-Fl.: Chef: KKpt. Kemnade.
   Die Boote: S 33, S 36, S 54, S 55, S 56, S 58, S 59, S 60, S 61, S 158.
4. S-Fl.: Chef: KKpt. Bätge (Kptlt.).
   Die Boote: S 42, S 45, S 48, S 63, S 64, S 66, S 78, S 79, S 109, S 110, S 117.
5. S-Fl.: Chef: KKpt. Klug.
   Die Boote: S 65, S 68, S 77, S 81, S 82, S 85, S 112, S 115, S 116, S 118.
6. S-Fl.: Chef: KKpt. Obermaier.
   Die Boote: S 39, S 44, S 69, S 71, S 73, S 74, S 75, S 76, S 113, S 114.
7. S-Fl.: Chef: KKpt. Trummer.
   Die Boote: S 151, S 152, S 153, S 154, S 155, S 156, S 157.

S-Boot-Schulflottille: Chef: KKpt. Opdenhoff.
Die Boote: S 18, S 19, S 20, S 21,S 22, S 24, S 25, S 50, S 84, S 103, S 107.

S-Boot-Begleitschiffe:

»Adolf Lüderitz«	Kommandant: KKpt. Erasmi.
»Carl Peters«	Kommandant: Kptlt. Reuthal.
»Tanga«	Kommandant: Kptlt. Brandt.
»Tsingtau«	Kommandant: Kptlt. Freyer.
»Romania«	Kommandant: Oblt. z. S. Gauland.

Am 2. 10. 1942 griff die 5. S-Fl. mit S 65, S 77, S 82 und S 112 einen britischen Konvoi vor Eddystone an. Trotz heftigen Abwehrfeuers der Geleitfahrzeuge gelang es S 112, Oblt. z. S. Karl Müller, den Fischdampfer »Lord Stonehaven« zu versenken.

Am 7. 10. stieß die 2. S-Fl. mit den Booten S 101, S 46, S 62, S 80,

S 105 und S 108 mit den angehängten Booten S 63, S 79 und S 117 der 4. S-Fl. gegen einen britischen Konvoi bei Cromer vor. Bei diesem Großeinsatz versenkte S 62, Oblt. z. S. Johannsen, die Motor-Launch ML 339. Der Schlepper »Caroline Moller« wurde von S 80, Oblt. z. S. von Stempel, versenkt. Die beiden Boote S 46, Oblt. z. S. Priebe, und S 63, Oblt. z. S. Gaiser, torpedierten den Dampfer »Sheaf Water«, 2730 BRT, während das Motorschiff »Ilse«, 2874 BRT, gemeinsam von S 105, Oblt. z. S. Howaldt, und S 108, Oblt. z. S. Wrampe, versenkt wurde.
Als fünftes Schiff ereilte die »Jessie Maersk«, 1973 BRT, das Schicksal. Diese Versenkung wurde S 117, Oblt. z. S. Bludau, zugeschrieben.
Bereits eine Woche später wurde ein weiterer Konvoi vor Cromer von den Booten der 6. S-Fl. aufgefaßt und angegriffen. Es waren S 69, S 71, S 74 und S 75, die mit vollem Einsatz zum Schuß zu kommen trachteten. Im Abwehrfeuer der Geleitfahrzeuge konnte S 75, Oblt. z. S. Hörning, den Frachter »Lysland«, 1335 BRT, versenken. S 74, Oblt. z. Witt, kam auf die »George Balfour«, 1570 BRT, zum Schuß. Auch dieses Schiff sank auf 53° 12' Nord und 01° 14' Ost.
Vor Lowestoft kam es am 9. 11. zum Angriff der Boote S 46, S 48, S 66, S 70, S 73, S 80, S 83, S 101, S 105 und S 113 auf einen britischen Geleitzug. Immer wieder gelang es der dichten Sicherung, die angreifenden Boote abzuwehren. Bis schließlich S 46, Oblt. z. S. Priebe, zusammen mit S 83, Oblt. z. S. Sengebauer, die feindliche Sicherung durchbrachten und den Frachter »Fidelio« gemeinsam versenkten. Der Dampfer »Wandle« wurde gemeinsam von S 101, Oblt. z. S. Miljes, und S 105, Oblt. z. S. Howaldt, torpediert.
Zehn Tage darauf, am 19. 11., griff die 5. S-Fl. südlich Plymouth mit S 68, S 77, S 82, S 112, S 115 und S 116 einen weiteren Konvoi an. Auch dieser Geleitzug war stark gesichert. Doch diesmal gelang den Booten rottenweise der Einbruch und das Herankommen auf günstige Schußentfernung.
Der Bewacher »Ullswater« wurde im Kampf mit S 112, Oblt. z. S. Karl Müller, schwer getroffen und sank. Die drei Frachtschiffe »Yewforest«, »Birgitte« und »Lab« fielen den Aalen von S 77, Oblt. z. S. Dietrich, S 82, Oblt. z. S. Jürgensmeyer, und S 116, Oblt. z. S. Moritzen, zum Opfer.
Am 1. 12. versenkte S 81, Oblt. z. S. Wendler, den britischen Traw-

ler »Jasper«.
Der Angriff in der Nacht des 3. 12. auf einen weiteren Konvoi im Kanal wurde von der 5. S-Fl. durchgeführt. Neben dem französischen Motorschiff »Gatinais«, das von S 81 versenkt wurde, konnte Oblt. z. Klocke mit S 115 zum Schuß kommen. Er torpedierte den Zerstörer »Penylan«, der den Konvoi geleitet hatte. Der Zerstörer sank.
Der 12. 12. sah abermals einen Großeinsatz. Es war diesmal die 4. S-Fl., KKpt. Bätge, die mit den Booten S 48, S 80, S 63, S 110 und S 117 vor Lowestoft den Konvoi FN 889 angriff. Fünf Frachter wurden bei dieser Operation versenkt. Die Boote S 48, Kptlt. von Mirbach, S 110, Oblt. z. See Graser, S 63, Oblt. z. S. Karcher, S 117, Oblt. z. S. Bludau, und noch einmal S 63 schrieben sich in die Versenkungsliste ein.
In der Nacht zum 25. 1. 1943 stießen zwei S-Bootgruppen bei einem Angriff gegen einen britischen Konvoi vor Lowestoft auf die Geleitzerstörer »Mendip« und »Windsor». In dem Gefecht wurden die deutschen Boote immer wieder abgedrängt.
Am Abend des 17. 2. liefen zwei Gruppen der 6. S-Fl. zum Angriff auf ein vor Lowestoft gemeldetes Geleit aus. Sie fanden den Konvoi, wurden aber ebenfalls von der starken Zerstörersicherung abgedrängt. Im Gefecht mit der Korvette »Kittiwake« sowie den Zerstörern »Garth« und »Montrose« wurde S 71 durch die »Garth« versenkt.
Der Angriff der 5. S-Fl. am Abend des 27. 2. hingegen war erfolgreich. Eine Gruppe der Flottille kam mit den Booten S 65, S 68 und S 81 sowie S 85 auf Schußweite an einen Konvoi heran. Das Motorschiff »Modavia«, 4858 BRT, und die Trawler »Harstad« und »Lord Hailsham« wurden aus dem Konvoi versenkt.
Immer wieder stießen die Flottillen unter vollem Einsatz von Boot und Besatzung vor. So wurde der Einsatz der 2. und 6. S-Fl. am Abend des 4. 3. zu einer Todesfahrt für zwei deutsche Boote. Der Einsatz war in das Seegebiet vor Lowestoft und Greath Yarmouth gegangen. Dort hatten die S-Boote harte Gefechte mit den Zerstörern »Windsor« und »Southdown« sowie der Korvette »Sheldrake« zu bestehen. Auf dem Rückmarsch wurden sie kurz vor dem Einsatzhafen Ymuiden von Spitfire und Typhoon-Jägern angegriffen. Die Boote S 70, Oblt. z. S. Klose, und S 75, Oblt. z. S. Hörning, wurden durch Raketen und Bordwaffenbeschuß versenkt.

Der Einsatz des 28. 3. führte sieben Boote des 2. S-Fl. vor Smiths Knoll, wo der Konvoi FS 1074 angegriffen wurde. Dieser Angriff traf auf die entschlossene Abwehr einiger Zerstörer und britischer MGB. Nach einer Kollision mußte S 29 aufgegeben werden.
Am 14. 4. war es die 5. S-Fl., die unter Führung von KKpt. Klug mit S 65, S 81, S 82, S 90, S 112 und S 121 vor Lizard Head den Konvoi PW 323 angriff. Dieser Geleitzug bestand aus sechs Dampfern, die von zwei Zerstörern und fünf Trawlern gesichert wurdens. Erneut kam es zum Gefecht der kleinen schnellen Boote mit den größeren Bewachern. Während S 121, Oblt. z. S. Klocke, den Frachter »Stanlake«, 1742 BRT, versenkte, gelang es S 65, Oblt. z. S. Sobottka, und 112, Kptlt. Karl Müller, ihre Torpedos auf einen der Zerstörer loszumachen. Die »Eskdale« sank und nahm den Großteil ihrer Besatzung mit in die Tiefe.
Härter, immer härter wurde dieser Einsatz. Immer mehr Bewacher furchten in den Nächten im bedrohten Seeabschnitt durch das Wasser. Am frühen Morgen kamen die Flugzeuge hinzu, welche die zurückmarschierenden Boote abzufangen versuchten. Der Gegner bot alles auf, um diesem beinahe allnächtlichen Spuk ein Ende zu bereiten. Aber die S-Boote liefen weiter aus.
In der Nacht nach der Versenkung der »Eskdale« lief eine S-Bootgruppe vor Lowestoft, wo ein stark gesicherter Konvoi stand. Der Trawler »Adonis« wurde versenkt. Bei der Abwehr dieses Angriffs erzielte der Zerstörer »Westminster« einen Nahtreffer auf einem der Boote, welches mit mehreren Verwundeten an Bord dennoch den Stützpunkt erreichte. Die hellen, langen Sommernächte ließen den Einsatz der S-Boote fast zum Erliegen kommen. Nur noch kurze Vorstöße konnten vorgenommen werden, die den Gegner nicht zur Ruhe kommen ließen.
Als sich dann am 5. 8. 1943 bei einem Vorstoß der 2. und 6. S-Fl. wieder ein kleiner Erfolg zeigte, schien die ergebnislose Zeit des Einsatzes beendet. Es gelang, den Trawler »Gauntlet« zu versenken und zwei Schiffe zu torpedieren.
Die Schnellbootwaffe hatte in diesem Kriegsjahr erhebliche Verluste hinnehmen müssen, die nicht durch Neuzugänge vollständig ersetzt werden konnten.

Im Zuge der Rückzugsbewegungen der Panzerarmee Afrika zum Jahresende 1942 verlegte auch die 3. Schnellboot-Flottille ständig weiter nach Westen, bis in die Häfen des Brückenkopfes Tunesien hinein, wo inzwischen auch die 7. S-Flottille unter Korvettenkapitän Trummer eingetroffen war.
In den ersten beiden Monaten des Jahre 1943 brachten die Boote, die einsatzbereit waren, Geleitzüge in die Häfen. Sie legten Minensperren und fuhren Angriffe auf Feindfahrzeuge. Im März kam es zu einem Gefecht mit leichten englischen Seestreitkräften.
Die 3. S-Flottille war am späten Abend des 12. 3. 1943 mit den Booten S 55, S 60 und S 54 aus ihrem Einsatzhafen Ferryville ausgelaufen. Kaum hatten die Boote die Mole von Bizerta passiert, als das Wetter schlecht wurde. Im Seegebiet nördlich Bizerta, in Höhe von La Galite, blies der Wind mit Stärke 4; die Sicht wechselte bei niedriger Bewölkung zwischen 300 und 5000 m. In Marschfahrt liefen die drei Boote durch die See.
S 55 stand als Führerboot am weitesten nach Backbord herausgesetzt. Auf dem dritten Boot stand Oblt. z. S. Haak, Kommandant von S 60, neben seiner Nummer I, als auf einmal die 2 cm-FlaMW zu feuern begann. Fünf, sechs Abschüsse bellten. Dann sahen alle einen Schatten, der steil auf das Boot herunterstieg und schon peitschten MG-Salven ins Wasser.
»Flugzeuge!« meldete einer der Männer und heulend zog die Maschine über das Boot hinweg. Korvettenkapitän Kemnade, der auf S 55, dem Boot von Oberleutnant z. S. Weber, eingestiegen war, brach wenig später das Unternehmen ab und befahl, den Rückmarsch anzutreten. Auf dem Rückmarsch wurde vom Bootsmann von S 55 Flakfeuer über der Kimm in 290 Grad gesehen. Korvettenkapitän Kemnade ließ darauf zudrehen, um den dort stehenden Gegner anzugreifen. Mit schäumender Bugwelle jagten die Boote dem Treffpunkt mit dem Gegner entgegen.
»FT an Marinekommando. 21.16 Uhr: Feind scheint durchgebrochen, ich stoße nach!«
»Flo-Chef an alle: Kurs 50 Grad. Fahrt 30 kn!«
Die drei Boote wurden noch schneller. Sie jagten nun, mit gut einem Drittel des Bootes aus der See herausragend, hinter dem Gegner her. 50 Minuten vergingen, vom Gegner war noch immer nichts zu sehen.

Von der 6. Räumboots-Flottille erbeutetes brit. MTB im Hafen von Tobruk (Juli 1942).

Boote der 10. italienischen MAS-Flottille.

Auf einmal flitzten Leuchtgranaten in flacher Bahn über die See. Aber diese Granaten zielten nicht auf die S-Boote, sondern waren auf irgendein Ziel weiter vorn gerichtet. Dann dröhnte von dort eine Torpedodetonation.
»Das muß unsere 7. Flottille sein. Eines ihrer Boote hat einen Treffer erzielt, Herr Kapitän!«
Das Schiffsgeschützfeuer verstärkte sich. Kemnade ließ auf 90 Grad gehen und mit AK weiterlaufen, um die offensichtlich vom Gegner gejagten Boote der 7. S-Flottille zu unterstützen.
Von der 7. S-Flottille kam ein FT-Spruch, daß sie Zerstörer in Sicht habe und angreife. Nach dem angegebenen Quadrat mußten die drei Boote der 3. S-Flottille direkt darauf zulaufen.
Um 22.43 Uhr meldete der Bootsmann: »Schatten voraus in Sicht!«
»Noch einer«, ergänzte Oberleutnant z. S. Weber. »Ein Dez an Backbord herausgesetzt ein dritter!« fuhr er Sekunden darauf fort. »Sind alles Zerstörer, Herr Kapitän! Sie steuern Westkurs und machen nur wenig Fahrt.«
»Schnelle Schußabgabe, Weber! Wir stehen im Nordwesthorizont und können leicht gesehen werden.«
»B.Ü.! Flo-Chef an alle: Schußerlaubnis!«
»Schießen, Weber!«
»Gegnerfahrt 15 kn. Bug links, Lage 30.« Die Nummer Eins hantierte bereits am Zielgerät.
»Beide Rohre klar!«
Kurz bevor das Boot zum Schuß kam, meldete sich S 60:
»K S 60 an Flo-Chef: Habe einen Torpedo auf zweiten Zerstörer geschossen. Lage 80, Gegnerfahrt 6 kn.«
Kemnade warf einen Blick auf das als taktische Nummer zwei laufende Boot an Steuerbord querab. Es mußte einen weiteren Zerstörer gesehen haben, der hinter den beiden stand, die sie selbst sahen. Dann fiel auch hier der Befehl zum Schuß:
»Steuerbordrohr – los!«
Der Drücker klackte, als er niedergeschlagen wurde. Es zischte, und ein paar Meter vor dem Boot spritzte die See auf, als der Torpedo dort ins Wasser klatschte und nun mit eigener Maschinenkraft zum Gegner lief.
»Backbordrohr – los!«
Beide Male hatten die Torpedomixer gleichzeitig als die Nummer Eins den Knopf der elektrischen Abfeuerung drückte, die Hebel der

MAS-Boot große Fahrt laufend.

Wasserbomben klar zum Werfen.

Die Explosion einer Wasserbombe.

mechanischen Handabfeuerung, im Fall, daß die elektrische Abfeuerung versagte, heruntergedrückt.

Unmittelbar darauf meldete S 60, daß es auch seinen zweiten Torpedo geschossen habe und dann kam noch die Stimme des B.Ü. von S 54:

»K S 54 an Flo-Chef: Habe Zweierfächer geschossen!«

Auf einmal stieg dort, wo der erste Zerstörer stand, eine wasserdurchmischte Feuersäule in die Höhe.

»Da, die zweite Torpedodetonation!« meldete Oberleutnant z.S. Weber. Wieder stieg das Todesfanal in die Höhe und schon stob eine dritte Fontäne auf. Detonationen erschütterten das Boot und Oberleutnant z.S. Weber meldete:

»Nur noch ein Zerstörer Backbord von der Qualmsäule zu sehen, Herr Kapitän!«

»Zerstörer schießt!«

Glühende Feuerbälle flitzten durch die Nacht, pfiffen hoch über das Führerboot hinweg und schon senkten sich die Flugbahnen tiefer.

Mit AK im Mittelmeer.

»Nebeln! – Flo-Chef an alle: Mit AK nach Norden ablaufen!«
Wie Watte quoll der Nebel aus den Nebeldüsen und hüllte die Boote ein. Sie schlugen einen Haken und das Feuer der Zerstörer verlor sich hinter ihnen. Aber der verfolgende Zerstörer hatte die Jagd noch nicht aufgegeben. Plötzlich eröffnete er das Feuer abermals.
»Zickzackkurse steuern und nach Norden absetzen!« befahl Kemnade. Während die Granaten dicht bei den Booten in die See schlugen, jagten diese mit hoher Fahrt und Zickzackkurse steuernd davon.
Als voraus ein Zerstörer auf Westkurs auftauchte, drehten alle drei Boote auf Ostkurs. Nun schossen zwei Zerstörer. Abermals wurde genebelt und erst um 23.11 Uhr brach der Gegner die Jagd auf die deutschen Schnellboote ab.
Inzwischen hatte S 158 von der 7. S-Flottille die Versenkung des englischen Zerstörers »Lightning« gemeldet. Wenig später liefen die Boote in Ferryville ein. Von den beiden Zerstörern, die von der 3. S-Flottille getroffen wurden, sank einer mit Sicherheit.

Mit Beginn der See- und Luftlandungen der Alliierten auf Sizilien in der Nacht zum 10. 6. 1943 griffen die Boote der 3. und 7. S-Flottille immer wieder feindliche Transporter und Kriegsschiffe an.
Eingangs Juli erhielt Fregattenkapitän Herbert Max Schultz den Befehl, die 1. Schnellboot-Division aufzustellen. Den beiden vorhandenen Flottillen sollten drei weitere zugeführt werden. Es waren dies: die 21. S-Flottille unter Kapitänleutnant Wuppermann, die im September 1943 aufgestellt wurde.
Hinzu kam die 22. S-Flottille unter Kapitänleutnant Hüsig, die aus Klein-Schnellbooten – KS – im Dezember aufgestellt wurde. Da diese Boote aber erst im Mai 1944 im Bahntransport in den Mittelmeerraum verlegt wurden, kamen sie dort nicht mehr zum Einsatz.
Die 24. S-Flottille wiederum wurde aus italienischen Booten im November 1943 aufgestellt und bald darauf auch eingesetzt. Ihr Flottillenchef wurde Kapitänleutnant Hans-Jürgen Meyer.
Mit der Landung der Alliierten auf Sizilien hatte ein neuer Abschnitt des Schnellboot-Einsatzes im Mittelmeer begonnen. Mit überraschenden Vorstößen in die Flanken der feindlichen Schiffsansammlungen vor der Küste und in immer neuen Angriffen gegen feindliche Kriegsschiffe zeichnete sich insbesondere die 7. S-Flottille aus.
Mit Torpedos und Bordkanonen versuchten die schnellen Einheiten zum Erfolg zu kommen. Zwei englische MTB wurden versenkt, mehrere Zerstörer beschädigt, als am Abend des 16. Juli 1943 englische MTB und Zerstörer am Südeingang der Messinastraße erschienen. Dieser Erfolg wurde mit schweren Treffern auf allen fünf im Einsatz stehenden Booten teuer genug erkauft. Aber die Flottille hatte den Versuch dieser Streitkräfte, in die Messinastraße einzudringen, abgewehrt.
Captain Roskill, der britische Seehistoriker, schrieb dazu:
»Es gelang uns nicht, uns in den Gewässern der Straße von Messina festzusetzen.«
Auch die US-Seestreitkräfte versuchten immer wieder, mit Zerstörerverbänden an der Nordküste Siziliens in die Messinastraße einzudringen.
Am Abend des 3. 8. 1943 liefen gegen 19.00 Uhr die beiden Zerstörer »Gherardi«, LtCdr. J. W. Schmidt, und »Rhind«, LtCdr. O.

W. Spahr, aus Palermo aus. Sie stießen auf ein deutsches Landungsfahrzeug, das von zwei Booten der 3. S-Flottille geleitet wurde. »Gherardi« eröffnete um 22.23 Uhr das Feuer. Das Landungsfahrzeug wurde von der ersten Salve getroffen und flog in die Luft. Die »Rhind« erzielte schwere Treffer auf einem der S-Boote. Das zweite S-Boot schoß einen Torpedo auf »Gherardi«. Der Zerstörer konnte dem Torpedo in letzter Sekunde ausweichen. Die beiden Zerstörer wurden zum Abdrehen gezwungen.
Nach der Aufgabe Siziliens am 18. 8. 1943 gingen die S-Boote in den West-Mittelmeerraum. Mitte Oktober 1943 wurde ihre Überführung in die Adria befohlen. Die inzwischen bis nach Genua zurückverlegte 3. und 7. S-Flottille und auch die MS-Boote traten ihren Weg über Land von Genua nach Venedig an. Nach Eintreffen in dem dortigen Raum unterstanden sie der Gruppe Süd, Admiral Adria bzw. Admiral Ägäis.
Während die Boote der zuerst überführten 3. S-Flottille bereits aus ihren neuen Stützpunkten zum Einsatz ausliefen, führte Korvettenkapitän Trummer mit seiner 7. S-Flottille noch zu Weihnachten die letzten S-Boot-Unternehmungen in der Bonifaciostraße – zwischen Korsika und Sardinien – durch.
Der erste Einsatz der S-Boote in der Adria fand am Abend des 12. 11. 1943 statt. Zwei Boote, S 33, Oberleutnant z. S. Brauns, und S 30, Oberleutnant z. S. Backhaus, liefen in das Gewirr der dalmatinischen Inseln hinein. Sie versenkten hier einen großen Motor-Nachschubsegler der Partisanen.
Am 28. 11. gelang es drei Booten unter Führung von S 61, Kapitänleutnant von Gernet, einen weiteren Motorsegler im gleichen Gebiet zu versenken.
Damit ging das Jahr 1943 zu Ende. Erst im kommenden Jahr sollten die Schnellboote im Mittelmeer wieder beachtliche Erfolge erzielen.

SCHNELLBOOTEINSÄTZE IM SCHWARZEN MEER VON JANUAR BIS AUGUST 1943

Als, beginnend im Februar 1943, nach und nach die in Konstanza überholten Boote zur Flottille zurückkamen, wurden die Einsätze von Iwan Baba aus nach Osten verstärkt fortgesetzt. KKpt. Christiansen führte die Boote zu Einsätzen gegen Tuapse und vor den

Boote der 1. S-Fl. auf Kontrollfahrt im Schwarzen Meer.

Myschako-Brückenkopf der Russen gegenüber Noworossisk.
Am 24. 2. 1943 torpedierte S 28 bei Tuapse einen Frachter, der von seiner Besatzung auf Strand gesetzt wurde. Vom 17. bis 31. 3. stießen die Boote der 1. S-Fl. immer wieder bis in Höhe des Myschakoberges vor. S 26 und S 47 torpedierten hier am 13. 3. einen mittleren Tanker, der aber vom Gegner nach Tuapse eingeschleppt werden konnte. S 28 versenkte am 18. 3. einen Leichter der wrackgeschlagen unter der Küste lag und am späten Abend des 30. 3. liefen die Boote S 72, S 28, S 47 und S 102 zu einem Minenunternehmen vor Myschako aus.
Ab 1. 6. 1943 übernahm K.Kpt. Büchting die Flottille vertretungsweise, um sie ab 1. 9. 1943 bis zu ihrem Ende als Chef im Schwarzen Meer zu führen.
Das Unternehmen »Neptun« – es handelte sich um den Versuch, den russischen Brückenkopf auf dem Myschakoberg auszuheben – begann am 17. 4. und dauerte bis zum 5. 5. an. Während dieser Zeit griffen die Boote der 1. S-Fl. immer wieder in die Kämpfe ein. Mit Maschinenwaffen und Torpedos ging es gegen sowjetische Kleinschiffsverbände, die Nachschub in den Brückenkopf brachten. S 47, S 51, S 102 und S 28 versenkten hierbei mehrere Kleinfahrzeuge und Prähme. Durch Torpedoschüsse wurden russische Landungsstege zerstört.
Hierbei kam es immer wieder zu Gefechten mit sowjetischen Wachkuttern und Torpedokuttern.
Diese Operationen wurden auch nach Einstellung des deutschen Angriffes, der vom V. Armeekorps geführt wurde, fortgesetzt. Die 3. R-Fl. unter Führung von Kptlt. Klassmann beteiligte sich an diesen Einsätzen mit allen Booten. Insgesamt wurden von diesen genannten Einheiten und Flottillen vor dem Myschakobrückenkopf im angegebenen Zeitraum 15 Kanonenboote und MTB der Russen, 3 Frachter und 5 Leichter versenkt.
Bei den Einsätzen im Asowschen Meer vom 1. bis 7. 5. wurden von den Booten der 1. S-Fl. 1 MTB und 3 Küstenfahrzeuge versenkt. Im Gefecht des 20. 5. vor Sotschi gegen sowjetische Bewacher, die ein Geleit sicherten, wurden zwei Kleinfahrzeuge torpediert, die beide auf der Stelle sanken. Zwei S-Boote wurden beschädigt.
Der Einsatz der Schnellboote im Schwarzen Meer war ein ständiger Wettlauf mit der Zeit, denn wurden die Boote bei Tage in See überrascht, dann waren sie Ziel beinahe pausenloser Fliegerangriffe.

In der Nacht zum 8. 6. liefen vier einsatzbereite Boote in Richtung Noworossisk und schossen ihre Torpedos gegen die Hafenanlagen dieser Stadt. Neben den Anlegestellen gingen hierbei zwei russische Dampfer verloren.
Vom 22. bis 23. 6. unternahm die 1. S-Fl. Vorstöße gegen Noworossisk und traten vor dem Hafen mit sowjetischen Wachkuttern ins Gefecht. Einer der Kutter wurde in Brand geschossen. Auch auf den S-Booten gab es Treffer und Schäden, die jedoch mit Stützpunktmitteln behoben werden konnten.
Am späten Abend des 25. 6. kam es abermals vor Noworossisk zu einem Gefecht mit sowjetischen Wachkuttern. Da inzwischen auch die Bewaffnung der deutschen S-Boote mit 4-cm- oder 3,7-cm-Kanonen erfolgt war, konnte dieser Angriff abgewiesen werden. Abermals erzielten die S-Boote Granattreffer auf den russischen Fahrzeugen.
Es verging kaum eine Nacht, in der nicht die S-Boote wenigstens rottenweise oder aber auch im Flottillenverband ausliefen. So legten vier Boote in der Nacht zum 28. 6. Minen vor Gelendschik und schossen anschließend ihre Torpedos gegen die Hafenanlagen von Tuapse.
Am Abend des 6. 7. liefen drei einsatzbereite Boote der Flottille zum Unternehmen Tuapse aus. Sie hatten Befehl, die vor Tuapse hergehenden Geleitzugswege abzulaufen und sich etwa zeigende Geleite anzugreifen. Drei weitere Boote legten wenig später ab, um südlich davon zu stehen, wenn der Angriff begann. Ein S-Boot sowie ein Räumboot der 3. R-Fl. postierten sich außerdem zwischen Anapa und Noworossisk. Damit standen alle gefechtsklaren Boote der 1. S-Fl. im Einsatz.
S 40, das mit dem R-Boot zusammen auf einer Lauerstellung operieren sollte, kollidierte in dieser Nacht mit dem R-Boot und mußte den Einsatz abbrechen. Beschädigt lief es mit dem es begleitenden Räumboot nach Iwan Baba zurück.
Der Geleitzug wurde aufgefaßt und mit Torpedos angegriffen. Im Gefecht mit den Bewachern gab es einige Verwundete und auf dem Rückmarsch lief S 102, Kptlt. Töniges, in der Kertsch-Straße auf eine Mine und sank. Die Besatzung wurde von den übrigen Booten an Bord genommen.
Am Abend des 19. 7. legten die einsatzbereiten Boote abermals zum Vorstoß in Richtung Kertsch-Straße ab. Bereits beim Auslaufen

wurden sie von drei sowjetischen Flugbooten angegriffen, die nicht weniger als 50 Bomben warfen.
In den späten Abendstunden des 22. 7. legten wieder 5 S-Boote zum Einsatz ab. Abermals ging es vor die Geleitzugwege der Russen. In dieser Nacht gelang es den Booten, zwei größere Dampfer zu vernichten. Auf dem Rückmarsch wurden sie am Morgen des 23. 7. von sowjetischen Schlachtfliegern im Tiefflug angegriffen. Eine der Maschinen wurde von der Flak abgeschossen.
Einen schweren Schlag erlitt die 1. S-Fl. am 6. 8., als 25 russische Bomber die Flaksperre von Iwan Baba durchstießen und den Hafen mit Bomben eindeckten. Im Gekrache der detonierenden Bomben wurden 5 Schnellboote derart beschädigt, daß sie nach Konstanza in die Werft mußten.
Damit ging auch das dritte Kriegsjahr im Schwarzen Meer zu Ende. Eine einzige Schnellboot-Flottille hatte hier in unermüdlichem Einsatz dem russischen Nachschubverkehr einen empfindlichen Schlag versetzt.

Das fünfte Kriegsjahr

KAMPFFELD KANAL

Mit Beginn des 5. Kriegsjahres am 1. 9. 1943 hatte sich die allgemeine Lage der Kriegsmarine entscheidend verschlechtert. Großadmiral Raeder war nach einem bereits seit geraumer Zeit währenden Zwist mit Hitler am Abend des 6. Januar 1943 zurückgetreten. Der Kommandowechsel in der Obersten deutschen Marineführung fand am 30. 1. 1943 statt. Neuer Oberbefehlshaber der Kriegsmarine wurde Admiral Dönitz, der Befehlshaber der U-Boote, der am Tage der Kommandoübernahme zum Großadmiral befördert wurde. Unter welchen Zeichen Dönitz die Führung der Kriegsmarine übernahm, das formulierte er folgendermaßen:
»Als ich im Januar 1943 meine Ernennung zum Oberbefehlshaber der Kriegsmarine erhielt, war ich mir der Größe der Verantwortung, die ich übernahm, durchaus bewußt. An meiner Einstellung, daß meine einzige Verpflichtung als Soldat im Kriege sei, mit aller Kraft gegen den äußeren Feind zu kämpfen, änderte sich nichts. Jede Nation fordert diese Haltung von ihren Soldaten und bindet sie an diese Pflicht durch die am schwersten wiegende Form der Verpflichtung, den Eid. Diese Pflicht ist unabdingbar.« (Siehe Dönitz, Karl: »Zehn Jahre und Zwanzig Tage«.)
Am 24. 5. 1943 hatte Großadmiral Dönitz den Nordatlantik von deutschen U-Booten räumen lassen, nachdem bis zum 22. dieses Monats bereits 31 U-Boote allein im Mai den gegnerischen Streitkräften zum Opfer gefallen waren.
In den ersten Septembertagen des 5. Kriegsjahres führte Admiral Kummetz mit der »Tirpitz« und der »Scharnhorst« sowie neun Zerstörern einen Handstreich gegen Spitzbergen. Am 22. 9. griffen vier englische Kleinst-U-Boote die im Altafjord liegende »Tirpitz« an und beschädigten das Schiff durch Spezialminen schwer. Damit blieb nur noch die »Scharnhorst« als Bedrohung der alliierten Nordmeer-Konvois übrig.
Der letzte deutsche Hilfskreuzer, Schiff 28 – H. S. K. 9 – war am 21. 5. 1943 aus Yokohama unter der Führung von Kapt. z. S. Günter Gumprich zu seiner 2. Reise ausgelaufen. Da Versorger nicht zur Verfügung standen, mußte sich Kapt. z. S. Gumprich zur Rückkehr

nach Japan entschließen. Auf der Rückreise des Hilfskreuzers torpedierte das amerikanische U-Boot »Tarpon« am 17. 10. 1943 den Hilfskreuzer »Michel« in japanischen Gewässern, der schnell sank. Mit dem Untergang von Schiff 28 war der letzte deutsche Hilfskreuzer von den sieben Weltmeeren vertrieben.
Auf seiner zweiten Reise hatte Schiff 28 drei Schiffe mit zusammen 27632 BRT versenkt.

DIE KÄMPFE IM KANAL

Am 25. 9. stießen deutsche S-Boote in den Kanal vor. Sie liefen bis vor die Küste bei Harwich, wo sie einen britischen Trawler vernichteten. Im Kampf mit dem britischen ML 105 kollidierte S 96 mit diesem schnellen Boot und sank.
Zu einem Großeinsatz von 28 deutschen Schnellbooten aller im Kanal liegenden Flottillen ließ Kommodore Petersen am 23. 10. ablegen. Von Ymuiden aus, wo die Boote auf einem Treffpunkt sammelten, griffen sie den britischen Konvoi FN 1160 an, der vor Cromer entdeckt worden war. Den Booten stellte sich eine geschlossene Phalanx von Zerstörern und anderen Geleitfahrzeugen entgegen.

Der F.d.S. Kapt.z.S. Rudolf Petersen (links) und Kptl. Werner Töniges Kdt. 1. S-Fl.

Dennoch gelang es, einen Trawler zu versenken und ein größeres Handelsschiff zu torpedieren.
S 63 und S 88 von der 4. S-Fl. wurden während des Versuches, erneut zum Angriff heranzuschließen, von mehreren Motorkanonenbooten und den Zerstörern »Machey«, »Pytchley« und »Worcester« angegriffen. In einem kurzen Duell, in dem sich beide Boote verzweifelt zur Wehr setzten, wurden sie von der Artillerie der Zerstörer zusammengeschossen und sanken. Damit ging dieses Unternehmen, von dem man sich so viel versprochen hatte, mit bitteren Verlusten zu Ende.
Am Abend des 2. 11. lief die 5. S-Fl., KKapt. Klug, mit neun Booten zum Einsatz gegen den britischen Konvoi CW 221 aus. Vor Hastings kamen die Boote an den Konvoi heran. Diesmal gelang die Überraschung der gegnerischen Sicherungsgruppe. Alle Boote schossen ihre Torpedos. Die Frachter »Dona Isabel«, 1179 BRT; »Storaa«, 1976 BRT und »Foam Queen« mit 811 Tonnen sanken. Treffer wurden auf zwei weiteren Schiffen beobachtet.
Zwei Tage später führten die 2. S-Fl., KKapt. Feldt; die 6. S-Fl., KKapt. Obermaier, und die 8. S-Fl., KKapt. Zymalkowski, gleichzeitig eine Minenunternehmung vor Smith Knoll und in der Humbermündung durch. Die 4. S-Fl. unter Kptlt. Causemann, der die Flottille in Vertretung führte, mußte diese Unternehmung vorzeitig abbrechen, weil ein Boot ausfiel.
Als die 2. S-Fl., welche die 1. Gruppe bildete, ostwärts Cromer auf den Konvoi FN 1170 stieß, griffen die Boote an und versenkten daraus zwei größere Schiffe mit insgesamt 7422 BRT.
Die 2. Gruppe, aus der 6. S-Fl. gebildet, wurde auf dem Rückmarsch von britischen Bombern und Jagdbombern angegriffen. Im Abwehrfeuer erhielt S 74 einen schweren Bombentreffer und mußte aufgegeben werden.
Am Abend des 1. 12. auslaufend, griff die 5. S-Fl. vor Beachy Head einen durch die Luftaufklärung erfaßten stark gesicherten Konvoi an. Es gelang, den Trawler »Avanturine« zu versenken, dann wurden die Boote vom Abwehrfeuer der Geleitfahrzeuge überschüttet und mußten sich absetzen.
Das Jahr 1943 ging zu Ende und am 6. 1. 1944 waren es die Boote der 5. S-Fl., die unter Führung von Kptlt. K. Müller vor der englischen Südwestküste auf den gemeldeten Konvoi WP 457 stießen. Die Boote griffen rottenweise an. Sie durchstießen die Sicherung

und kamen sämtlich zum Schuß. Die Frachter »Polperro«, »Underwood« und »Solstad« wurden versenkt. Der Trawler »Wallasea« ging ebenfalls nach Torpedotreffer auf Tiefe.
Am letzten Tag des Januar griffen abermals sechs Boote der 5. S-Fl. südostwärts Beachy Head einen Konvoi an. Dieser Konvoi CW 243 verlor die Frachter »Emerald« und »Caleb Spraque« sowie den Trawler »Pine«.
Die 8. S-Fl. unter K Kapt. Zymalkowski griff am Abend des 13. 2. vor der Humbermündung in den Kampf um das englische Küstenvorfeld ein und versenkte den Trawler »Cap d'Antifer«.
Ein neuer Vorstoß vereinte am späten Abend des 23. 2. die Boote der 2. und 8. S-Fl. 13 Schnellboote standen im Angriffsraum vor Greath Yarmouth, als der Konvoi 1371 passierte. Wieder war die Geleitsicherung sehr stark. Die Boote schlossen zu immer neuen Angriffen heran und schossen ihre Torpedos. Ein Frachter von 2086 BRT sank, ein zweiter wurde beschädigt. Als schließlich zwei MTB und die Zerstörer »Vivien«, »Eglinton«, »Garth« und »Southdown« aus allen Rohren auf die Schnellboote schossen, kollidierten die im Zickzackkurs ablaufenden S 94 und S 128 miteinander und wurden derart schwer beschädigt, daß sie aufgegeben werden mußten. Im Feuer des Gegners wurden die Besatzungen geborgen. Abermals hatte die Schnellbootwaffe einen schweren Verlust erlit-

K. Kpt. Felix Zymalkowski
Fl.-Chef der 8. S-Fl.

ten, der nicht mehr durch Neuzuführungen aufgehoben werden konnte.

Am Abend des 15. 3. unternahmen die Boote der 5. und 9. S-Fl. von Brest auslaufend einen Vorstoß gegen den bei Landsend laufenden britischen Schiffsverkehr. Der Einsatz ergab nichts. Auf dem Rückmarsch wurden die Boote von britischen Zerstörern gestellt und beschossen. Mehrere Einheiten erhielten Treffer; auf S 143 fiel der Kommandant.

In diesem Zeitraum verstärkte sich auch die Zusammenarbeit der Torpedoboote und Schnellboote im Bereich der Atlantikküste. Beim Minenunternehmen der 4. und 5. T-Fl. im Kanal übernahmen Boote der 5. und 9. S-Fl. unter Führung von K Kpt. Klug und Kptlt. Frhr. von Mirbach die Sicherung, indem sie nördlich Cherbourg in See standen.

Diese beiden Flottillen stießen am 25. 3. gegen einen Konvoi vor, der bei Plymouth stand. Diesmal kamen sie nicht zum Schuß, sondern wurden vorzeitig abgedrängt und mußten unverrichteter Dinge umkehren.

Der in der kommenden Nacht geführte Vorstoß der 2., 4. und 8. S-Fl., die von K Kpt. Opdenhoff, K Kpt. Fimmen und K Kpt. Zymalkowski geführt wurden, der auf die englischen Geleitwege vor der britischen Süd- und Südostküste zielte, verlief ebenfalls ergebnislos.

Bei einem Angriff von 358 Marauder-Bombern der 8. USAAF am 26. 3. auf Ymudien, das als Hauptstützpunkt der Schnellboote erkannt worden war, wurden S 93 und S 129 durch Bombentreffer versenkt.

Zu einem Minenunternehmen legten am Abend des 18. 4. die 5. und 9. S-Fl. ab. Es ging in das Seegebiet der Isle of Wight, wo EMC-Minen gelegt wurden. Die 8. S-Fl. hingegen verseuchte das Seegebiet und die äußeren Geleitwege des Gegners nordwestlich von Smith Knoll.

Bei stürmischer See und Windstärken bis 7 liefen am 20. 4. die 5. und 9. S-Fl. zum Angriff gegen einen gemeldeten britischen CW-Konvoi aus. Dieser Versuch wurde von der Geleitsicherung vorzeitig erkannt und abgewehrt. Die S-Boote kamen nicht bis auf Torpedoschußentfernung an die Schiffe heran. Die gleichzeitig ausgelaufene 4. und 8. S-Fl., die mit 13 Booten in See gegangen waren, mußten bei schlechtem Wetter einige schwere Seeschäden hinnehmen

und schließlich die Unternehmung abbrechen.
Zwei Nächte später legten abermals zwei große Gruppen S-Boote ab. Und zwar führte ein Vorstoß der 5. und 9. S-Fl. mit jeweils fünf Booten gegen die Lyme-Bucht. Hier hatte eine Rotte der 9. S-Fl. ein Gefecht mit britischen Motor Gun Boats.
Ein gleichzeitig laufendes Minenunternehmen der 4. und 8. S-Fl. mit insgesamt 11 Booten mußte ebenfalls abgebrochen werden, nachdem sich herausgestellt hatte, daß die feindliche Luftaufklärung die Boote erfaßt hatte.
In diesem Monat April leisteten die Schnellbootmänner Außerordentliches. Immer wieder liefen die Boote aus. Immer wieder wurden sie von einer weit überlegenen feindlichen Streitmacht abgefangen und abgedrängt. Aber sie ließen nicht locker.
Auch am 24. 4. wurden die Boote der 5. und 9. S-Fl. durch das britische Radar-Küstensystem vorzeitig erfaßt. Das Führerboot der 5. S-Fl. versenkte den Schlepper »Roode Zee«, 468 BRT. Alle anderen Boote gingen leer aus. Ein MGB wurde in Brand geschossen. Auf zwei eigenen Booten erzielte der Gegner Treffer.
Die am Abend des 27. 4. auslaufenden 9 Boote der 5. und 9. S-Fl. stellten in der Lymebucht einen aus 8 US-LST bestehenden Verband, der gerade in die Bucht einzulaufen versuchte. Alle Boote kamen zum Schuß. Wild auseinanderlaufend versuchten die LST zu

Oblt. z. S. Karl Erhardt Karcher
Kdt. 4. S-Fl.

NAME	Werft	In Dienst	Depl. t	Hauptabmess. Lg. m	Br. m	Tfg. m	Antrieb	Leistung PS	Geschwindigkeit Höchstfahrt sm	Marschfahrt sm	Fahrbereich sm	Bewaffnung TR	Torp.	Masch.-Waffen	Bemerkungen
S 136	Lürssen Vegesack	1943	92,5 / 112-115	34,94	5,28	1,67	3 Daimler MB 501A 3 Schrauben 1,23mφ	7500	42,0	35	700	2	4	2-2cm	Typ „S 100"
S 137	Lürssen Vegesack	1943	92,5 / 112-115	34,94	5,28	1,67	3 Daimler MB 501 3 Schrauben 1,23mφ	7500	42,0	35	700	2	4	2-2cm	Typ „S 38"
S 138-150	Lürssen Vegesack	1943/44	92,5 / 113-122	34,94	5,28	1,67	3 Daimler MB 501A 3 Schrauben 1,23mφ	7500	42,0	35	700	2	4	2-2cm	Typ „S100" ab „S147" 1-4cm und 1-2cm
S151-158	Gusto Schiedam	1942/43	54,0 / 66-68	28,30	4,46	1,59	3 Daimler MB 500 3 Schrauben 1,23mφ	2850	32,3	30	350	2	2	1-1,5cm 1-2cm	Typ „S1" (ex F 5)
S159-166	Schlichting Travemünde	--/--	92,5 / 113-122	34,94	5,28	1,67	3 Daimler MB 501 3 Schrauben 1,23mφ	7500	42,0	35	700	2	4	2-2cm	Nicht fertiggestellt.
S167-186	Lürssen Vegesack	1943/44	92,5 / 113-122	34,94	5,28	1,67	3 Daimler MB 511 3 Schrauben 1,23mφ	7500	42,0	35	700	2	4	2-2cm	Typ „S100"
S187-194	Schlichting Travemünde	1944	92,5 / 113-122	34,94	5,28	1,67	3 Daimler MB 511 3 Schrauben 1,23mφ	7500	42,0	35	700	2	4	2-2cm	Typ „S100"
S195-200	Lürssen Vegesack	1944	92,5 / 113-122	34,94	5,28	1,67	3 Daimler MB 511 3 Schrauben 1,23mφ	7500	42,0	35	700	2	4	1-4cm 1-2cm 2 MG 34	Typ „S100"
S 201-202	Gusto Schiedam	1944	30,8 / 38,3	21,40	6,05	1,14	3 Daimler MB 511 3 Schrauben 1,23mφ	3000	38,0	35	700	2	4	1-4cm 1-2cm 2 MG 34	Typ „S100"
S 203-218	Lürssen Vegesack	1944	92,5 / 113-122	34,94	5,28	1,67	3 Daimler MB 511 3 Schrauben 1,23mφ	7500	43,6	35	700	2	4	1-4cm 1-2cm 2 MG 34	Typ „S100"
S 219-300	Schlichting Travemünde	1944/45	99,0 / 121-124	34,94	5,28	1,67	3 Daimler MB 511 3 Schrauben 1,23mφ	7500	43,5	35	750	2	4	6-3cm	Ab „S 229" nicht fertig (Auftrag annulliert).
S301-500	Lürssen Vegesack	1944/45	99,0 / 121-124	34,94	5,28	1,67	3 Daimler MB 518 3 Schrauben 1,23mφ	7500	43,5	35	750	2	4	6-3cm	Ab „S308" nicht fertig (Auftrag annuliert).
S701-800	Danziger Waggonfabrik	1944/45	99,0 / 121-124	34,94	5,28	1,67	3 Daimler MB 511 3 Schrauben 1,23mφ	7500	43,5	35	750	2	4	6-3cm	Ab „S710" unfertig im Bau oder in Auftrag.

Tabelle 6: Schnellboote 1930–1945

Schnellboot Typ „S100"

Dieser Schnellbootstyp umfaßt ab 1943/45 die Schnellboote „S100", „S136", „S138 bis S150", „S167 bis S186", „S195 bis S 200", „S 201 bis S 202", „S203 bis S 228" und „S 301 bis S 307".

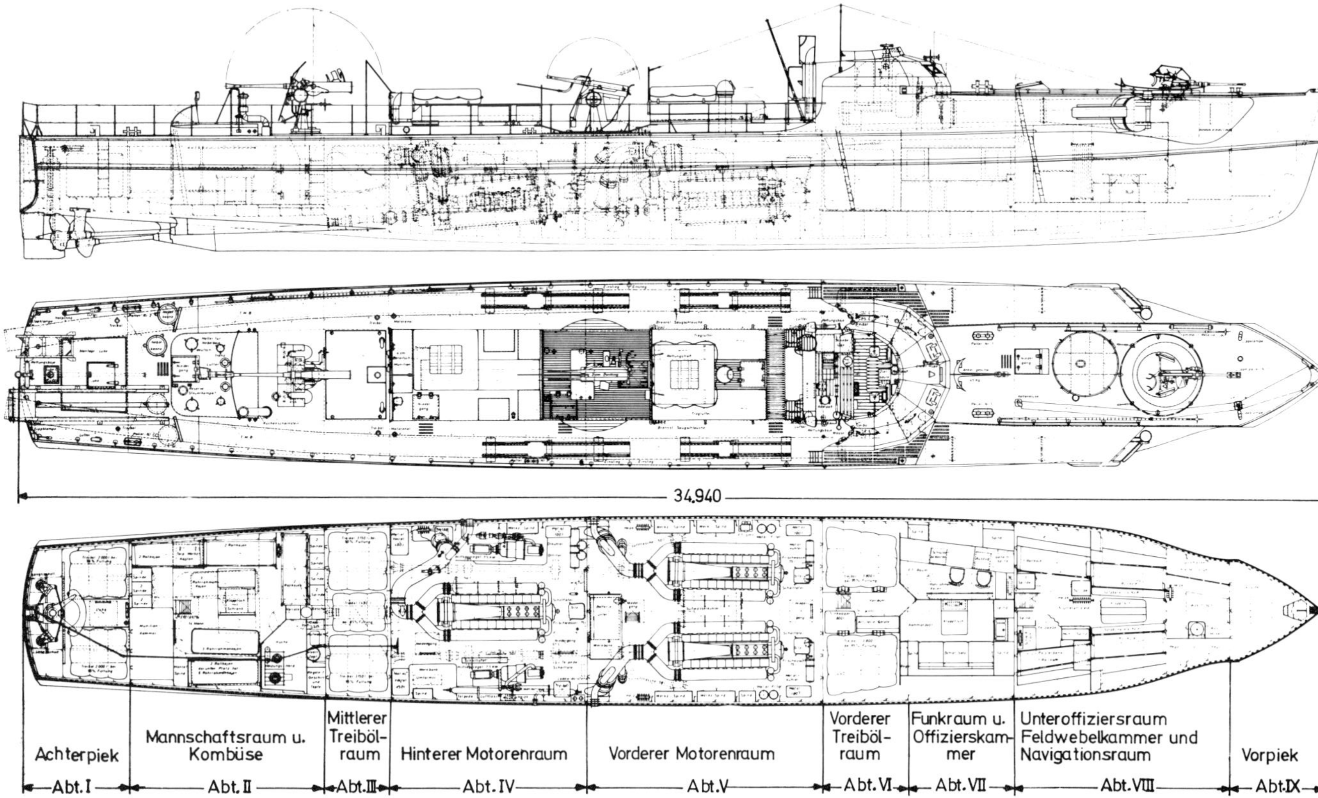

entkommen. Die LST 507, 531 und 289 wurden torpediert. 197 Seeleute und 441 auf diesen Booten eingeschiffte Soldaten fielen.
Am Nachmittag des 28. 4. wurde durch deutsche Luftaufklärung die 5. und 9. S-Fl. von Boulogne aus gegen Selsey Bill angesetzt, wo ein Konvoi erkannt worden war. Auch diesmal wurden die Boote vorzeitig durch die englischen Radarstationen entdeckt. Auf sie angesetzte Zerstörer drängten die S-Boote ab. Der Zerstörer »La Combattante« versenkte nach einem kurzen Gefecht S 147.
Dieser Zerstörer sollte auch beim nächsten größeren Schnellbooteinsatz von sich reden machen. Es war am 13. 5., als die 5. S-Fl. ins Gebiet der Isle of Wight lief, um dort auf Konvois zu lauern. Die Boote stießen auf eine Zerstörer-Patrouille. Wieder war »La Combattante« dabei. Dieser französische Zerstörer in englischen Diensten versenkte S 141. Am 19. 5. ging im Kanal S 87 durch Bombentreffer eines Jagdbombers verloren. Damit waren die Schnellboot-Flottillen empfindlich getroffen, denn hinzu kam der Ausfall einer Reihe von Booten, die zur Überholung in die Werft mußten.

SCHNELLBOOTE WÄHREND DER INVASION

Mit Beginn der Invasion an der französischen Atlantikküste waren neben den Zerstörern und Torpedobooten auch die Schnellboote am Feind, um diese gewaltige Seearmada zu stören. Am Abend des 6. 6. versuchte die 5. S-Fl. unter K Kpt. Klug von Cherbourg aus die Invasionsflotte anzugreifen. Durch Minentreffer ging dabei S 139 verloren. Zerstörer der westlichen Sicherungsgruppe der Alliierten sichteten die S-Boote und zogen sie in ein Gefecht. Die Flottille mußte umkehren.
Am Abend des 7. 6. lief die 4. S-Fl., K Kpt. Fimmen, zum Vorstoß gegen die alliierte Invasionsflotte in die Seinebucht aus. Starke Abwehr empfing die Boote, die zäh am Feind blieben und schließlich die US LST 376 und LST 314 versenkten.
Die Boote der von K Kpt. Frhr. von Mirbach geführten 9. S-Fl. versenkten in dieser Nacht westlich Fécamp die britischen Landungsboote LCI 105 und LCT 875.
Immer wieder verlegten die alliierten Zerstörer, deren Zahl immer mehrstellig war, den deutschen Schnellbooten den Weg. So auch in den späten Abendstunden des 9. 6. als sie einem Angriffsversuch der

5. und 9. S-Fl. von Cherbourg aus bereits bei Kap Barfleur ein Ende bereiteten, indem sie dort in einem dichten Kordon sicherten.
In dieser Nacht gelangen allerdings der 2. und 4. S-Fl., die in der nördlichen und mittleren Seinebucht die feindlichen Schiffsansammlungen angriffen, einige Erfolge. Die 2. S-Fl. meldete 2 Schiffe versenkt und die Boote S 188, S 172 und S 187 der 4. S-Fl. versenkten jeweils ein Schiff.
Das war einer der bedeutendsten Erfolge der Schnellboote vor der Invasionsküste.
Der Mineneinsatz der 8. S-Fl. in der Nacht zum 10. 6. mußte abgebrochen werden, weil S 180 und S 190 auf eine Mine liefen und schwer beschädigt wurden. Die Flottille kehrte um.
Was es bedeutete, immer wieder in die von Kriegsschiffen wimmelnde Hölle vor der Invasionsküste zu laufen, das erfuhren die Soldaten auf den Schnellbooten sehr bald.
Am Abend des 10. 6. gelang es Booten der 5. und 9. S-Fl. den Sicherungsriegel der Zerstörer bei Barfleur zu durchbrechen. Sie kamen zum Schuß und versenkten den Schlepper »Partridge« der US Navy und schossen dem britischen Zerstörer »Halsted« den Bug weg. Das britische Landungsboot LST 538 wurde versenkt. In den sich anschließenden Gefechten mit den Zerstörern »Sioux«, »Gatineau« (franz.) und »Krakowiak« (poln.) sowie mit der Korvette »Duft« kam es zu dramatischen Duellen mit den großen Gegnern. Nacheinander sanken S 136 und S 137.
In dieser Nacht legte die 4. S-Fl. westlich Le Havre Minen und die 2. S-Fl. versenkte aus einem Konvoi südlich der Isle of Wight die Frachter »Brackenfield«, »Ashanti« und »Dungrange«.
Am späten Abend des 11. 6. liefen die Boote der 5. und 9. S-Fl. zu einem Auftrag aus, der den vollen Einsatz verlangte. Und zwar sollten die Boote mit Unterstützung eigener Küstenbatterien die alliierte Zerstörersicherung bei Kap Barfleur angreifen. Mit schnellster Fahrt liefen die S-Boote an und schossen in das aufflammende Abwehrfeuer hinein ihre Torpedos. Der britische Zerstörer »Nelson« wurde torpediert und versenkt. Dann ging der Schlepper »Sesame« auf Tiefe. Während diese Boote abliefen, stießen von Osten her die Boote der 4. S-Fl. auf die britischen leichten Einheiten. Auch hier kam es zum Gefecht, bei dem S 171 das britische MGB 17 versenkte.
Die 2. S-Fl. legte in dieser Nacht Minen.
Der am Abend des 12. 6. durchgeführte Vorstoß der 9. S-Fl. wurde

schon wieder bei Kap Barfleur abgedrängt. Die dort postierten US-Zerstörer schossen aus allen Rohren und verhinderten den Durchbruch der deutschen S-Boote.
Ein in dieser Nacht durchgeführter Minenvorstoß der 4. S-Fl. endete mit der Ausschaltung eines Bootes. S 149 lief auf eine Mine und wurde schwer beschädigt eingeschleppt.
Den britischen Beaufightern, der RAF-Squadron 143 und 236, die in dieser Nacht über dem Seegebiet patrouillierten, gelang ein großer Erfolg. Sie stellten die Boote der 2. S-Fl. und versenkten in mehreren Angriffen S 178, S 179 und S 189. Die zur Hilfeleistung und zur Rettung der Schiffbrüchigen angesetzten Räum- und M-Boote verloren am Morgen noch R 97, während M 402 schwer beschädigt einlaufen konnte.
Dennoch waren die Schnellboote der erklärte Angstgegner der Alliierten. Was ihnen mit dem Einsatz einiger hundert Kleinkampfschiffe und Zerstörern nicht gelang, das versuchten sie nunmehr mit der Luftwaffe zu erreichen: Die Vernichtung der Schnellboote in ihren Stützpunkten.
Am 14.–15. 6. griffen Lancaster-Bomber des Royal Bomber Command Le Havre an, wo ständig zwei, manchmal auch drei S-Fl. ihren Stützpunkt hatten, um von hier aus gegen die Invasionsflotte auszulaufen. In einem mörderischen Bombardement wurden 3 Torpedoboote und 2 Geleitboote vernichtet. Die Schnellbootwaffe verlor bei diesem Großangriff S 66, S 84, S 100, S 138, S 142, S 143, S 169, S 170, S 171 und S 172. Dies war der größte Verlust, den die Schnellbootwaffe jemals erlitt.
Die letzten drei Boote der bei diesem Luftangriff schwer getroffenen 9. S-Fl. liefen am Abend des 16. 6. von Cherbourg aus, um einen Vorstoß in die Seinebucht zu unternehmen. Auch diesmal wurden die Boote aufgefaßt und abgedrängt.
Zur gleichen Zeit marschierte die 8. S-Fl. von Ostende aus zu Minenunternehmen vor die englische Südostküste und die 2. S-Fl. griff in der Seinebucht an. Auch sie erzielte keine Erfolge. Die Übermacht des Gegners war so stark, daß an ein Durchkommen und Herankommen auf Torpedoschußweite unmöglich war.
In den Nächten zum 23. und 24. 6. ging bei weiteren Einsätzen der 2. S-Fl. im Kampfgebiet der Seinebucht S 190 verloren und S 175 wurde im Gefecht mit den Zerstörern schwer beschädigt.
Am späten Abend des 26. 6. verlegten die letzten drei Boote der 9.

S-Fl., S 130, S 145 und S 140 von St. Malo nach Dieppe. S 145, das unterwegs einen Motorschaden erlitt, mußte nach St. Malo zurückkehren.
Diese Schnellboot-Vorstöße in den Kanal, an denen sich mit Ausnahme der Boote bei den Schulflottillen, im Mittelmeer und im Schwarzen Meer sämtliche Einheiten der Schnellbootwaffe beteiligten, forderten den letzten Einsatz. An der 1000 km langen Front am Kanal war in diesen Monaten die Abwehr verdreifacht, dementsprechend schwerer mußten die Erfolge erkämpft werden. Über der See besaß der Gegner die absolute Luftherrschaft.
Als Ende Juni die 6. S-Fl., Kptlt. Matzen, von Boulogne nach Le Havre lief, erhielt Matzen über Funk die Nachricht von einem starken englischen Konvoi, der dicht unter der englischen Südküste laufe. Der Flo-Chef entschloß sich sofort zum Angriff. Er ließ auf den Geleitzug eindrehen. Als der Geleitzug dann in Sicht kam, griffen die Boote trotz des wilden Abwehrfeuers an und schossen ihre Torpedos. Drei, vier und schließlich sieben Handelsschiffe sanken, brannten aus oder wurden durch die detonierende Munition, die sie transportierten, in Stücke gerissen.
Mit Höchstfahrt entzogen sich die Schnellboote dem Feuer der Bewacher und legten in Le Havre an.
Die 5. S-Fl., die fast sämtliche Boote verloren hatte, wurde im Juli

Kptl. Jens Matzen, Chef der 6. S-Fl.

1944 neu aufgestellt und verlegte im August 1944 in den neuen Stützpunkt nach Helsinki, um im Finnischen Meerbusen zum Einsatz zu gelangen.
Die im Einsatzraum Seinebucht und Kanal zurückbleibenden Boote liefen den ganzen Juli hindurch immer wieder gegen die Invasionsflotte aus.
In der Nacht zum 8. 7. waren es je eine Gruppe der 2. und 8. S-Fl., die von der »Thornborough«- und den »Hunt«-Klasse-Zerstörern »La Combattante« und »Catterick« erkannt und im Gefecht abgedrängt wurden.
Eine Woche darauf waren es die Einheiten der englischen 29. und 64. MTB-Flottille, welche die S-Boote abdrängten, und am späten Abend des 23. 7. wurden die deutschen Boote von den Zerstörern »Forester« und »Stayner« sowie den MTB 474 und 480 aufgefaßt, beschossen und abgedrängt. Ein auf die »Forester« geschossener Torpedofächer ging achtern vorbei, als der Zerstörer mit der Fahrt auf AK heraufging.
Zu einem neuen Konvoiangriff kam es in der Nacht zum 28. 7., als 12 Boote – aus mehreren Flottillen zusammengezogen – gegen einen vor Beachy Head stehenden Geleitzug operierten. Hierbei kam es zu einem dramatischen Gefecht mit Geleitzerstörern und MTB. Dennoch kamen einige Boote auf Schiffe dieses Konvois zum Schuß. Drei Schiffe mit zusammen 14217 BRT wurden versenkt. Im Gefecht mit den Zerstörern »Obedient«, »Savage«, »Opportune« und »Retalick« ging S 182 verloren.
Die Nacht zum 30. 7. sah einen weiteren Angriff auf einen Konvoi. Auch dieser Geleitzug war stark gesichert. Zerstörer und Geleitboote bemühten sich, den Angriff schon im Ansatz zu unterbinden. Doch an vier Stellen gleichzeitig brachen die S-Boote rottenweise durch und kamen zum Schuß. Torpedos flitzten den Schiffen entgegen. Erste Detonationen dröhnten durch die Nacht, Flammen stiegen empor. Ein Schiff brach in der Mitte durch und sank. Es war ein Frachter von 7219 BRT. Vier weitere Frachter mit zusammen 28699 BRT wurden torpediert. Sie konnten in den nächsten Hafen eingeschleppt werden, fielen aber für die gesamte Dauer des Krieges aus. Die Zerstörer »Oribi« und »Thornborough« konnten trotz großen Einsatzes dieses nicht verhindern.
Im Monat August kam es immer wieder zu Kämpfen zwischen S-Booten und Bewachern und anderen Kriegsschiffen. Ein Zwei-

kampf zwischen drei US-Korvetten und den Zerstörern »Retalick« und »Thornborough« gegen deutsche S-Boote vor Kap d'Antifer verlief ohne Verluste.

Vor der Themsemündung kam es am 17. 8. zu einem Gefecht deutscher Schnellboote gegen britische MTB und den Zerstörern »Opportun« und »Walpole«. Am 20. 8. wurden die S-Boote von einem Konvoi abgedrängt, als dieser angegriffen werden sollte. Es waren hier die Zerstörer »Melbreak«, »Watchman« und »Forester«, die deutsche mögliche Erfolge verhinderten.

Der nächste Zweikampf Zerstörer gegen Schnellboote fand drei Nächte darauf statt. Hierbei wurden die Zerstörer »Talybont« und »Melbreak« von einigen 4-cm-Granaten getroffen. Auch die S-Boote erhielten Treffer, bevor sie sich im Zickzackkurs den schweren Granaten entzogen.

Am 26. 8. liefen die Boote abermals aus und wurden von dem in See stehenden Sicherungskordon der Zerstörer und MTB rechtzeitig erfaßt. Im Gefecht wurden die S-Boote abgedrängt.

Schnellbooteinsatz im Schwarzen Meer

HARTE GEFECHTE UNTER DER KÜSTE

Im Schwarzmeerraum waren die Boote der 1. S-Fl. auch im September 1943 wieder in vollem Einsatz. Bei der Abwehr sowjetischer Landungen bei Noworossisk am 10. 9. wurden die S-Boote am frühen Morgen von russischen Fliegern angegriffen. Durch Bordwaffenbeschuß wurde S 46 so schwer beschädigt, daß das Boot versenkt werden mußte.

Bei Stichfahrten am 17. 9. geriet S 42 mit zwei russischen MGB ins Gefecht. Vor Anapa schossen die schnell heranschießenden sowjetischen Boote aus allen Waffen auf die deutschen S-Boote. Drei Nächte später kam es zu einem Gefecht der S-Boote gegen russische Bewacher zwischen Kap Utrisch und Anapa.

Zwischen Kertsch und Feodosia fuhren die Boote in den nächsten Tagen Geleitdienst. Hierbei kam es zu einem Gefecht mit einem russischen Kanonenboot.

In der Nacht zum 5. 10. versuchten drei russische Zerstörer die S-Boote direkt vor dem Stützpunkt Iwan Baba abzufangen. Die Boote S 42 und S 28 versuchten, diese Zerstörer zu torpedieren. Während S 42 zwei Fehlschüsse abschoß, wurde S 28 am Torpedoschuß gehindert.

Der Luftwaffe gelang es, zwei dieser drei angreifenden Zerstörer zu bombardieren und zu versenken und den dritten schwer zu beschädigen.

Am nächsten Tag begann der Rücktransport der aus dem Kubanbrückenkopf zurückweichenden deutschen Truppen über die Straße von Kertsch. Sämtliche Boote der 1. S-Fl. und der 3. R-Fl. geleiteten diese Transporte an der Südküste der Krim entlang zurück nach Sewastopol.

Während der Kämpfe um den sowjetischen Brückenkopf Eltingen unternahmen 5 S-Boote in 17 Tagen 60 Einsätze.

DAS JAHR 1944 UND DAS ENDE IM SCHWARZEN MEER

Als zu Ende des Jahres 1943 die Krim von der Landseite her abgeschnitten war und der Gegner auch Kertsch besetzt hatte, liefen die

Boote der 1. S-Fl. immer wieder zu Vorstößen gegen die Kaukasusküste aus. Als man glaubte, daß im Hafen von Gelendschik ein russischer Schnellboot-Stützpunkt eingerichtet worden war, unternahmen die S-Boote S 28, S 42, S 45, S 52, S 131 und S 149 Anfang Februar 1944 einen Vorstoß in dieses Gebiet. Nach Erreichen des Operationsgebietes legten sich die Boote mit abgestellten Motoren auf die Lauer. Eine Stunde warteten sie, dann kam von S 42 die Meldung:

»Schatten voraus!«

Kurz darauf waren auch die Motorengeräusche zu vernehmen. Vier, fünf, dann sechs niedrige Boote kamen näher und näher.

»Russische Motorkanonenboote und Motortorpedoboote«, wisperte die Nummer Eins auf S 131. Dicht hintereinander, in Kiellinie, liefen diese sechs MTB und MGB dem Hafen von Gelendschik entgegen. Näher und näher kamen sie an die auf Lauer liegenden deutschen S-Boote heran. Die S-Boote eröffneten das Feuer aus ihren 2-cm-FlaMW und den 4-cm-Kanonen.

Noch ehe sich der Gegner von diesem urplötzlich losbrechenden Feuerschlag erholt hatte, hatte er vier seiner Boote verloren. 25 Minuten dauerte dieses Gefecht. Als sich der Gegner absetzte, waren drei MTB gesunken und ein MGB trieb brennend auf der See.

Wenige Tage darauf mußte die 1. S-Fl. ihren Stützpunkt Iwan Baba aufgeben und nach südlich Sewastopol verlegen.

Am 19. 8. 1944 gingen im Hafen von Sulina im Donaudelta durch Fliegerangriff S 26 und S 40 verloren.

Bei einem Angriff sowjetischer Schlachtflieger und Jagdbomber auf den Hafen von Konstanza wurden am 20. 8. die S-Boote S 42, S 52 und S 131 sowie am 25. 8. 1944 die Boote S 28 und S 149 schwer beschädigt und mußten von der Besatzung gesprengt werden. Die Boote S 45 und S 47 wurden am 29. 8. und S 72 bereits am 23. 8. 1944 in Galatz gesprengt.

Damit hatte die 1. S-Fl. sämtliche Boote verloren. Der Kampf der Schnellboote im Schwarzen Meer war zu Ende. Über zwei Jahre hatten die Männer dieser deutschen S-Flottille hier gekämpft.

In Swinemünde stellte KKpt. Büchting die neue 1. S-Fl. auf, die zum Schluß des Krieges noch im Baltikum zum Einsatz kam und viele Menschen vor dem Zugriff der Roten Armee in Sicherheit brachte.

Das sechste Kriegsjahr

ALLGEMEINE ÜBERSICHT

Nachdem am 26. 12. 1943 am Nordkap das Schlachtschiff »Scharnhorst« gesunken war, kam es nicht mehr zum Kampf zwischen englischen und deutschen Großkampfschiffen.
Zu Lande ging es an allen Fronten zurück. Das letzte deutsche Schlachtschiff, die »Tirpitz«, lag im Tromsöfjord fest und wurde am 12. 11. 1944 von überschweren 5-Tonnen-Bomben britischer Luftstreitkräfte versenkt.
Vorhanden waren an Kriegsschiffen noch in der Ostsee die schweren Kreuzer »Prinz Eugen«, »Lützow« und »Admiral Scheer«, die bis zu diesem Zeitpunkt als Ausbildungsverband gedient hatten. Nunmehr wurden diese letzten »Dickschiffe« zu Kampfgruppen zusammengefaßt, um im Herbst und Winter 1944 von See her in die Landkämpfe des Nordabschnittes der Ostfront einzugreifen und die deutschen Heerestruppen damit zu entlasten.
Zerstörer und Torpedoboote operierten im Nordraum und in der Ostsee.
Hinzu kamen die Schnellboot-Flottillen und die neuaufgestellten Kleinkampf-Flottillen der Kriegsmarine.
Einige der im Rahmen der Rückführung der deutschen U-Boote in deutsche Stützpunkte freigewordene Atlantikhäfen wurden Festungen. So La Pallice, Gironde Nord, St. Nazaire und Brest. Von diesen Festungen fielen einige im September–Oktober 1944; vier aber hielten sich bis Kriegsschluß. Es waren La Rochelle, St. Nazaire, Lorient und Dünkirchen.

BIS ZUM BITTEREN ENDE IM MITTELMEER

Der erste Einsatz der S-Boote der 1. Schnellboot-Division in der nördlichen Adria im Jahre 1944 wurde von zwei Booten der 3. S-Flottille durchgeführt. Die Operation führte Oberleutnant z. S. Weber. Zwei Motorsegler wurden versenkt. Anschließend beschossen die beiden Boote die Hafenanlagen von Lissa.
Diese beiden Boote liefen auch am 10. 1. zur Beschießung des Ha-

Boote der 8. S-Fl. in Kiellinie aus dem Drontheim-Fjord auslaufend.

Führerboot der 8. S-Fl. im Drontheim-Fjord hohe Fahrt laufend.

S 67 große Fahrt laufend.

S-Boot-Begleitschiff »Carl Peters« vor der norw. Küste.

Torpedo-Übernahme vom S-Boot-Begleitschiff »Carl Peters« im Harstad-Fjord.

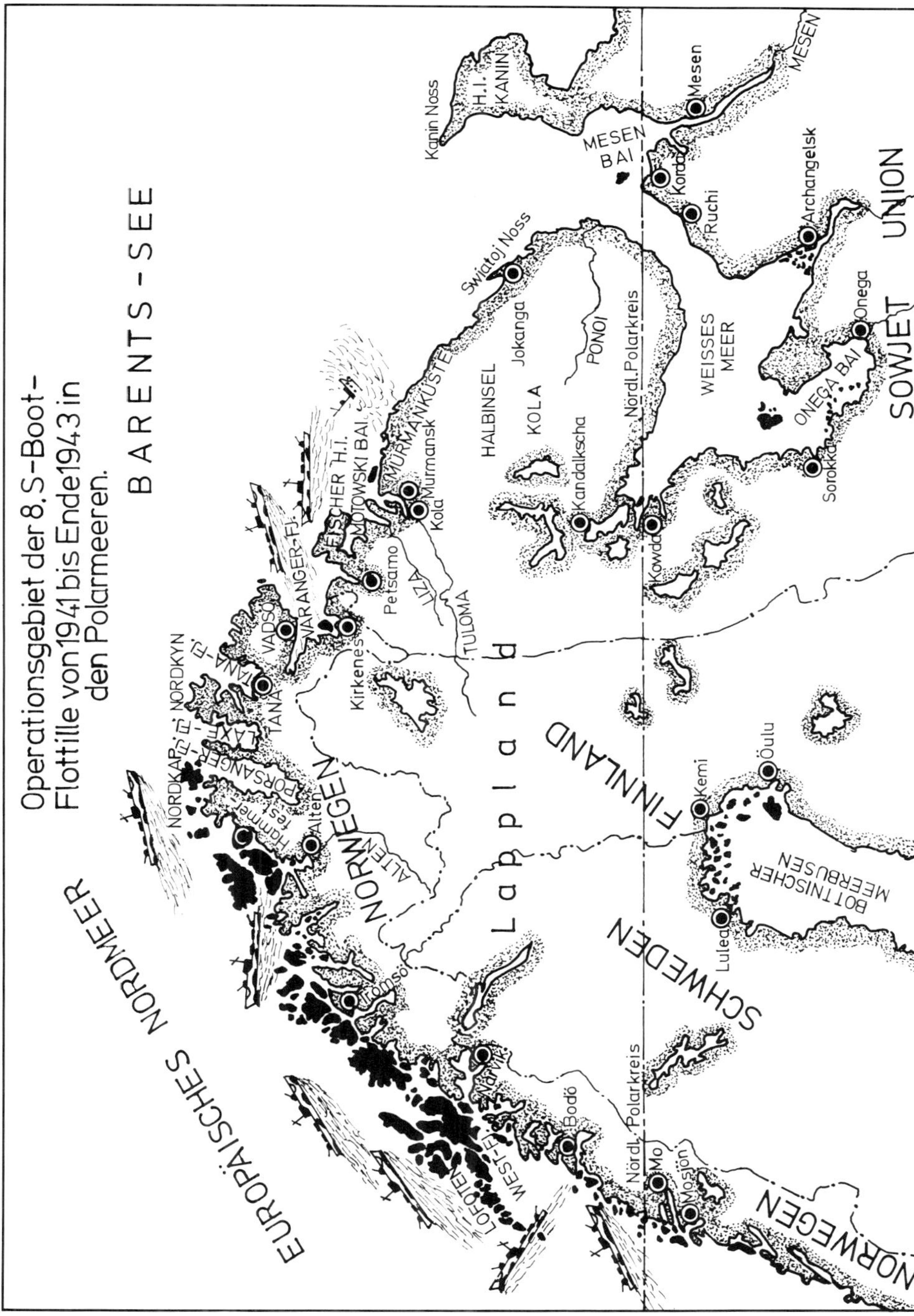
Operationsgebiet der 8. S-Boot-Flottille von 1941 bis Ende 1943 in den Polarmeeren.
BARENTS-SEE
EUROPÄISCHES NORDMEER
NORWEGEN
Lappland
FINNLAND
SCHWEDEN
SOWJET UNION
HALBINSEL KOLA
WEISSES MEER
ONEGA BAI
MESEN BAI
BOTTNISCHER MEERBUSEN
H.I. KANIN
Kanin Noss
Mesen
Korda
Ruchi
Archangelsk
Onega
Sorokka
Swiatoj Noss
Jokanga
PONOI
Nördl. Polarkreis
Kandalkscha
Kowda
MURMANKÜSTE
MOTOWSKI BAI
FISCHER H.I.
Murmansk
Kola
Petsamo
LIZA
TULOMA
Kirkenes
VARANGER-FJ.
VADSÖ
TANA
TANA-FJ.
NORDKYN
LAXE-FJ.
PORSANGER-FJ.
NORDKAP
Hammerfest
Alten
ALTEN
Tromsö
Narvik
Bodö
WEST-FJ.
LOFOTEN
Mo
Mosjön
Kemi
Oulu
Lulea

Karte 8

fens Komitza aus. Auf dem Rückweg gelang ihnen die Aufbringung eines griechischen Motorseglers.
Geleitfahrten, Hafenbeschießungen und Störung des Nachschubs für die Partisanen waren die Aufgaben der Boote.
Fregattenkapitän Schultz-Siemens führte jene Boote, die in der Nacht zum 18. 3. abermals in das Kanalgewirr zwischen den dalmatinischen Inseln liefen. Ein Motorfischkutter, der zu entkommen versuchte, wurde versenkt.
Im Gefecht mit feindlichen Torpedobooten gelang es in der Nacht zum 3. 5., ein Torpedoboot zu versenken.
Unter Kapitänleutnant von Gernet, Kommandant S 61, liefen in der Nacht zum 11. 5. abermals zwei Boote zum Erkundungsmarsch aus. Sie versenkten ein 250 BRT großes Küstenmotorfahrzeug.
In einer Großoperation kamen schließlich 5 Boote der 7. S-Flottille in der Nacht zum 1. 6. 1944 unter Führung von Korvettenkapitän Trummer zum Einsatz.
Mitte Juni 1944 befand sich der Führungsstab der 1. Schnellboot-Division in Cattaro, wo sich auch der Kommandositz der 3. S-Flottille befand. Die Boote dieser Flottille waren auf mehrere Häfen verteilt. Während S 30 und S 33, S 36 und S 61 einsatzbereit in Pola lagen, befand sich S 54 in Salamis, S 57 und S 60 in Venedig.
Die 7. S-Flottille lag mit den Booten S 155, S 156 und S 157 in Split und die Boote S 151, S 152 und S 158 in Venedig.
Am 25. 6. 1944 liefen die Boote S 157, S 154 und T 7 in Richtung dalmatinische Inseln aus. An Backbord voraus laufend führte das italienische S-Boot T 7. Mit Passieren der Insel Cocoglari wurden zwei Torpedos auf T 7 geschossen, die fehlgingen. 10 Minuten darauf entdeckte Oberleutnant z.S. Liebhold, Kommandant S 157, Steuerbord achteraus drei große S-Boote. Lassen wir ihn berichten:
»Vor uns drehte T 7 auf die Küste ab, obwohl die Feindboote zwischen diesem Boot und der Küste standen. Der Feind kam schnell auf und eröffnete das Feuer auf T 7 und kurz auch auf unsere Boote. ›Fertigmachen zum Torpedoangriff!‹ befahl ich. Doch dieser Angriff wurde durch die überlappende Stellung von T 7 zu den Feindbooten vereitelt.
Um 22.40 Uhr stand T 7 als hell leuchtende Fackel auf der See. Der Feind stellte das Feuer ein und lief auf T 7 zu. Zwei Feindboote hielten an unseren Booten Fühlung. Erst als wir sie um 22.50 Uhr abgeschüttelt hatten, konnten wir wenig später 21 Mann der Besat-

S-Boot-Begleitschiff »Carl Peters« 1943 als Begleitschiff der 8. S-Fl. in Norwegen.

Boot der 8. S-Fl. auf Kontrollfahrt im Drontheim-Fjord.

S-Fl. aus dem Harstad-Fjord auslaufend.

S-Boot-Begleitschiff »Carl Peters«.
Blick von der Brücke nach achtern auf die im Kielwasser folgenden Boote der 8. S-Fl.

zung von T 7 retten. Danach traten wir den Rückmarsch nach Zara an.«

Am 1. 5. 1944 wurden die ersten ehemaligen italienischen MAS-Boote einsatzbereit. Es waren die Boote S 621, S 627, S 628 und S 629, die in Monfalcone liegenden Boote S 623 und S 626 sowie die in Saloniki liegenden Boote S 601, S 602 und S 604.

Die 22. S-Flottille befand sich zu dieser Zeit auf der Überführung von der Ostsee in ihren neuen Stützpunkt Lignano an der Adria.

Im Juli führte die 7. S-Flottille mehrere Einsätze durch. Bei einem Gefecht mit englischen MGB in der Nacht zum 24. 7. wurde ein MGB versenkt. Zwei Tage später wurde während einer Geleitsicherung ein MGB in Brand geschossen.

In der Nacht zum 19. 8. 1944 liefen fünf Boote der 3. S-Flottille zu einer Geleitaufgabe aus, da es galt, einen Geleitzug, bestehend aus mehreren Frachtschiffen, sicher in einen der griechischen Häfen zu bringen. Als Sicherungsstreitkräfte waren dem Geleitzug die S-Boote S 30, S 33, S 36, S 57 und S 58 sowie einige Marineartillerie-Träger zugeteilt.

»Die Nacht stand hoch über den drei S-Booten, die an der gefährdeten Backbordseite des Konvois liefen, als der Konvoi um 23.15 Uhr die Inseln Bisevo und Vis passierte.

›In wenigen Minuten haben wir die Insel Korkula erreicht, Herr Oberleutnant!‹ bemerkte die Nummer Eins. Oberleutnant zur See Braun nickte. Er spähte zu den Schatten der Transporter an seiner Steuerbordseite hinüber. Es waren zwei große Schiffe mit wichtigem Nachschub. Schließlich wandte er sich nach Backbord, hob sein Fernglas vor die Augen und suchte die Kimm im Osten ab. Dann schwenkte er nach Backbord achteraus und zuckte plötzlich zusammen:

›B.Ü.: Flo-Chef an alle: Schatten Backbord achteraus!‹

Der Befehlsübermittler gab die Meldung durch und erhielt von sämtlichen Booten die Bestätigung. Die Schatten kamen schnell näher, und plötzlich sahen alle, wie achtern, an mehreren Stellen gleichzeitig, die Mündungsfeuer aufblitzten.

›Flo-Chef an alle: Drei Motorkanonenboote greifen an!‹

›Feuer frei!‹ hieß es auf allen Booten. Wenig später jagten dem Gegner aus allen Rohren der 2-cm-FlaMW die buntschillernden Bahnen der Leuchtspurgeschosse entgegen, der schnell näherkommend, das Feuer pausenlos erwiderte.

›Sie schießen sich auf S 57 ein, Herr Oberleutnant!‹
›Flo-Chef an S 30 und S 36: Angriff auf die MGB!‹
S 33 drehte mit Hartruderlegen nach Backbord und lief nun spitz auf das eine MGB zu, das zu ihm in einer günstigen Schußposition stand und mit allen Waffen S 57 beschoß.
›S 57 meldet drei Treffer, Herr Oberleutnant!‹
›Flo-Chef an S 57: Abdrehen und Nordwestkurs ablaufen!‹
S 57 bestätigte und drehte. Aber in dieser Phase des Gefechtes jagten alle drei MGB ihre Granaten in S 57 hinein.
›S 57 an Flo-Chef: Wir müssen das Boot aufgeben!‹
›Flo-Chef an S 57: Gehen Sie von Bord, wir fischen Sie auf!‹
Und während die MGB nach vorn jagten und einen der getroffenen Dampfer mit Granaten durchlöcherten, lief S 33 zu der Stelle hin, wo die Besatzung von S 57 im Wasser schwamm, um die Kameraden an Bord zu nehmen.
›Habe Torpedofächer geschossen!‹ meldete S 36.
›Einzelschuß geschossen!‹ kam S 58 nach.
Doch die MGB ließen sich nicht vertreiben, und selbst als jetzt das Feuer der MAT zum Tragen kam und eines der MGB in Brand geschossen brennend abdrehte, versuchten die anderen Boote den zweiten Dampfer anzugreifen.«
Unter Führung des Kommandanten von S 155, Oberleutnant z. S. Heckel, liefen am 2. 9. vier Boote der 7. S-Flottille in Richtung Brac aus. Von dieser Insel aus operierten die Partisanen. Die Boote hatten Befehl, den Nachschubverkehr dorthin lahmzulegen.
Als sie dicht vor der Insel standen, wurde ein kleiner Konvoi der Partisanen gesichtet. Alle Boote eröffneten das Feuer. Zwei Einheiten der Partisanen gerieten in Brand. Mit einer mächtigen Explosion brach ein Motorkutter in der Mitte auseinander, der für die Partisanen Munition geladen hatte.
Von Land aus eröffneten die Partisanen das Feuer. Sie setzten zum Beschuß der deutschen S-Boote selbst Granatwerfer ein. An der Küste entlanglaufend erwiderten die vier S-Boote das Feuer und brachten den Gegner zum Schweigen.
Wenige Tage darauf liefen drei Boote unter Führung von Oberleutnant z. S. Kelm, Kommandant von S 154, in den gleichen Seeraum aus. Sie versenkten ein Partisanenfahrzeug und machten acht Gefangene. Die Häfen Supetar und Sumartin sowie Feindstellungen auf Cornat wurden im September beschossen.

Auf Befehl des Kommandierenden Admirals Adria liefen am 20. 9. Teile der 3. und 7. S-Flottille zur Unterstützung des Torpedoboots-Durchbruchs in die Ägäis in das Dreieck Lissa–Brac–Solta aus.
Im Oktober 1944 griffen erstmalig auch Boote der 24. S-Flottille in den Kampf ein. Sie liefen vor dem Hafen Meladas entlang, um die feindlichen Stellungen anzugreifen. Zur gleichen Zeit torpedierten Boote der 3. S-Flottille die Kaianlagen des Hafens.
Am 10. 10. liefen ein T-Boot, ein U-Jäger und vier Boote der 24. S-Flottille zum Sonderunternehmen »Dacapo« von Pola aus. Man vermutete auf der südwestlichen Landzunge der Insel Molat eine Funk- und Signalstation der Partisanen. Diese sollte zerschlagen werden. Außerdem wurden in den Häfen und Buchten Bandenschlupfwinkel und Partisanen-Anlegestellen vermutet.
Eine Gruppe, bestehend aus einem U-Jäger und zwei S-Booten lief an der Westseite der Insel entlang. Die zweite Gruppe mit dem T-Boot und ebenfalls zwei S-Booten operierte an der Südwest- und Südseite. Während die erste Gruppe das Feuer auf die Funkstation und die Buchten eröffnete, griffen die Boote der 3. S-Flottille die Hafenanlagen an und torpedierten die Kais. Zwei kleinere Fahrzeuge, die im Haupthafen lagen, wurden versenkt.
Am 13. 10. ging der Rest der 7. S-Flottille als zweite Gruppe in der 3. S-Flottille auf. Aus der 24. S-Flottille wurde die dritte Gruppe der 3. S-Flottille gebildet.
Zwei Tage später, am 15. 10., lief zum ersten Male die zweite Gruppe der Flottille unter Oberleutnant z. S. Buschmann, dem geretteten Kommandanten von S 57, zu den Hafenanlagen von Zirje, die sie durch Torpedoschüsse zerstörten.
Vier Boote der ersten Gruppe unter Oberleutnant z. S. Backhaus, Kommandant S 30, versenkten in einem nächtlichen Erkundungsvorstoß am 20. 11. vor Benedetto je einen Motorsegler von 450 BRT und 350 BRT.
Mit einem nächtlichen Gefecht gegen feindliche MGB ging das Jahr 1944 zu Ende. In diesem Gefecht wurden zwei Boote schwer getroffen. Sie erreichten jedoch den eigenen Stützpunkt. Ein MGB wurde von ihnen in Brand geschossen.

Bis Ende Dezember 1944 hatten die drei S-Boot-Flottillen – ab Oktober in die drei Gruppen der 3. S-Flottille aufgegangen – 85 Geleitsicherungsaufgaben durchgeführt. Achtmal wurden Hafenanlagen beschossen und torpediert. Achtmal standen die Einheiten in Zerstörergefechten, neunmal im Kampf gegen feindliche Motorkanonenboote. Hinzu kamen zahlreiche weitere Gefechtsberührungen mit Schnellbooten und anderen Fahrzeugen.
Nur zwei deutsche S-Boote waren in allen diesen Einsätzen am Feind verlorengegangen. Die S-Boote hatten insgesamt 27 feindliche Fahrzeuge versenkt, darunter ein MGB. Torpediert wurde ein feindliches Torpedoboot, ein MGB und ein Artillerieträger.
Nach diesen Erfolgen gingen Kommandanten und Besatzungen der alten und mit Booten der übrigen Flottillen aufgefrischten 3. S-Flottille mit Zuversicht in das neue Jahr.
Bereits im Januar 1945 erlitten sie bei einem Geleitunternehmen schwere Verluste. Es waren die Boote S 36, S 58, S 60 und S 61, welche die Geleitsicherung für zwei Dampfer zu übernehmen hatten. Als, wiederum von achtern aufdampfend, feindliche MGB angriffen und ihr Geschützfeuer sich auf den größten der geleiteteten Dampfer konzentrierte, fuhren drei der vier S-Boote einen Torpedoangriff. Durch das Feuer seiner 2-cm-FlaMW gelang es S 36, einen der Gegner in Brand zu schießen. Plötzlich aber tauchten weitere Feindfahrzeuge auf. Die S-Boote mußten sich einnebeln und ablaufen.
Nahe der Insel Unie, auf der Höhe von Lussinpiccolo, lief Anfang Januar 1945 das an der Spitze des Verbandes stehende S-Boot S 36 infolge eines Kompaßfehlers auf Grund. Noch ehe die Kommandanten der anderen Boote den Kompaßfehler bemerkten und den Befehl zur Kursänderung geben konnten, waren auch S 58, S 60 und S 61 auf Grund gelaufen. Alle Boote konnten nicht mehr freikommen und mußten daher aufgegeben werden. Sie wurden von den Besatzungen durch Sprengung versenkt.
Zur gleichen Zeit wurde S 154 in Pola während eines Luftangriffs durch Fliegerbomben versenkt. Am 1. 5. 1945 wurde S 157 westlich Triest durch Granatwerferfeuer versenkt.
Als am 3. 5. 1945 im Südwestraum die Waffen schwiegen, wurden S 30, S 151, S 152, S 155 u. S 156 von Pola nach Ancona ausgeliefert.

Am 3. 9. 1944 wurden die S-Boote aus dem Kanalbereich nach Rotterdam und Ymuiden verlegt, um von dort aus weiter gegen die englische Südostküste zu operieren. Auf diesem Verlegungsmarsch wurde S 184 von den bei Dover stationierten englischen Batterien zusammengeschossen. In der Nacht vom 18./19. 9. 1944 brachten vier Schnellboote Munition und Versorgungsgüter in die eingeschlossene Festung Dünkirchen. Die Boote S 183, S 200 und S 702 der 10. S-Fl. deckten diese Operation zur See hin. Die Sicherungsgruppe verhinderte die Versenkung der Versorgungsboote, indem sie gegen einen aus einer Fregatte und zwei MTB bestehenden Feindverband kämpften und diesen aufhielten. Nacheinander wurden S 183, S 200 und S 702 von der Fregatte »Stayner« und den beiden britischen MTB versenkt.
In der Nacht zum 2. 11. gelang es den S-Booten, vor Ostende den britischen Tanker »Rio Bravo« zu versenken. Die zu einem Minenunternehmen in die Scheldemündung ausgelaufenen sechs S-Boote wurden in der Nacht vom 15./16. 11. 1944 von den britischen Zerstörern »Retalick« und »Thornborough« sowie zwei britischen MTB abgefangen und von den britischen Einheiten im Gefecht zur Aufgabe der Unternehmung gezwungen. Sämtliche Boote erreichten den Stützpunkt.
Auch der Versuch, in der Nacht zum 29. 11. einen nach Antwerpen laufenden Geleitzug abzufangen, der durch die Luftaufklärung erfaßt worden war, wurde durch die Geleitzerstörer, welche die S-Boote abfingen und zum Abdrehen zwangen, vereitelt.
Als 5 deutsche S-Boote in der Nacht zum 23. 12. nördlich Dünkirchen eine Minensperre legten, kam es zum Gefecht mit britischen Seestreitkräften. Hierbei wurde S 185 voll getroffen und versenkt. In dieser Nacht legten drei S-Boote eine weitere Minensperre nordwestlich Ostende. Auch diese Gruppe wurde von überlegenen Feindstreitkräften angegriffen. S 192 wurde im Gefecht mit dem Zerstörer »Walpole« versenkt.
Der Versuch der S-Boote, auf dem Konvoiwege nach Antwerpen zu operieren und dort laufende Versorgungsschiffe zu versenken, wurde in der Nacht zum 25. 12. durch die britischen Geleitzerstörer »Ekins« und »Thornborough« sowie Fregatte »Caicos« und Korvette »Shearwater« vereitelt.

Schnellboot Typ „S 700"

Dieser Schnellbootstyp umfaßte ab 1944/45 die Schnellboote „S 700" bis „S 709".

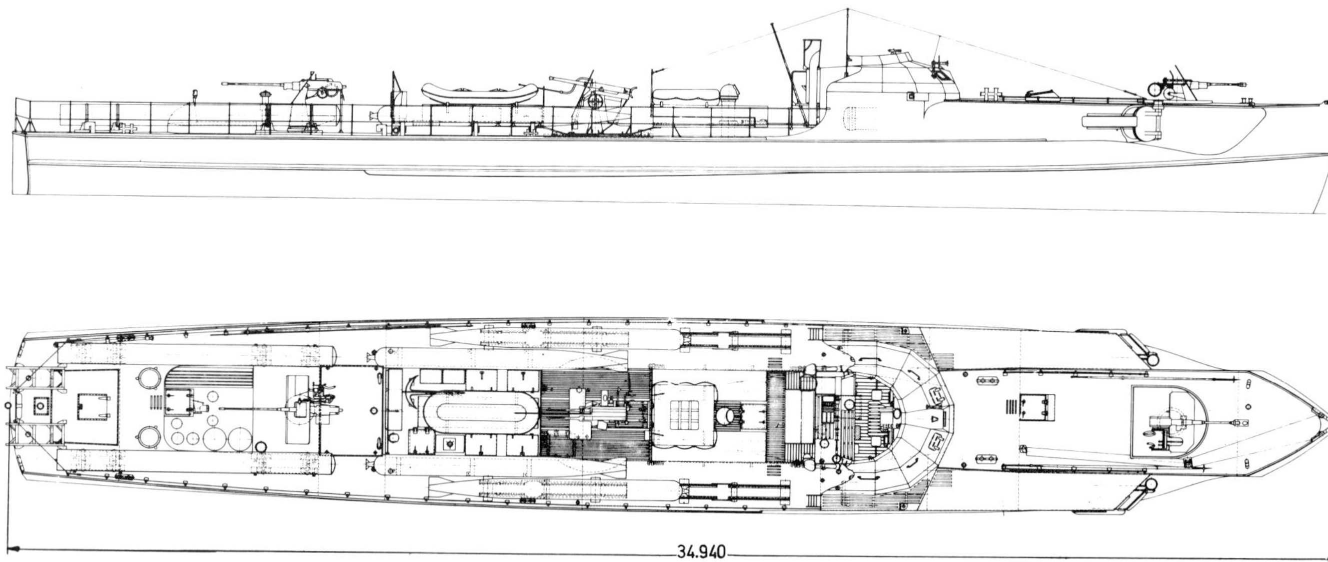

Der erste größere Einsatz im neuen Jahr 1945 war eine Minenunternehmung der 2. S-Flottille. Während zwei Boote der Flottille wegen Maschinenschäden bereits auf dem Anmarsch in das Operationsgebiet umkehren mußten, gelang es den drei restlichen Booten eine Minensperre vor Cromer zu legen. Von den zurückkehrenden Booten sank S 180 vor Texel auf einer eigenen Minensperre. Zwei Nächte darauf liefen jeweils zwei Gruppen der 2. und 5. S-Fl. zu einer Minenunternehmung gegen die Humber-, Themse- und Scheldemündung aus. Die Boote gerieten mit den Geleitfahrzeugen eines Konvois ins Gefecht. LST 415 wurde von einem S-Boot versenkt. Der Angriff auf diesen überraschend auftauchenden Konvoi wurde von den Geleitsicherungsfahrzeugen abgewehrt.

In der Nacht des 22. 1. stießen erneut mehrere S-Boot-Gruppen der 5. und 8. S-Fl. gegen alliierten Schiffsverkehr in der Themse- und Scheldemündung vor. Der Frachter »Halo«, 2365 BRT, wurde versenkt. Im Gefecht mit Geleitfahrzeugen, die »Seymour« und die »Guillemot« sowie mehrere MTB, wurde MTB 495 schwer beschädigt. S 199 erhielt von der britischen Küstenartillerie einen Volltreffer und sank.

Großkampftag war der 22. 2. 1945. 22 S-Boote stießen in mehreren Gruppen gegen die britische Ostküste vor und versuchten in den ihnen zugewiesenen Sektoren auf Frachter und Kriegsschiffe zum Schuß zu kommen. Aus dem Konvoi FS 1734 versenkten Boote der 8. und 9. S-Fl. die »Goodwood«, 2780 BRT und die »Blacktoff«, 1109 BRT. S 193, ein Boot der 8. S-Fl., wurde durch die Geleitsicherung versenkt. Auf dem Rückmarsch sank noch S 167, der 9. S-Fl., durch Kollision mit einem anderen S-Boot, das schwer beschädigt den Stützpunkt erreichte. Am 1. 3. kam es im Seeraum nordwestlich Ostende zu einem Gefecht der 4. S-Fl., KKpt. Fimmen, mit dem britischen Zerstörer »Seymor«, der dabei S 220 versenkte.

In der Nacht zum 18. 3. führte die 2. S-Fl. ein Minenunternehmen vor Smith Knoll durch. In der folgenden Nacht konnten S-Boote vor Lowestoft den Konvoi FS 1759 stellen und die Dampfer »Rogate«, 2871 BRT, und »Crichtown«, 1097 BRT, versenken.

Einen schweren Verlust erlitt die 2. S-Fl. während ihres Einsatzes in der Nacht des 21. 3. Die Flottille stieß in dieser Nacht zu einer Operation gegen die Themsemündung vor. Ein Motorschaden auf S 210 zwang zum Abbruch dieses Unternehmens. Auf dem Rückmarsch wurde westlich von Texel durch Mosquitobomber ein Angriff auf diese Boote geflogen. S 181 ging im Wirbel einiger Raketenbomben unter und mit diesem Boot sank auch der Flottillenchef, KKpt. Opdenhoff.

Bei einem Minenunternehmen in derselben Nacht ging bei der 4. S-Fl. S 203 durch Minentreffer verloren.

Die 2. S-Fl., nunmehr von Kptlt. Wendler geführt, unternahm am Abend des 6. 4. mit den Booten S 174, S 176, S 177, S 209, S 210 und S 221 einen Vorstoß zur Humbermündung, um dort einen Minengürtel zu legen. Nach Erfüllung dieses Auftrages wurde der Verband von britischen MTB angegriffen. Dabei konnte S 176 das britische MTB 494 durch Rammstoß versenken. Dabei wurde S 176 so schwer beschädigt, daß es aufgegeben werden mußte. S 177 rammte MTB 501 und versenkte es. Aber auch S 177 sank nach diesem Ramming.

Die 6. S-Fl. lief noch einmal am späten Abend des 7. 4. gemeinsam mit der 4. S-Fl. gegen die englische Ostküste. In Gefechten mit MTB verlor die 4. S-Fl. die Boote S 202 und S 703, während S 223 der 6. S-Fl. bei Ostende auf eine Mine lief und ebenfalls sank.

Der Einsatz einiger S-Boot-Gruppen in der Nacht zum 14. 4. 1945 ging in den Nore-Vlissingen-Kanal, wo Minen gelegt wurden. Dabei kam es wiederum zu Gefechten mit feindlichen Fahrzeugen, die keine Opfer forderten.

DIE LETZTEN EINSÄTZE IM FINNISCHEN MEERBUSEN

Im Juli 1944 gingen die Boote der neu aufgestellten 5. S-Fl. unter KKpt. Holzapfel nach Helsinki, um im Finnischen Meerbusen zum Einsatz zu gelangen. Es waren zunächst sechs Boote verfügbar. Vier weitere kamen später hinzu.

Den ersten Einsatz erlebten diese 6 S-Boote als sie am 30. 7. 1944 Weisung erhielten, in den Nordausgang des Koivistosundes zu marschieren, um dort das Wrack eines gesunkenen U-Bootes – es war U 250 – durch Werfen von Wasserbomben zu zerstören, damit es nicht gehoben werden konnte. Auf dem Rückmarsch wurden die

Boote von russischen MTB angegriffen, die nach einem kurzen Gefecht zurückwichen.
Wenig später lief S 80 auf eine Mine und sank. Die Besatzung wurde von den anderen Booten geborgen.
Die Landungsoperation »Tanne-Ost« gegen die finnische Insel Suursaari am 14. 9. 1944 wurde durch die Boote der 5. S-Fl. gedeckt. Es kam zum Gefecht mit finnischen S-Booten, die die Landungsflotte zum Rückzug zwangen. Damit waren auch die Feindseligkeiten gegen den ehemaligen finnischen Verbündeten entbrannt, der sich auf die Seite des Gegners geschlagen hatte.
Als am 23. 9. Reval geräumt werden mußte, deckte K Kpt. Holzapfel mit seinen Booten den Seezugang zum Hafen und sicherte diesen Rückzug. Dazu gehörte auch die Verseuchung des Hafens mit Minen nach Abmarsch der letzten deutschen Einheiten.
Nächster Einsatzhafen der 5. S-Fl. wurde Windau, wo sich seit September dieses Jahres auch der Stützpunkt der 2. Schul-Flottille be-

Blick von der Brücke nach achtern über das Boot, über Schlauchboote, Maschinenlüfter, Peilkompaßhaube und 2-cm-Kanone. Abwechselnd nach Backbord bzw. Steuerbord herausgestaffelt, folgen weitere Boote im Kielwasser des Führerbootes.

Boote der 1. S-Boot-Lehrflottille längsseits des S-Boot-Begleitschiffs »Tsingtau«.

Boot der 1. S-Boot-Lehrflottille auf Übungsfahrt in der Ostsee.

fand, die von Kptlt. Klose geführt wurde. Hier lag auch das Schnellboot-Begleitschiff »Tsingtau«.
Diesen beiden Flottillen oblag es in der nächsten Zeit, viele Sonderaufgaben durchzuführen. So beispielsweise die Bergung abgeschnittener deutscher Kampfgruppen von See her, Transporte, Geleitschutz der Rückführungsschiffe.

DAS ENDE IN DER OSTSEE

Mit Beginn der sowjetischen Großoffensive am 12. 1. 1945 wurde Kurland abgeschnitten. Die neu aufgestellte 1. S-Fl. unter K Kpt. Büchting, die 2. Schul-Flottille und die 5. S-Fl. standen nunmehr hier im Einsatz.
Als am 27. 3. ein deutscher Geleitzug 30 sm westlich von Libau mit dem Dampfer »Saßnitz« und 4 R-Booten von IL-2-Schlachtfliegern angegriffen wurde, wobei 2 R-Boote sanken und die »Saßnitz«, die als Tanker diente, in Brand geriet, liefen die Boote der 2. Schul-Flottille dorthin und bargen die Soldaten von R 145 und R 160 sowie die Besatzung der »Saßnitz«, die aufgegeben werden mußte.
Als die Boote am Abend noch einmal zur »Saßnitz« liefen, die noch glühte, stießen sie hier auf russische MTB. Es wurden neun dieser Schnellboote gezählt.
Kptlt. Klose befahl den Angriff. Aus allen Waffen hämmerten die Salven in die MTB hinein. Einige Boote brannten sofort. Der russische Flottillenchef wurde mit 5 Offizieren und 9 Soldaten gefangengenommen.
Die 5. S-Fl., die von K Kpt. Hermann G. Holzapfel geführt wurde, stand in einem Einsatz, der das Letzte von jedem Soldaten forderte. Kptlt. Holzapfel, der bei der 7. S-Fl. im Mittelmeer im Einsatz gestanden hatte und Ende 1943 nach Deutschland kommandiert worden war, hatte 3 Monate lang als Ausbildungsleiter für S-Boot-Kommandanten in der Ostsee gearbeitet, ehe er diese Flottille übernahm, mit der er bis Ende 1944 im Finnischen Meerbusen und vor der Küste von Kurland gekämpft hatte. Nunmehr kam sie auch in der Ostsee zum Einsatz, nachdem die Flottille von Ende des Jahres 1944 bis April 1945 im Kanal und vor der britischen Ostküste eingesetzt war.
In den letzten Wochen des Krieges beteiligten sich die S-Boote an

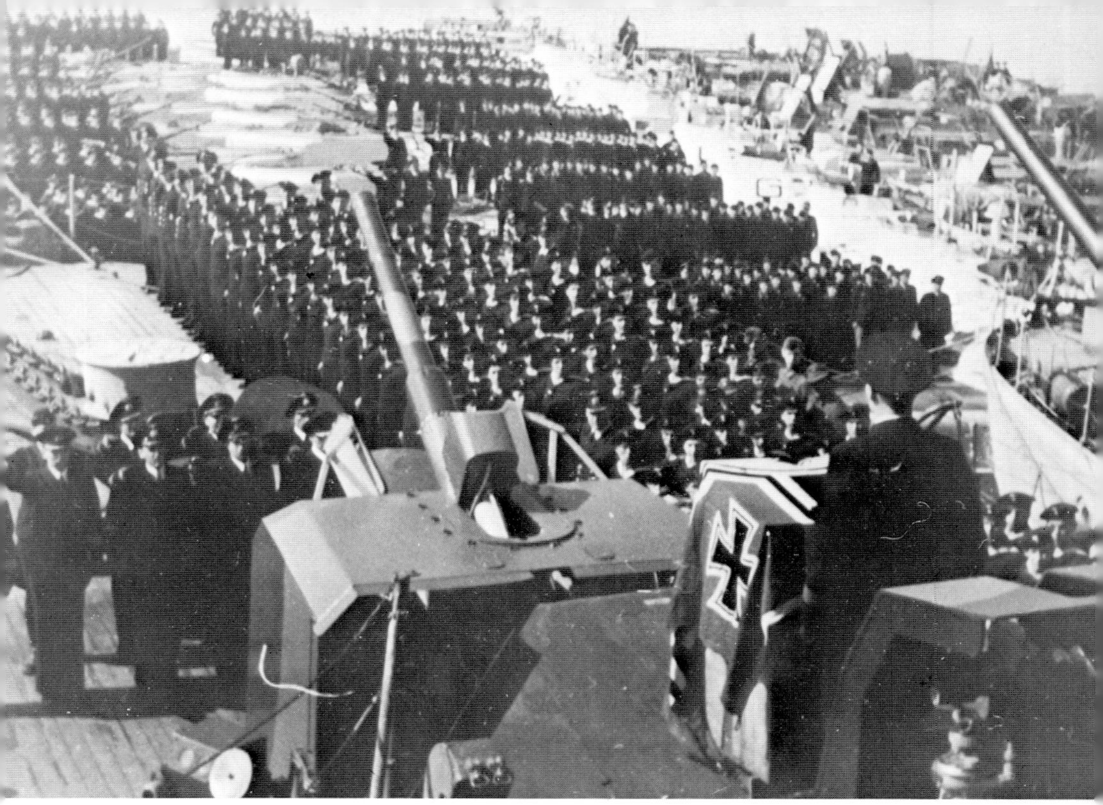

10. Mai 1945 Geltinger Bucht: Zum letztenmal sind die Besatzungen an Bord ihrer Schnellboote und auf dem Schnellboots-Begleitschiff vor dem Führer der Schnellboote (F. d. S.) Kommodore Kapt. z. S. Rudolf Petersen angetreten, um die Flagge niederzuholen. Bis zum letzen Augenblick haben die Schnellbootsbesatzungen ihre Pflicht erfüllt.

den Bergungsfahrten, die von Großadmiral Dönitz als erste Aufgabe der Marine in diesen letzten Kriegswochen angesehen wurde. Es galt, Flüchtlinge, Verwundete und Soldaten zurückzuschaffen. Auf jedem Boot wurden bei jeder Fahrt rund 110 Menschen zusätzlich mitgenommen. So auch in der Nacht zum 5. 5. 1945, als bei Hexengrund in der Danziger Bucht von den S-Booten und der »Tsingtau« rund 3500 Menschen gerettet wurden.
Gegen Abend dieses 5. 5. liefen S 216 und S 217 mit dem Kommandierenden Admiral von Libau aus nach Hela.
Das letzte deutsche Großgeleit verließ Libau am 8. 5. 1945 um 21.30 Uhr. An Bord des S-Boot-Begleitschiffes »Tsingtau«, einer Reihe Boote der 3. R-Fl. und weiteren R-Booten, 2 Flugsicherungsbooten und den 19 Fahrzeugen der 1. und 5. S-Fl. sowie der 2. Schul-Fl. fuhren über 15 000 Menschen in die Freiheit. Als dieses Geleit von

russischen MTB angegriffen wurde, schossen die S-Boote aus allen Waffen und wehrten den Gegner ab und hinderten ihn am Torpedoschuß auf die »Tsingtau«.
Der Zweite Weltkrieg war zu Ende. Die Schnellbootwaffe hatte sich vom ersten bis zum letzten Tage dieses Ringens bis zur Selbstaufopferung geschlagen. Immer wieder waren sie vor die Küsten der Gegner gelaufen, um den so ungleichen Kampf aufzunehmen. Sie hatten sich einer Übermacht feindlicher Seestreitkräfte entgegengeworfen und waren zum Schrecken der britischen Seekriegführung geworden. Unerkannt, kaum genannt, waren sie es, die neben den U-Booten die volle Last des Kampfes getragen hatten. Sie hatten nur das eine Ziel gehabt: Die Schiffe des Gegners zu vernichten. Schiffe waren ihr Ziel, nicht Menschen. So retteten sie auch immer wieder unter selbstlosem Einsatz die schiffbrüchigen Besatzungen der von ihnen versenkten Einheiten.
Schnellboote hatten in diesem gandenlosen Ringen die gefährlichsten Waffen des Seekrieges – Torpedos und Minen – an den Feind gebracht. Auf vielen der in zahlreichen Minenunternehmungen gelegten Minen waren gegnerische Schiffe gesunken.

Anhang

DIE RITTERKREUZTRÄGER DER SCHNELLBOOTE

Nr.	Rang	Name	Datum der Verleihung	Bemerkungen
I. Träger des Eichenlaubs zum Ritterkreuz des Eisernen Kreuzes				
1	Kptlt.	Töniges, Werner	13. 11. 1942 (19./143.)	Kommandant in der 1. S-Flottille
2	Kptlt.	Wuppermann, Siegfried	14. 04. 1943 (28./226.)	Kommandant in der 3. S-Flottille
3	K. Kpt.	Kemnade, Friedrich	27. 05. 1943 (30./249.)	Chef der 3. S-Flottille
4	K. Kpt.	Christiansen, Georg	13. 11. 1943 (34./326.)	Chef der 1. S-Flottille
5	K. Kpt.	Klug, Bernd	01. 01. 1944 (36./361.)	Chef der 5. S-Flottille
6	K.Kpt.	Feldt, Klaus	01. 01. 1944 (37./362.)	Chef der 2. S-Flottille
7	Kpt.	Petersen, Rudolf	13. 06. 1944 (40./499.)	Führer der Schnellboote (FdS)
8	Kptlt.	Frhr. von Mirbach, Götz	14. 06. 1944 (41./500.)	Chef der 9. S-Flottille
II. Träger des Ritterkreuzes des Eisernen Kreuzes				
1	Oblt.	Opdenhoff, Hermann	16. 05. 1940 (11.)	Kommandant in der 2. S-Flottille
		gefallen am 22. 03. 1945 als K. Kpt. und Chef der 2. S-Flottille		
2	Kptlt.	Birnbacher, Heinz	17. 06. 1940 (18.)	Chef der 1. S-Flottille
3	K. Kpt.	Petersen, Rudolf	04. 08. 1940 (22.)	Chef der 2. S-Flottille
4	Oblt.	Fimmen, Kurt	14. 08. 1940 (26.)	Kommandant in der 1. S-Flottille
5	Oblt.	Frhr. von Mirbach, Götz	14. 08. 1940 (27.)	Kommandant in der 1. S-Flottille
6	Oblt.	Töniges, Werner	25. 02. 1941 (58.)	Kommandant in der 1. S-Flottille
7	Kptlt.	Klug, Bernd	12. 03. 1941 (63.)	Kommandant in der 1. S-Flottille
8	Oblt.	Feldt, Klaus	25. 04. 1941 (67.)	Kommandant in der 2. S-Flottille
9	Oblt.	Christiansen, Georg	08. 05. 1941 (68.)	Kommandant in der 1. S-Flottille
10	Oblt.	Wuppermann, Siegfried	03. 08. 1941 (81.)	Kommandant in der 3. S-Flottille
11	Kptlt.	Bätge, Niels	04. 01. 1942 (100.)	Chef der 4. S-Flottille
12	K. Kpt.	Kemnade, Friedrich	23. 07. 1942 (117.)	Chef der 3. S-Flottille

Nr.	Rang	Name	Datum der Verleihung	Bemerkungen
13	Kptlt.	Büchting, Hermann	22. 04. 1943 (162.)	Kommandant in der 1. S-Flottille
14	Oblt.	Weber, Horst	05. 07. 1943 (176.)	Kommandant in der 3. S-Flottille
15	Kptlt.	Müller, Karl	08.07. 1943 (178.)	Kommandant in der 5. S-Flottille
16	Oblt.	Karcher, Karl-Erhardt	13. 08. 1943 (180.)	Kommandant in der 4. S-Flottille
17	Oblt.	Künzel, Karl-Friedrich	12. 12. 1943 (196.)	Kommandant in der 1. S-Flottille
18	Kptlt.	Müller, Albert	13. 12. 1943 (197.)	Kommandant in der 3. S-Flottille
19	Oblt.	Schmidt, Klaus-Degenhard	22. 12. 1943 (200.)	Kommandant in der 10. S-Flottille
20	Kptlt.	Johannsen, Kurt	14. 06. 1944 (223.)	Chef der 5. S-Flottille
		gefallen am 14. 06. 1944 auf »S 182«		
21	Oblt.	Haag, Heinz	25. 11. 1944 (279.)	Kommandant in der 3. S-Flottille
22	K. Kpt.	Zymalkowski, Felix	10. 04. 1945 (302.)	Chef der 8. S-Flottille
23	Kptlt.	Matzen, Jens	02. 05. 1945 (310.)	Chef der 6. S-Flottille

FÜHRER DER SCHNELLBOOTE

Mit Auflösung der Dienststelle Führer der Torpedoboote (F. d. T.) wurde am 20. 4. 1942 die Dienststelle Führer der Schnellboote (F. d. S.) aufgestellt. Dem F. d. S. unterstanden die Schnellbootsflottillen, die normalerweise aus 8 Schnellbooten und 1 Begleitschiff bestanden.
Haupteinsatz der Schnellboote war der englische Kanal. Von Scheveningen aus hat der F. d. S. den Kampf der Schnellboote geleitet, wobei jedoch je nach den Schwerpunkten, Nebenbefehlsstellen in Boulogne/Wimereux, Cherbourg und anläßlich der Invasion Le Havre, Ostende-De Haag und Den Helder bezogen wurden. Im Winter 1944/45 wurde die Hauptgeschäftsstelle der F. d. S. nach Sengwarden bei Wilhelmshaven verlegt. Ende des Krieges lag der operative Stab in Flensburg.

STAB DES FÜHRERS DER SCHNELLBOOTE

Führer der Schnellboote:

Kapt. z. S. u. Kommodore Petersen (Rudolf)	4. 42. – Ende

Chef des Stabes:
Dienststellung besetzt ab Juni 1944.

K. Kapt. Erdmann (Heinrich)	6. 44 – 4. 45
F. Kapt. Schultz (Herbert Max)	4. 45 – Ende

Stab:

1. Admiralstabsoffizier:	
K. Kapt. Schultz (Herbert Max)	4. 42 – 6. 43
K. Kapt. Erdmann (Heinrich)	6. 43 – 6. 44
K. Kapt. Klug	6. 44 – Ende
A I op.	
Kplt. Rebensburg (Bernd)	4. 42 – Ende
2. Admiralstabsoffizier:	
Kptlt. Trummer	4. 42 – 6. 42
Kptlt. Zimmermann (Wilhelm)	4. 43 – 9. 43
K. Kapt. Christiansen (Georg-Stuhr)	9. 43 – Ende
4. Admiralstabsoffizier:	
Kptlt. (MN) Miedtank	9. 43 – 3. 44
Kptlt. Künzel	3. 44 – Ende
Sperrwaffenoffizier:	
Kptlt. (W) Banse	4. 42 – 1. 44
Kptlt. (W) Besser	1. 44 – Ende
Verbands-Ing.:	
K. Kapt. (Ing.) Gördes (Wilhelm	4. 42 – Ende

1. SCHNELLBOOTSDIVISION

Im Mittelmeer wurde im Juli 1943 die 1. Schnellbootsdivision aufgestellt. Einsatz im Mittelmeer, insbesondere um Sizilien, in der Adria und vorübergehend in der Ägäis. Zur 1. Schnellbootsdivision gehörten die 3., 7., 21., 22. und 24. Schnellbootsflottille.

Stellenbesetzung:

Divisionschef:	
F. Kapt. Schultz (Herbert Max)	7. 43 – 3. 45
Kptlt. Müller (Albert)	6. 44 – 8. 44
stellv. Div.-Chef	
Kptlt. Wuppermann	3. 45 – Ende
1. Admiralstabsoffizier:	
Kptlt. Weber (Horst)	2. 44 – 1. 45
Kptlt. Wrampe	1. 45 – Ende
Div.-Ing.:	
Oblt. (Ing.) Völckers (Peter)	7. 43 – 5. 44
(Fl.-Ing. 3. S-Fl. nebendienstl. m. W. d. G. b.)	
Kptlt. (Ing.) Sander (Otto)	6. 44 – 3. 45
Kptlt. (Ing.) Völckers (Peter)	3. 45 – Ende

DIE SCHNELLBOOTSFLOTTILLEN

1. Schnellbootsflottille

Aktive Flottille. Mit der Räumung des Südostraumes (Schwarzes Meer/Balkan) verlor die Flottille sämtliche Boote. Sie erhielt in der Ostsee neue Boote.

Einsatz:

Mit Kriegsausbruch zunächst im Polenfeldzug bei Gotenhafen eingesetzt, anschließend in der Nordsee, in norwegischen Gewässern (Unternehmen

Weserübung im Rahmen der Kriegsschiffsgruppe 3), an der holländischen Küste, im englischen Kanal und an der französischen Küste. Mai 1941 wieder Einsatz in der Ostsee, insbesondere im Finnenbusen. Frühjahr 1942 Verlegung in das Schwarze Meer und dort Einsatz bis Oktober 1944.

Mit Übernahme der neuen Boote Ende 1944 Einsatz in der östlichen Ostsee.

Flottillenchef:

Kptlt. Sturm (Kurt)	3. 38 – 11. 39
Kptlt. Birnbacher	11. 39 – 8. 42
K. Kapt. Christiansen (Georg–Stuhr)	8. 42 – 9. 43
K. Kpt. Büchting (ab Juni 1943 Flottillenchef i. V.)	9. 43 – Ende

2. Schnellbootsflottille

Aktive Flottille (aufgestellt August 1938)

Einsatz:

Einsatz in der Nordsee. Beim Norwegen-Unternehmen zur Kriegsschiffsgruppe 4 (Kristiansand-Süd) gehörend, anschließend wieder in der südlichen Nordsee und im englischen Kanal eingesetzt, von Mai 1941 an in finnischen Gewässern und ab November 1941 wieder südliche Nordsee und englischen Kanal bis Kriegsende.

Flottillenchef:

K. Kapt. Petersen (Rudolf)	8. 38 – 10. 41
K. Kapt. Feldt	10. 41 – 2. 44
K. Kapt. Opdenhoff (Hermann)	2. 44 – 3. 45
Kptlt. Wendler	3. 45 – Ende

3. Schnellbootsflottille

Aufgestellt in Kiel am 15. 5. 1940. Mit dem 13. 10. 1944 wurde die 3. S-Fl. 1. Gruppe der aus der 3., 7. und 24. S-Fl. neu gebildeten 3. S-Fl.. Die 3. S-Fl. unterstand ab Juli 1943 der 1. Schnellbootsdivision.

Einsatz:

1940 – Mai 1941 Einsatz an der holländischen Küste und im englischen Kanal von Boulogne, Ostende und Rotterdam aus. Anschließend bis Herbst 1941 in der östlichen Ostsee eingesetzt (Pillau, Libau, Windau, Riga und Turku). Im November 1941 wurde die Flottille über Rhein und Rhone in das Mittelmeer verlegt und dort dem Deutschen Marinekommando Italien, zeitweilig auch dem Deutschen Marinekommando Tunesien, unterstellt. Einsatz vor Nordafrika, Sizilien sowie Kreta, dann im westlichen Mittelmeer im Raum Neapel, Toulon, Marseille. Im November 1943 erfolgte über den Po die Verlegung der im Tyrrhenischen Meer befindlichen Boote nach Venedig. Bis Kriegsende Einsatz in der Adria und Ägäis. Haupteinsatzbasen Pola, Zara, Sibenic, Split, Dubrovnik, Cattaro und in der Ägäis Patras und Piräus. (Die Boote der Flottille wurden zeitweise getrennt eingesetzt, so befanden sich z. B. nach der Besetzung Siziliens durch die Alliierten 4 Boote im Tyrrhenischen Meer, 4 Boote in der Adria und 2 Boote in der Ägäis.)

Flottillenchef:

Oblt. z. S. Töniges m. W. d. G. b.	5. 40 – 5. 40
K. Kapt. Kemnade	5. 40 – 7. 43
F. Kapt. Schultz (Herbert Max)	7. 43 – 9. 44
Kptlt. Müller (Albert) (stellv. Flottillenchef)	7. 43 – 9. 44
Kptlt. Müller (Albert)	9. 44 – 10. 44
Kptlt. Schulz (Günther)	10. 44 – Ende

4. Schnellbootsflottille

Aufgestellt am 1. Oktober 1940.

Einsatz:

Die 4. S-Fl. war 1940 – 1944 ununterbrochen in der Nordsee und im englischen Kanal eingesetzt. Sie operierte nach der Invasion von Rotterdam aus an der englischen Südost- und der belgischen Nordküste.

Flottillenchef:

Kptlt. Bätge	10. 40 – 3. 43
K. Kapt. Lützow (Werner)	3. 43 – 10. 43
Kptlt. Causemann m. W. d. G. b.	10. 43 – 11. 43
K. Kapt. Fimmen	11. 43 – Ende

5. Schnellbootsflottille

Aufgestellt am 15. Juli 1941.

Einsatz:

Zunächst wurde die Flottille bis November 1941 im Finnenbusen eingesetzt, anschließend bis zur Vernichtung aller Boote bei der Invasion im Juni 1944 im englischen Kanal.

Nach der Wiederaufstellung im Juli 1944 ab August 1944 Einsatz im Finnenbusen mit Stützpunkt Helsinki bzw. »in den Schären«, Reval, Baltischport. Nach der Räumung Finnlands am 15. 9. 1944 nach Reval verlegt und von dort am 20. 9. 1944 nach Windau. Von hier aus Einsatz um Ösel, bei Sworbe, im Rigaischen Meerbusen und im Finnenbusen. Weiterer Stützpunkt Gotenhafen.

Um die Jahreswende 1944/45 Verlegung nach Swinemünde und weiter nach Den Helder. Von dort Minen- und Torpedoeinsätze im englischen Kanal, vor der Humber- und Themse-Mündung. Im April 1945 Verlegung über Kiel nach Swinemünde, dann Bornholm, Flottillenstützpunkte zeitweilig in Dänemark, später in Laboe. Einsatz in der Ostsee. Noch am 6. 5. 1945 Verlegung von Bornholm nach Libau. Von dort am 8./9. 5. 1945 mit Angehörigen der Kurland-Armee in die Geltinger Bucht verlegt. Nach der Kapitulation Mitte Mai 1945 nach Flensburg und Mürwik überführt.

Flottillenchef:

K. Kapt. Klug	7. 41 – 6. 44
Kptlt. Johannsen (Kurt)	6. 44 – 6. 44
Kptlt. Holzapfel	7. 44 – Ende

6. Schnellbootsflottille

Aufgestellt am 1. 3. 1941.

Einsatz:

In der Nordsee und im englischen Kanal eingesetzt. 1942 kurzer Einsatz in Norwegen. Frühsommer 1944 im Finnenbusen eingesetzt, anschließend Invasionseinsatz und bis Kriegsende engl. Kanal und Den Hoofden.

Flottillenchef:

K. Kapt. Obermair	3. 41 – 7.44
Kptlt. Matzen	7. 44 – Ende

7. Schnellbootsflottille

Aufgestellt in Swinemünde am 1. Oktober 1941. Am 13. 10. 1944 wurde die 7. S-Fl. 2. Gruppe der neugebildeten 3. S-Fl..

Einsatz:

Oktober 1941 – April 1942 Aufstellung der Flottille. Vom Frühjahr 1942 bis Herbst 1942 Einfahrtszeit in der Ostsee (jetzt unter eigenem Flottillenchef). Im November 1942 über den Rhein, den Rhein-Rhone-Kanal und die Rhone in das Mittelmeer verlegt und dort Einsatz vor Nordafrika, Tunesien, Sizilien und später im Ligurischen Meer. Hauptstützpunkte waren Augusta, Bizerta, Sousse, Sfax, Porto Empedocle, wieder Augusta, dann Cagliari, Palermo, Messina, Vibo, Valencia (teilweise Crotone und Tarent), Salerno, Maddalena, Piombino, Nettuno, Civitavecchia, Viareggio, Savona, Aix en Provence, Carqueiranne bei Toulon, Genua. Anfang 1944 wurde die Flottille in die Adria verlegt. Einsatz an der norddalmatischen Küste und um Pola.

Die Flottille gehörte mit Aufstellung der 1. Schnellbootsdivision dieser Einheit an.

Flottillenchef:

Kptlt. Klug	10. 41 – 5. 42
(Chef d. 5. S-Fl. nebendienstl. m. W. d. G. b.)	
K. Kapt. Trummer	6. 42 – 7. 44
Kptlt. Schulz (Günther)	7. 44 – 10. 44

8. Schnellbootsflottille

Aufgestellt am 1. 11. 1941 in Kiel, aufgelöst 10. 7. 1942.

Einsatz:

In norwegischen Gewässern im Raum Kolabucht/Murmansk eingesetzt. Liegehafen Kirkenes.

Flottillenchef:

Kptlt. Christiansen (Georg-Stuhr)	11. 41 – 7. 42

Neu aufgestellt wurde die 8. Schnellbootsflottille am 1. 12. 1942.

Einsatz:

In norwegischen Gewässern eingesetzt, dann im englischen Kanal und in der südlichen Nordsee, ab Frühjahr 1945 in der Ostsee.

Flottillenchef:

K. Kapt. Zymalkowski	12. 42 – Ende

9. Schnellbootsflottille

Aufgestellt am 1. 4. 1943.

Einsatz:

Die Flottille wurde während der ganzen Zeit ihres Bestehens im englischen Kanal (Den Hoofden) eingesetzt.

Flottillenchef:

K.Kapt. Frhr. von Mirbach	4. 43 – Ende

10. Schnellbootsflottille

Aufgestellt im März 1944.

Einsatz:

Englischer Kanal und Den Hoofden.

Flottillenchef:

Kptlt. Müller (Karl)	3. 44 – 9. 44
Kptlt. Bludau	9. 44 – Ende

11. Schnellbootsflottille

Aufgestellt im Februar 1943, aufgelöst im Oktober 1943.
Neu aufgestellt wurde die Flottille im Mai 1944 in Saßnitz. Da aber die 5. Schnellbootsflottille im Kanal im Juni 1944 aufgerieben worden war und die Besatzungen nach Saßnitz geleitet wurden, wurde die Aufstellung der 11. Schnellbootsflottille zunächst hinausgeschoben und der Flottillenchef mit der Führung der 5. Schnellbootsflottille beauftragt.

Flottillenchef:

Kptlt. Holzapfel	5. 44 – 6. 44

Zum drittenmal wurde die Flottille am 10. Dezember 1944 aufgestellt. Aufgelöst im April 1945.

Einsatz:

Die Flottille kam nicht mehr zum Einsatz.

Flottillenchef:

Kptlt. Baron v. Stempel	9. 44 – 4. 45

21. Schnellbootsflottille

Aufgestellt mit LS-Booten in Eckernförde im September 1943. Nach Ausbildung und Einfahren der Boote wurde die Flottille im Frühjahr 1944 von Friedrichshafen per Bahn in das Mittelmeer verlegt und der 1. Schnellbootsdivision unterstellt. Aufgelöst im Oktober 1944.

Einsatz:

Ägäis. Einsatzbasis zunächst Korfu, dann Piräus.

Flottillenchef:

Kptlt. Wuppermann	9. 43 – 2. 44
Kptlt. Graser	3. 44 – 10. 44

22. Schnellbootsflottille

Aufgestellt mit KS-Booten im Dezember 1943 in Surendorf bei Eckernförde. Aufgelöst Oktober 1944.

Einsatz:

Die Flottille wurde nach Ausbildung und Einfahren der Boote im Mai 1944 per Bahn nach Italien verlegt. Standort Lignano zwischen Triest und Venedig. Die Flottillie kam nicht zum Einsatz. Ausbildung kroatischer Besatzungen in Lignano. Im Oktober 1944 wurden die Boote an die kroatische Marine übergeben und nach Fiume verlegt, das Kommando der 22. Schnellbootsflottille aufgelöst.

Flottillenchef:

Kptlt. Wuppermann 12. 43 – 2. 44

Kptlt. Hüsig 2. 44 – 10. 44

24. Schnellbootsflottille

Aufgestellt am 1. 11. 1943 in der Ägäis aus italienischen Booten nach dem Abfall Italiens. Mit Wirkung vom 13. 10. 1944 wurde die 24. S-Flottille aufgelöst.

Einsatz:

Bis Herbst 1944 Geleit und Sicherungsaufgaben in der Ägäis, nach der Räumung Griechenlands in die Adria verlegt.

Flottillenchef:

Kptlt. Meyer (Hans-Jürgen) 11. 43 – 10. 44

DIE SCHNELLBOOTSSCHULFLOTTILLEN

Aufgestellt im Juli 1942. Mit Wirkung vom 1. 11. 1943 zur Schnellbootsdivision vergrößert.

Flottillenchef:

K. Kapt. Opdenhoff 8. 42 – 10. 43

Schnellbootsschulflottille

Mit Standort Swinemünde wurde am 1. 11. 1943 die Schnellbootslehrdivision aus der Schnellbootsschulflottille aufgestellt. Innerhalb der Division, die später nach Svendborg verlegt wurde, entstanden im Laufe des Krieges zwei Abteilungen und drei Schulflottillen.

Divisionschef:

K. Kapt. Opdenhoff (Hermann) 11. 43 – 2. 44

K. Kapt. Feldt 2. 44 – Ende

Divisionsingenieur:

Kptlt. (Ing.). Grotsch 11. 43 – Ende

(bereits seit 7. 42. Fl.-Ing. d. S-Schulflott.)

1. Abteilung (Swinemünde-Eichstaden)

Aufgestellt am 1. 11. 1943.

Kommandeur:

Kptlt. Meyering 11. 43 – Ende

(ab März 1945 Kommandeur M. Sch. Batl. 1011)

2. Abteilung (Kaseburg)
Aufgestellt im Juni 1944.
Kommandeur:

K. Kapt. (Ing.) Dipl.-Ing. Paasch	6. 44 – Ende

1. Schnellbootsschulflottille
Aufgestellt wurde die Flottille am 1. November 1943. Zur Flottille gehörte das Begleitschiff »Adolf Lüderitz«. Einsatz Ende des Krieges in Norwegen und in der östlichen Ostsee.
Flottillenchef:

Kptlt. Wilcke (Fr. W.)	11. 43 – Ende

2. Schnellbootsschulflottille
Aufgestellt im April 1944. Zur Flottille gehörte das Begleitschiff »Tsingtau«. Einsatz Ende des Krieges in Norwegen und in der östlichen Ostsee.
Flottillenchef:

Kptlt. Klose	4. 44 – Ende

3. Schnellbootsschulflottille
Die 3. S-Schulflottille, hierzu gehörte das Begleitschiff »Carl Peters«, wurde im Juni 1944 aufgestellt. Die Flottille wurde bei der Kurland-Räumung eingesetzt.
Flottillenchef:

Kptlt. Siems	6. 44 – 12. 44
Kptlt. Detlefsen (Hans)	12. 44 – Ende

SCHNELLBOOTSBEGLEITSCHIFFE

Schnellbootsbegleitschiff »Adolf Lüderitz«.
Stapellauf 20. 2. 1939. In Dienst gestellt 11. 6. 1940. 1946 russ. Beute.
Kommandant:

Kptlt. Möbes	6. 40 – 10. 41
K. Kapt. Erasmi	10. 41 – 11. 43
Kptlt. Gauland	11. 43 – Ende

Schnellbootsbegleitschiff »Carl Peters«.
Stapellauf 13. 4. 1939. In Dienst gestellt 6. 1. 1940. In der Geltinger Bucht am 14. 5. 1945 durch Minentreffer verloren.
Kommandant:

K. Kapt. Hinzke	1. 40 – 5. 42
Kptlt. Reuthal	5. 42 – Ende

Schnellbootsbegleitschiff »Gustav Nachtigal«.
Ehem. polnisches Fruchtschiff. Stapellauf 8. 5. 1940. Von der KM am 13. 5. 1944 in Dienst gestellt. Am 14. 6. 1944 westl. Borkum durch Lufttorpedo vernichtet.
Kommandant:

K. Kapt. Bohm	5. 44 – 6.44

Schnellbootsbegleitschiff »Hermann von Wissmann«.

Ehem. polnisches Fruchtschiff. Stapellauf 26. 12. 1940. Von der KM am 16. 12. 1943 in Dienst gestellt. Alliierte Kriegsbeute und als »Kamina« wieder in Fahrt gekommen.

Kommandant:

Sdf. Kptlt. Jacobson (Karl)	12. 43 – 10. 44
Kptlt. Vassel	10. 44 – 4. 45
Kptlt. Müller (Albert)	4. 45 – Ende

Schnellbootsbegleitschiff »Tanga«.
Ursprünglich als Mutterschiff für China vorgesehen. Stapellauf 4. 12. 1937. In Dienst gestellt 19. 1. 1939. 3. 12. 1947 USA-Beute. Am 20. 6. 1948 an Dänemark und dort »Aegir«.

Kommandant:

Kptlt. Bening	1. 39 – 4. 41
Kptlt. Freyer	4. 41 – 11. 41
Kptlt. Brandt (Herbert)	11. 41 – 8. 44
Kptlt. Vassel	8. 44 – 10. 44
Oblt. z. S. Wortmann m. W. d. G. b.	10. 44 – Ende

Schnellbootsbegleitschiff »Tsingtau«.
Stapellauf 6. 6. 1934. In Dienst gestellt 26. 9. 1934. 1945 brit. Beute. 1946/47 GM/SA. 1950 abgebrochen.

Kommandant:

Kptlt. Hinzke	2. 38 – 12. 39
Kapt. z. S. Klingner	3. 40 – 5. 40
Kptlt. Just (Hermann)	5. 40 – 9. 41
Oblt. z. S. Brandt (Herbert)	9. 41 – 11. 41
Kptlt. Freyer	11. 41 – 4. 43
Sdf. Kptlt. Jacobson (Karl)	4. 43 – 12. 43
Oblt. z. S. Kmetsch	12. 43 – Ende

VERLUST UND VERBLEIB DER SCHNELLBOOTE
1939 – 1945

Boot	In Dienst gestellt	Verlust – Verbleib
S 1	29. 9. 39	ursprünglich für Bulgarien bestimmt. Im Krieg vernichtet. Ort und Zeit nicht ermittelt.
S 2		jugosl. »Velebit«, 1941 ital. MAS 2D, dann MS 42; 7. 9. 43 deutsch S 2, Okt. 1944 in Saloniki selbst versenkt.
S 3	Stapellauf und Indienststellung 1931 - 1933. Nur bis 1936 in der	jugosl. »Dinara«, 1941 ital. MAS 3D, dann MS 43; 7. 9. 43 deutsch S 3, Okt. 1944 in Saloniki selbst versenkt
S 4	deutschen Flottenliste geführt.	jugosl. »Triglav«, 1941 ital. MAS 4D, dann MS 44; 7. 9. 43 deutsch S 4, Okt. 1944 in Saloniki selbst versenkt.
S 5	Nach Jugoslawien verkauft.	jugosl. »Rudnik«, 1941 ital. MAS 6D, dann MS 46; 7. 9. 43 deutsch S 5, Okt. 1944 in Saloniki selbst versenkt.

Boot	In Dienst gestellt	Verlust – Verbleib
S 6	23. 11. 33	brit. Beute, 1947/48 verkauft
S 7	10. 10. 34	brit. Beute, 1947/48 verkauft
S 8	6. 9. 34	brit. Beute, 1947/48 verkauft
S 9	12. 6. 35	USA/Beute, norw. »Blink« 1950 kondemniert und abgebrochen
S 10	7. 3. 35	USA/Beute, norw. »Brand«, 1950 kondemniert und abgebrochen
S 11	3. 8. 35	russ. Beute
S 12	31. 8. 35	USA/Beute, norw. »Kjekk«, (I), 1950 kondemniert und abgebrochen
S 13	7. 12. 35	brit. Beute, später verkauft
S 14	12. 6. 36	1944 im Kanal verloren
S 15	24. 2. 37	1945 USA/Beute, Juli 1947 dänisch (Materialreserve), später abgewrackt
S 16	22. 12. 37	1945 USA/Beute
S 17	18. 3. 38	1944 im Kanal verloren
S 18	14. 7. 38	1944 in der Adria gesunken
S 19	6. 10. 38	1945 brit. Beute, 1947/48 verkauft
S 20	21. 3. 39	1945 brit. Beute, 1947/48 verkauft
S 21	19. 12. 38	31. 6. 1940 vor Boulogne gesunken, gehoben und später USA/Beute, 18. 6. 46 an Omgus, 1947 an Norwegen
S 22	12. 5. 39	1944 im Kanal gesunken
S 23	12. 7. 39	1944 im Kanal gesunken
S 24	18. 9. 39	1945 russ. Beute
S 25	9. 12. 39	1945 brit. Beute, 1947/48 abgebrochen
S 26	21. 5. 40	19. 8. 1944 in der Donaumündung (Sulina-Hafen) durch Fliegerbomben versenkt
S 27	5. 7. 40	5. Sept. 1942 im Schwarzen Meer nahe der Kaukasusküste gesunken
S 28	1. 9. 40	25. 8. 1944 bei Konstanza durch Fliegerbomben beschädigt und selbst versenkt
S 29	30. 11. 40	29. 3. 1943 im Gefecht in Den Hoofden gesunken
S 30	23. 11. 39	3. 5. 1945 von Pola nach Ancona ausgeliefert
S 31	28. 12. 39	10. 5. 42 Minentreffer vor La Valetta
S 32	22. 3. 40	21. 6. 1940 Minentreffer vor Boulogne
S 33	29. 3. 40	1944 nach Strandung in der Adria gesprengt
S 34	30. 4. 40	17. 5. 1943 durch Artillerie vor La Valetta versenkt
S 35	19. 5. 40	28. 2. 1942 Minentreffer im Mittelmeer
S 36	14. 6. 40	Jan. 1945 nahe Lussinpiccolo infolge Kompassfehler gestrandet und selbst versenkt
S 37	11. 7. 40	1942 in der Adria verloren

Boot	In Dienst gestellt	Verlust – Verbleib
S 38	8. 11. 40	Febr. 1942 im Kanal verloren
S 39	8. 2. 41	1945 brit. Beute, 1947/48 verkauft
S 40	22. 2. 41	19. 8. 1944 in der Donaumündung (Sulina) durch Fliegerbomben versenkt
S 41	1. 3. 41	19. 11. 1941 im Kanal durch Fliegerbombe versenkt
S 42	16. 3. 41	20. 8. 1944 in Konstanza durch Fliegerbombe vernichtet
S 43	28. 3. 41	27. 6. 1941 Minentreffer nördlich Dagö
S 44	19. 4. 41	1944 im Kanal vernichtet
S 45	28. 4. 41	29. 8. 1944 bei Konstanza durch Fliegerbomben beschädigt und selbst gesprengt
S 46	22. 5. 41	10. 9. 1943 im Schwarzen Meer nahe Noworossisk durch russ. Jabo-Beschuß beschädigt und selbst versenkt
S 47	13. 6. 41	29. 8. 1944 von eigener Besatzung im Schwarzen Meer versenkt, nachdem bei Konstanza durch russ. Fliegerbomben beschädigt
S 48	20. 6. 41	1945 USA/Beute, norw. »Kvikk« (II)
S 49	11. 7. 41	15. 6. 1944 durch Fliegerbomben in Le Havre versenkt
S 50	25. 7. 41	1945 russ. Beute
S 51	8. 8. 41	15. 6. 1944 durch Fliegerbomben in Le Havre versenkt
S 52	22. 8. 41	20. 8. 1944 in Sulina durch russ. Fliegerbomben versenkt
S 53	6. 9. 41	Vor Dover beschädigt und im Schlepp am 20. 2. 1942 gesunken
S 54	9. 8. 40	Oktober 1944 in Saloniki selbst versenkt
S 55	23. 8. 40	10. 1. 1944 durch Explosion eigener Torpedos nach Fliegerbombenangriff bei Korcula gesunken
S 56	20. 9. 40	20. 11. 1943 in der Werft Toulon durch Fliegerbomben vernichtet
S 57	1. 10. 40	19. 8. 1944 im Gefecht mit brit. MTB's bei Dubrovnik-Korcula beschädigt und aufgegeben
S 58	8. 11. 40	Jan. 1945 infolge Kompassfehler nahe Lussinpiccolo gestrandet und selbst versenkt
S 59	27. 11. 40	6. 7. 1943 durch Fliegerbombe bei Porto Empedocle versenkt
S 60	20. 12. 40	Wie S 58
S 61	1. 2. 41	Wie S 58
S 62	19. 9. 41	brit. Beute, 1947/48 verkauft

Boot	In Dienst gestellt	Verlust – Verbleib
S 63	2. 10. 41	25. 10. 1943 nahe Cromer im Gefecht von brit. Zerstörer »Mackay« gerammt
S 64	2. 11. 41	USA/Beute, Juli 1947 norw. E 5, 1951 an Dänemark, dort »Stromfuglen« (P 562)
S 65	16. 6. 42	russ. Beute
S 66	21. 6. 42	15. 6. 1944 durch Fliegerbombe in Le Havre vernichtet
S 67	19. 3. 42	brit. Beute, 1947/48 verkauft
S 68	1. 7. 42	USA/Beute, Juli 1947 an Dänemark, dort 1952 »Viben« (P 568)
S 69	21. 12. 41	brit. Beute, 1947/48 verkauft
S 70	11. 12. 41	5. 3. 1943 im Kanal gesunken
S 71	11. 1. 42	17. 1. 1943 im Kanal gesunken
S 72	3. 2. 42	23. 8. 1944 in Konstanza durch Fliegerbombe beschädigt und selbst versenkt
S 73	19. 2. 42	August 1943 in Spanien interniert dort LT 21
S 74	27. 3. 42	4. 11. 1943 durch Jabos in Den Hoofden versenkt
S 75	9. 4. 42	5. 3. 1943 westl. Ijmuiden durch Fliegerbomben vernichtet
S 76	1. 5. 42	USA-Beute, Juli 1947, norw. »Lyn«
S 77	9. 5. 42	25. 7. 1943 westl. Ostende im Gefecht beschädigt und selbst versenkt
S 78	3. 6. 42	August 1943 in Spanien interniert, dort »LT 22«
S 79	27. 6. 42	USA-Beute, Juli 1947 an Dänemark, dort »T 58«, dann »Musvaagen« (P 558)
S 80	10. 7. 42	1. 9. 1944 Minentreffer vor Wiborg
S 81	28. 7. 42	russ. Beute
S 82	21. 8. 42	russ. Beute
S 83	7. 9. 42	brit. Beute, Minenräumdiv. Cuxhaven
S 84	19. 9. 42	15. 6. 1944 durch Fliegerbombe in Le Havre vernichtet
S 85	7. 10. 42	USA-Beute, norw. »Storm« (E 1), 1951 an Dänemark, dort »Tranen« (P 564)
S 86	15. 10. 42	russ. Beute
S 87	4. 11. 42	15. 6. 1944 durch Fliegerbombe in Le Havre vernichtet
S 88	20. 11. 42	25. 10. 1943 nahe Cromer im Gefecht gesunken
S 89	28. 11. 42	brit. Beute, 1947/48 verkauft
S 90	10. 12. 42	1944 im Kanal gesunken

Boot	In Dienst gestellt	Verlust – Verbleib
S 91	22. 12. 42	25. 8. 1944 nördlich Fecamp im Gefecht beschädigt und selbst gesprengt
S 92	14. 1. 43	brit. Beute, 1947/48 verkauft
S 93	4. 2. 43	26. 3. 1944 bei Luftangriff in Ijmuiden gesunken, Wrack später gehoben
S 94	18. 2. 43	23. 2. 1944 im Kanal im Gefecht mit brit. MGB's durch Kollision mit S 128 gesunken
S 95	28. 2. 43	brit. Beute
S 96	11. 3. 43	25./26. 9. 1943 nach Kollision mit brit. ML 105 östlich Lowestoft gesunken
S 97	25. 3. 43	USA/Beute, Juli 1947 an Dänemark, dort »Ravnen« (P 560)
S 98	10. 4. 43	USA/Beute, norw. »Kvikk« (I)
S 99	17. 4. 43	Minenräumdienst Cuxhafen, dann russ. Beute
S 100	5. 5. 43	15. 6. 1944 Fliegerbombentreffer in Le Havre
S 101	30. 11. 40	russ. Beute
S 102	30. 12. 40	8. 7. 1943 nach Minentreffer in der Kertsch-Straße gesunken
S 103	9. 2. 41/ 14. 4. 42	4. 5. 1945 nahe Mummark (Dänemark) durch Raketenbombe versenkt
S 104	27. 3. 41	1943 im Kanal gesunken
S 105	4. 5. 41	brit. Beute, 1947/48 verkauft
S 106	6. 6. 41	27. 6. 1941 nach Minentreffer nördl. Dagö gesunken
S 107	6. 7. 41	USA/Beute, Juli 1947 an Dänemark, dort T 52, dann »Gribben« (P 552)
S 108	14. 8. 41	1944 im Kanal verloren
S 109	14. 9. 41	russ. Beute
S 110	19. 10. 41	russ. Beute
S 111	11. 12. 41	April 1942 im Kanal gesunken
S 112	28. 1. 42	1944 im Kanal verloren
S 113	14. 3. 42	russ. Beute
S 114	23. 4. 42	3. 8. 1944 durch Fliegerbombe in Le Havre vernichtet
S 115	30. 5. 42	brit. Beute, Juli 1947 an Norwegen, 1951 an Dänemark
S 116	4. 7. 42	Januar 1945 Havarie in der Elbmündung, abgebrochen
S 117	8. 8. 42	USA/Beute, Juli 1947 norw. »Tross« (E 2), 1951 an Dänemark, dort »Hejren« (P 566)
S 118	14. 9. 42	russ. Beute
S 119	22. 10. 42	8. 3. 1943 im Kanal gesunken

Boot	In Dienst gestellt	Verlust – Verbleib
S 120	5. 12. 42	brit. Beute, 1947/48 verkauft
S 121	13. 1. 43	11. 8. 1943 nördlich L'Abervrach durch Fliegerbombe versenkt
S 122	25. 2. 43	USA/Beute, Juli 1947 an Dänemark, dort T 64 (Materialreserve), abgebrochen
S 123	19. 3. 43	russ. Beute
S 124	15. 4. 43	August 1943 in Spanien interniert, dort »LT 23«
S 125	16. 5. 43	August 1943 in Spanien interniert, dort »LT 24«
S 126	12. 6. 43	August 1943 in Spanien interniert, dort »LT 25«
S 127	10. 7. 43	USA/Beute, Juli 1947 an Dänemark, dort »T 56«, dann »Isfuglen« (P 556)
S 128	27. 8. 43	9. 9. 1944 im Kanal verloren
S 129	24. 9. 43	26. 3. 1944 in Ijmuiden durch Fliegerbombe versenkt
S 130	21. 10. 43	brit. Beute, 1947/48 verkauft
S 131	5. 1. 44	20. 8. 1944 in Konstanza durch Fliegerbombe vernichtet
S 132	10. 12. 43	russ. Beute
S 133	31. 12. 43	USA/Beute, Juli 1947 an Dänemark, dort »T 54«, dann »Haerfuglen« (P 554)
S 134	29. 5. 43	1944 im Kanal gesunken
S 135	29. 5. 43	russ. Beute
S 136	10. 6. 43	11. 6. 1944 im Gefecht mit brit. MTB's im Kanal bei Barfleur gesunken
S 137	6. 7. 43	wie S 136
S 138	20. 7. 43	15. 6. 1944 durch Fliegerbombe in Le Havre vernichtet
S 139	1. 8. 43	7. 6. 1944 nach Minentreffer bei Cap Barfleur gesunken
S 140	7. 8. 43	wie S 139
S 141	20. 8. 43	12. 5. 1944 südöstl. d. Isle of Wight im Gefecht mit franz. Fregatte »La Combattante« gesunken
S 142	3. 9. 43	15. 6. 1944 in Le Havre durch Fliegerbombe vernichtet
S 143	17. 9. 43	14. Juni 1944 in Le Havre durch Fliegerbombe versenkt
S 144	1. 10. 43	1944 im Kanal gesunken
S 145	8. 10. 43	August 1943 in Spanien interniert, dort »LT 26«
S 146	22. 10. 43	1944 im Kanal gesunken
S 147	5. 11. 43	26. 4. 1944 nördl. Cherbourg im Gefecht gesunken

Boot	In Dienst gestellt	Verlust – Verbleib
S 148	4. 1. 44	19. 8. 1944 in Konstanza auf Slip durch Fliegerbomben vernichtet.
S 149	4. 1. 44	25. 8. 1944 in Konstanza von Fliegerbomben getroffen und ausgebrannt
S 150	15. 12. 43	1944 im Kanal gesunken
S 151 ex TM 54	00. 12. 41	3. 5. 1945 von Pola nach Ancona ausgeliefert
S 152 ex TM 55	00. 3. 42	wie S 151
S 153 ex TM 56	00. 4. 42	12. 6. 1944 im Gefecht mit brit. Zerstörern bei Lissa gesunken
S 154 ex TM 57	00. 6. 42	Januar 1945 in Pola durch Fliegerbombe vernichtet
S 155	00. 7. 42	wie S 151
S 156	00. 9. 42	wie S 151
S 157	00. 9. 42	1. 5. 1945 westlich Triest durch Granatwerferfeuer vernichtet
S 158	00. 9. 42	25. 10. 1944 durch Fliegerbombe bei Sibenic vernichtet
S 159 S 160 S 161 S 162 S 163 S 164 S 165 S 166		Boote nicht mehr fertiggebaut
S 167	15. 12. 43	24./25. 2. 1945 im Gefecht im Kanal gesunken
S 168	23. 12. 43	brit. Beute, 1947/48 verkauft
S 169	8. 1. 44	15. 6. 1944 bei Luftangriff auf Le Havre versenkt
S 170	11. 2. 44	wie S 169
S 171	22. 1. 44	wie S 169
S 172	18. 2. 44	25. 10. 1943 vor der brit. Ostküste nahe Cromer im Gefecht gesunken
S 173	25. 2. 44	1944 im Kanal gesunken
S 174	3. 3. 44	USA/Beute, Juli 1947 an Norwegen, dort »Rap« (E 3)
S 175	11. 3. 44	russ. Beute
S 176	17. 3. 44	7. 4. 1945 östlich der Humbermündung im Gefecht gesunken
S 177	30. 3. 44	wie S 176
S 178	6. 4. 44	13. 6. 1944 3 sm nördl. Boulogne durch Fliegerbombe versenkt
S 179	19. 4. 44	wie S 178
S 180	28. 4. 44	15. 1. 1945 nahe Texel auf eigene Minensperre gelaufen und gesunken

Boot	In Dienst gestellt	Verlust – Verbleib
S 181	5. 5. 44	21. 3. 1945 nordwestl. Texel durch feindl. Luftstreitkräfte (Raketen) vernichtet
S 182	12. 5. 44	27. 7. 44 bei Cap Antifer durch brit. MTB's versenkt
S 183	19. 5. 44	18./19. 9. 1944 westl. Dünkirchen im Gefecht versenkt
S 184	26. 5. 44	3. 9. 1944 im Kanal durch die Dover-Batterien vernichtet
S 185	3. 6. 44	22./23. 12. 1944 nördlich Dünkirchen nach Gefecht gesunken
S 186	23. 6. 44	30. 3. 1945 in Wilhelmshaven durch Fliegerbombe vernichtet
S 187	10. 2. 44	1944 im Kanal versenkt
S 188	1. 3. 44	1944 im Kanal versenkt
S 189	31. 3. 44	13. 6. 1944 nahe Boulogne durch Fliegerbomben versenkt
S 190	22. 4. 44	1944 in der Seinebucht versenkt
S 191	18. 5. 44	7. 5. 1945 nach Kollision mit S 301 im Fehmarnsund gesunken
S 192	7. 6. 44	22./23. 12. 1944 westl. Ostende im Gefecht gesunken
S 193	28. 6. 44	1945 im Kanal gesunken
S 194	19. 7. 44	1944 im Kanal gesunken
S 195	28. 6. 44	USA/Beute, Juli 1947 an Norwegen, dort »Kjekk« (II), 1951 an Dänemark gekommen, dort »Lommen« (P 567)
S 196	3. 7. 44	brit. Beute
S 197	10. 7. 44	USA/Beute, Juli 1947 an Dänemark, dort »T 59«, dann »Raagen« (P 559)
S 198	15. 7. 44	1944 im Kanal gesunken
S 199	21. 7. 44	23. 1. 1945 Margate-Reede im Gefecht gesunken
S 200	3. 8. 44	18./19. 9. 1944 westl. Dünkirchen im Gefecht gesunken
S 201 (I)	00. 8. 40	1940 Beute in Schiedam, kondemniert und 1942 an Bulgarien abgegeben
S 202 (I)	00. 9. 40	wie S 201
S 201 (II)	28. 7. 44	3. 5. 1945 in Kiel gesprengt, später abgebrochen
S 202 (II)	8. 8. 44	6./7. 4. 1945 nach Kollision mit S 703 in Den Hoofden gesunken
S 203	13. 8. 44	10. 11. 1944 nach Kollision gesunken, gehoben und wieder eingesetzt. 21. 3. 1945 nordwestl. Texel nach Fliegerbomben- und Minentreffer gesunken
S 204	19. 8. 44	brit. Beute
S 205	28. 8. 44	brit. Beute

Boot	In Dienst gestellt	Verlust – Verbleib
S 206	31. 8. 44	USA/Beute, Juni 1948 an Dänemark, dort »T 55«, dann »Hoegen« (P 555)
S 207	19. 9. 44	brit. Beute, Juni 1948 an Dänemark, dort »T 61«, dann »Skaden« (P 561)
S 208	28. 9. 44	brit. Beute, dort MTB 5208, jetzt Bundesmarine Schulboot »UW 11«
S 209	21. 9. 44	russ. Beute
S 210	27. 9. 44	USA/Beute, Juli 1947 an Norwegen, dort »Snar« (E 4)
S 211	1. 10. 44	russ. Beute
S 212	11. 10. 44	brit. Beute, dort MTB 5212
S 213	4. 1. 45*)	1945 Totalverlust
S 214	8. 12. 44*)	russ. Beute
S 215	1. 12. 44	brit. Beute, 1947/48 verkauft
S 216	27. 12. 44*)	USA/Beute, Juni 1948 an Dänemark, dort »T 53«, dann »Havoernen« (P 553), Dezember 1953 bei Yarmouth gesunken
S 217	30. 1. 45*)	brit. Beute, 1947/48 verkauft
S 218	18. 1. 45*)	USA/Beute
S 219	9. 8. 44	russ. Beute
S 220	27. 8. 44	2. 3. 1945 nordwestl. Ostende im Gefecht mit brit. Zerstörer »Seymour« gesunken
S 221	10. 9. 44	brit. Beute, 1947/48 verkauft
S 222	23. 9. 44	russ. Beute
S 223	29. 10. 44	7./8. 4. 1945 nach Minentreffer in Den Hoofden gesunken
S 224	17. 11. 44	Januar 1945 Totalverlust
S 225	10. 11. 44*)	USA/Beute
S 226	Jan./Febr. 1945	Januar 1945 im Kanal gesunken
S 227	Jan./Febr. 1945	russ. Beute
s 228	19. 4. 45	brit. Beute, 1947/48 verkauft
S 301	30. 1. 45	7. 5. 1945 nach Kollision mit S 191 im Fehmarnsund gesunken
S 302	13. 2. 45	USA/Beute, Juli 1947 an Norwegen, dort »Blink«, 1951 an Dänemark, dort »Falken« (P 565)
S 303	24. 2. 45*)	brit. Beute, Juli 1947 an Norwegen, dort »Brand«, 1951 an Dänemark, dort »Taarnfalken«
S 304	9. 3. 45	brit. Beute, 1947/48 verkauft
S 305	27. 3. 45	USA/Beute, Juni 1948 an Dänemark, dort »T 57«, dann »Jagtfalken« (P 557)
S 306	11. 4. 45	USA/Beute, Juli 1947 an Dänemark, dort »T 51«, dann »Glenten« (P 551)
S 307	nicht i. D.	brit. Beute

Boot	In Dienst gestellt	Verlust – Verbleib
S 308–328		vor Ablieferung 7 Boote auf Überführung gesunken, 14 Boote abgebrochen
S 501	ex ital. MAS 566	
S 502	ex ital. MAS 567	
S 503	ex ital. MAS 568	
S 504	ex ital. MAS 569	1943 von der KM übernommen und im Schwarzen Meer eingesetzt. Dort im Laufe des Krieges gesunken bzw. am 25. 8. 1944 vor Varna selbst gesprengt
S 505	ex ital. MAS 570	
S 506	ex ital. MAS 574	
S 507	ex ital. MAS 575	
S 508	ex ital. MAS 525	9. 9. 1943 von der KM übernommen
S 509	ex ital. MAS 549	9. 9. 1943 von der KM übernommen — 24. 4. 1945 nahe Imperia selbst versenkt
S 510	ex ital. MAS 551	16. 9. 1943 von der KM übernommen
S 511	ex ital. MAS 557	9. 9. 1943 von der KM übernommen
S 512	ex ital. MAS 553	Sept. 1943 von der ital. Besatzung selbst versenkt, von der KM gehoben und repariert. 24. 4. 1945 nahe Imperia selbst versenkt
S 601	ex ital MAS 524	9. 9. 1943 von der KM übernommen. 1944 in der Ägäis durch Luftangriff versenkt
S 602	ex ital. MAS 430	10. 9. 43 auf der Werft von der KM übernommen – i. D. 28. 1. 1944. 1945 in Sebenico selbst versenkt
S 603	ex ital. MAS 431	10. 9. 1943 von der KM übernommen. November 1943 zwischen Zara und Sebenico im Gefecht versenkt
S 604	ex ital. MAS 423	9. 9. 1943 von der ital. Besatzung selbst versenkt, gehoben und repariert, i. D. 20. 3. 1944, 1944 in der Adria gesunken
S 621	ex ital. MAS 561	i. D. 1.5. 1944, 24. 4. 1945 nahe Imperia selbst versenkt
S 622	ex ital. MAS 550	9. 9. 1943 auf der Werft Monfalcone übernommen. Vermutlich 24./25. 4. 1945 selbst gesprengt (S 623 i. D. 15. 8. 1944)
S 623	ex ital. MAS 554	
S 624	ex ital. MAS 424	9. 9. 1943 von der ital. Besatzung in Toulon selbst versenkt, ge-

Boot	In Dienst gestellt	Verlust – Verbleib
S 625	ex ital. MAS 437	hoben und repariert. Vermutlich 1944 selbst gesprengt
S 626	ex ital. MAS 502	i.D. 1. 8. 1944. 1945 in La Spezia selbst versenkt
S 627	ex ital. MAS 504	i.D. 1. 5. 1944. 25. 3. 1944 vor Anzio im Gefecht versenkt
S 628	ex ital. MAS 505	i.D. 1. 5. 1944. 24. 4. 1945 im Hafen von Genua selbst versenkt
S 629	ex ital. MAS 558	24. 4. 1945 in Imperia selbst gesprengt
S 701	3. 7. 44	25. 1. 1945 schwer havariert in Amsterdam verblieben, später nach Wilhelmshaven überführt und abgebrochen
S 702	30. 7. 44	18./19. 9. 1944 westl. Dünkirchen im Gefecht gesunken
S 703	30. 8. 44	6./7. 4. 1945 Kollision mit S 202 in Den Hoofden gesunken
S 704	2. 10. 44	russ. Beute
S 705	22. 10. 44	brit. Beute, 1947/48 verkauft
S 706	31. 10. 44	USA/Beute
S 707	4. 12. 44	russ. Beute
S 708	00. 1. 45	russ. Beute
S 709	19. 2. 45*)	russ. Beute

ERLÄUTERUNGEN

Bei der Marine versteht man unter:

abtakeln	abtragen, zerstören
achteraus	hinter dem Fahrzeug
Achterkante	hintere Kante
achtern	hinten
Achtung!	Hier!
A. K.	Äußerste Kraft
Alle mehrr	Maschinensignal, alle Maschinen mehr Umdrehungen
Alle zwo Mal allee	Fahrtstufenbezeichnung, bestimmte Geschwindigkeit
anliegen	was liegt an? Bedeutet soviel wie: Was gibt es? Was ist los?
Anruf	ein anderes Fahrzeug macht sich durch Signale bemerkbar und erbittet Aufmerksamkeit für eine Nachricht oder Auskunft
anschlagen	festmachen
Anton-Anton!	Signal (zweimal der Buchstabe »A«), »Alles seemännische Personal an Oberdeck!« – »Klar zum Ablegen!« (Anlegen)
aufschießen	aufrollen von Tauwerk, wodurch eine Scheibe entsteht, die flach an Deck liegt
Ausführung!	den gegebenen Befehl ausführen

ausscheiden	aufhören, Schluß machen
ausscheren	eine andere Richtung nehmen als der weitermarschierende Verband
außenbords	außerhalb des Fahrzeugs, jenseits der Reling
Back	Deck auf dem vorderen Teil des Fahrzeugs
Backbord	linke Seite des Fahrzeugs und links von diesem (in Richtung auf den Bug)
Beeilung	Schneller!
Bilge	sehr tief liegender Raum, in dem sich meist verbrauchtes Öl sammelt
Biskaya	Seegebiet in dem Winkel zwischen Frankreich und Spanien
Blanke Hans	Ausdruck der Küstenbewohner für Nordsee
Blinkspruch	Nachricht durch Licht-Blitze im Morse-Alphabet
Bock	Fahrzeug
Bodenventil	Ventil im Schiffsboden zum Hereinlassen von Seewasser bei bestimmter Gelegenheit
Bordpäckchen	ältere Uniform, die man an Bord trägt
Braßfahrt	sehr »schnelle« Fahrt
Brise	Wind
Brücke	Befehlsstand
Brückenkleid	Umkleidung der Brücke mit Holz, Blech, Stahl
Bug	vorderer Teil des Fahrzeugs, die Spitze
Bulley	kleines rundes Fenster
Bumerang	gekrümmtes (australisches) Wurfholz, Schleuderwaffe
Christliche Seefahrt	Fahrt mit der Handelsmarine
Collani	kurzer blauer Mantel für Mannschaften
Davits	Bootskrane auf größeren Schiffen
Deplacement	Wasserverdrängung
Dez	10 Grad (am Schiffskompaß)
Dickschiff	großes Kriegsschiff
Eigenverständigung	Apparat zum Übermitteln von Nachrichten im Sprechverkehr
Eisen zeigen	sich vom Gegner absetzen, zurückziehen
entern	klettern
Fadenkreuz	Markierung in der Zieloptik
Fahrensmann	Seemann, der viel umhergekommen ist
Fallreep	bewegliche Treppe vom Schiff zum Boot
Fahrtstufe	festgelegte Geschwindigkeit
F. CH	Flottillen-Chef
F. d. S.	Führer der Schnellboote
F. d. T.	Führer der Torpedoboote
Fender	Geflecht, meist aus Korb, wird zum Schutz gegen Beschädigungen beim An- und Ablegen an die Schiffswand gehängt und dient als »Puffer«
Feuer	Seezeichen, Wegweiser mit Licht
Feuer frei	Schießerlaubnis
fluten	etwas eindringen lassen (Wasser), auch: aufblasen
Folgen	Befehl für: Kommen Sie mir nach!
Frisco	San Franzisko
F.-T.	Funk-Telegraphie, Funkspruch
Gammel	Langeweile, Faulenzerei
Garn	übertriebene Erzählung eines Seemanns

Gefechtsruder-gänger	Rudergänger, der nur während des Gefechts das Ruder bedient und sonst andere Aufgaben erfüllt
Geleit	Abkürzung für Geleitzug, auch: Schutz
Glas	Fernglas, auch Uhrzeitrechnung (früher bei der Marine üblich)
Grad	man denke sich den Kompaß in 360 Teile geteilt, ein Teil ist ein Grad. Rechts voraus = Null Grad, rechts querab = 90 Grad, achteraus = 180 Grad, links querab = 270 Grad
Graeting	Gitterwerk, meist aus Holz
Halbstock	Halbmast, Zeichen der Trauer
Halskrause	bis oben hin, bis zum Halse
Halterung	Einrichtung zum Festhalten von Gegenständen
Heck	der hintere Teil eines Fahrzeugs
Hecksee	dem Fahrzeug durch Sog nachlaufendes Wasser
Hein Seemann	der Seemann überhaupt
Jockel	Hilfsmaschine zur leichteren Bedienung großer Maschinen usw.
Kakerlaken	Küchenschaben, sogenannte »Russen« oder »Schwaben«, Ungeziefer
K an F. Ch.	Kommandant an Flottillen-Chef
K an K	Kommandant an Kommandant
kappen	durchschneiden, durchschlagen
Kartenschapp	kleiner Raum, in dem Seekarten liegen und navigiert wird
Kiellinie	»Gänsemarsch«
Kimm	Horizont
klarieren	in Ordnung bringen, verabreden
Klüsen dicht	Ausdruck für: Augen geschlossen halten
KM	Kriegs-Marine
Kombüse	Schiffsküche
Kommandantenwimpel	jedes, von einem See-Offizier geführtes, Kriegsfahrzeug setzt einen schmalen, weißen, am Ende schwalbenschwanzartig geschnittenen Wimpel, der ein kleines Eisernes Kreuz trägt
koppeln	mit Hilfe verschiedener Unterlagen die Bewegung und den Marsch eines Fahrzeugs verfolgen und auf der Seekarte vermerken, so daß jederzeit der Standort des Schiffes genau festgestellt werden kann
Kopplung	siehe koppeln
Kurs	Richtung
längs	daneben, in der Längsrichtung
Lage	Abkürzung für: Besprechung über die Lage, auch: Verhältnis des Kurses von einem anderen Fahrzeug zum eigenen Standort
Lagezimmer	Zimmer, in dem die Lage besprochen wird, Dienstraum für Offiziere
Last	Material-Aufbewahrungsraum
Läufer-Messe	Soldat der Wache, der zu Dienstleistungen für die Messe befohlen ist
Lederpäckchen	Lederanzug
Lee	die dem Winde abgekehrte Seite eines Fahrzeugs
Leichter	flaches Küstenfahrzeug

Leinen	Taue aus Hanf oder Stahl
Leitender	Leitender Maschinist, Soldat im Feldwebelrang
lenzen	leermachen, auspumpen
Lüfterklappe	Klappe eines Entlüfters (zum Absaugen von Öldunst und Motorengasen oder verbrauchter Luft)
Luk	viereckige Öffnung
Mahalla	Ansammlung, Zug
Maling	Zeichnung, etwas Gemaltes
Maschinen-telegraph	mechanischer Apparat zur Befehlsübermittlung für die Maschinenanlage
Megaphon	Sprechtrichter
Meile	Seemeile (sm) = 1852 Meter
Messe	Kasino (für Offiziere, für Feldwebel, Unteroffiziere und Mannschaften), Aufenthaltsraum, Speiseraum
Minenmax	Spitzname für Fahrzeuge, deren Dienst sie mit Minen zusammenbringt
mittschiffs	geradeaus, auch: in der Mitte des Schiffes
Mixer	Spitzname für den Spezialisten am Torpedo, den Fachmann mit besondern Kursen für Wasserbomben, Nebelgerät; der Mixer kocht häufig
Motorenheizer	alter Ausdruck für: Soldat der Maschinenlaufbahn
Navigation	Bestimmung des Schiffsortes, Errechnen des zu laufenden Kurses, um ein bestimmtes Ziel zu erreichen
nebeln	künstlichen Nebel abblasen
Niedergang	steile Treppe
Nummer I	Unteroffizier der seemännischen Laufbahn, Vertreter des Kommandanten in der seemännischen Führung des Fahrzeugs (auf kleinen Einheiten)
Oberlichter	Deckenfenster
one white, one black and two khaki	englisch: . . . eine weiß, eine schwarz und zwei khaki . . .
Ottergerät	Schwimmkörper aus Blech, wird beim Minensuchen und -räumen gebraucht
Päckchen	Uniform-Anzug
Papier	schriftliche Arbeiten
Pervitin	Droge zur Aufmunterung, Gegenteil von Schlafmittel
Pier	Landungskai
picken	heraussuchen, herausnehmen
Politruck	Ausdruck für Politischer Kommissar der Bolschewisten
Positionswechsel	den Schiffsort, an dem man im Augenblick liegt, wechseln
Pott	Wasserfahrzeug (Plattdeutsch)
Prahm	kleines (Arbeits-) Wasserfahrzeug
Rasmus	ein Windgott
Rettungsboje	Rettungsring
Rohrdeckel	Deckel zum Verschließen eines Torpedorohres (vorn und hinten)
Rottenboot	zwei Boote bilden eine »Rotte«, das eine ist »Rottenführer«, das andere »Rottenknecht«
Rudergänger	der Soldat am Ruder (Steuer)
S	Schnellboot

Schanzkleid	Umkleidung der »Schanz« (Bezeichnung für ein gewisses Stück an Oberdeck auf dem hinteren Teil eines Fahrzeugs)
Scheuerleiste	eine außen um das Fahrzeug laufende Leiste zum Schutz gegen Beschädigung der Bordwand (beim An- und Ablegen)
Schiffspeilung	vom Fahrzeug aus etwas anvisieren
Schott	Tür, auch: verschließbare Quer- oder Längswand im Schiffskörper
Schweißtuch	Tuch um den Hals, wird von Heizern vor dem Kessel (bei Kohlefeuerung) getragen
Sauna	finnisches Dampfbad
Seekadett	Offiziersanwärter der Kriegsmarine
seeklar	fertig zum Auslaufen in die See
Seite	Ehrenbezeigung aller an Oberdeck befindlichen Soldaten
Sektor	Abschnitt
Shantie	Seemannslied
Sicherung	Schutz
Signaldeck	hochgelegenes Deck, von dem aus signalisiert wird
Signalgast	Soldat der Signal-Laufbahn
Signalmaat	Unteroffizier der Signal-Laufbahn
sm	Seemeile = 1852 Meter
Sperre	Minensperre (zuweilen auch Balkensperre)
Sperrwaffenoffizier	Offizier der Sperrwaffen-Laufbahn (Spezialist für Minen, Wasserbomben usw.)
Spieß	Spitzname für Kompanie-Feldwebel
Staaten	Vereinigte Staaten von Amerika (USA)
Staufferfett	Schmierfett
Stauer	Packer im Laderaum eines Schiffes
Stelling	Transportables Gestell aus Holz zur Verbindung für Fußgänger von Schiff zu Schiff oder von Schiff nach Land
stenzen	gehen, schlendern
Steuerbord	rechte Seite des Fahrzeugs und rechts vom Fahrzeug
Stevenschiene	stabile Schiene zum Schutz gegen Beschädigungen, läuft ganz am äußersten Ende des Bugs von oben nach unten
Straits	Seegebiet an der englischen Küste
Stufengleiter	Wasserfahrzeug ohne Kiel, mit glatter Unterfläche; eine eingebaute Stufe läßt das Fahrzeug über das Wasser »gleiten«, statt es zu »schneiden«
Suppe	Ausdruck für: Nebel
Takelpäckchen	helles, waschbares Arbeitszeug für Schmutzarbeit
taktische Nummer	Reihenfolge der Fahrzeuge durch Nummernbezeichnung während des Einsatzes; erleichtert die Bildung von Formationen und deren Veränderung auf dem Marsch, im Gefecht usw.
Tampen	Ende einer Leine, auch: weite Wegstrecke, auch: ganz am Ende . . . und: viel
Topplaterne	Laterne mit weißem Licht wird nach der Seestraßen -Ordnung am Mast gezeigt
Torpedoschießen mit roten Köpfen	Schul-Schießen mit Torpedos
Treck	Zug
trimmen	passend machen, hinbekommen, ausgleichen

Über die Toppen geflaggt	Festschmuck über das ganze Fahrzeug (mit Flaggen verschiedener Farbe, Bedeutung und Größe)
Untersatz	ein Boot, ein Schiff, alles was schwimmt und zur Aufnahme von Menschen geeignet ist
vergammeln	verschimmeln, verderben
Verhandlung	Meldung, Auseinandersetzung dienstlicher Art
verholen	zurückziehen, beiseite gehen, an einen anderen Platz bringen
V. O.	Verwaltungs-Offizier
Vogel	Ausdruck für x-beliebige Gegenstände; ein Vogel kann sein: ein Elefant, ein Schiff usw.
Vorkante	vordere Kante
Wahrschau	Achtung! Vorsicht!
Wasser machen	durch ein Leck oder Brecher Wasser ins Boot bekommen
Winkspruch	Übermittlung von Nachrichten und Befehlen durch zwei viereckige Flaggen; ihre Stellung zum Körper und zueinander ergibt jeweils einen Buchstaben des Alphabets
Zielgerät	Torpedo-Zielgerät, Einrichtung zur richtigen Abgabe eines Torpedo-Schusses
Zossen	Ausdruck für Fahrzeug
zurren	festbinden, festziehen, zusammenrollen
II. VO.	Verwaltungs-Offizier, der zur Hilfeleistung dem I. VO. beigegeben ist und einen niedrigeren Dienstgrad hat